過去問 上・中級公務員試験

ダイレクトナビ

世界史

JN078194

資格試験研究会◎編

実務教育出版

「過去問ダイレクトナビ」刊行に当たって

実務教育出版に寄せられる公務員試験受験者からの感想や要望の中には

「問題と解説が離れていると勉強しづらい！」
「書き込みできるスペースがほしい！」
「どこが誤りなのかをもっとわかりやすく示してほしい！」

というものが数多くあった。

そこで，これらの意見を可能な限り取り込み，

「問題にダイレクトに書き込みを加えて，
解答のポイントを明示する」

というコンセプトのもとに企画されたのが，この「過去問ダイレクトナビ」シリーズである。

「過去問ダイレクトナビ」のメリット

- ★ **問題の誤っている箇所を直接確認できるうえ、過去問からダイレクトに知識をインプットできる。**
- ★ **すでに正文化（＝問題文中の誤った記述を修正して正しい文にすること）してあるので、自ら手を加えなくてもそのまま読み込める。**
- ★ **完全な見開き展開で問題と解説の参照もしやすく、余白も多いので書き込みがしやすい。**
- ★ **付属の赤いセルシートを使うと赤色部分が見えなくなるので、問題演習にも使える。**

……このように，さまざまな勉強法に対応できるところが，本シリーズの特長となっている。

ぜひ本書を活用して，あなたなりのベストな勉強法を確立してほしい！

資格試験研究会

試験名の表記について

- 国家総合職・国家Ⅰ種 ………国家公務員採用総合職試験，旧国家公務員採用Ⅰ種試験
- 国家一般職・国家Ⅱ種 ………国家公務員採用一般職試験［大卒程度試験］，
旧国家公務員採用Ⅱ種試験
- 国家専門職・国税専門官 ……国家公務員採用専門職試験［大卒程度試験］，
旧国税専門官採用試験
- 裁判所 ……………………………裁判所職員採用総合職試験，
裁判所職員採用一般職試験［大卒程度試験］
（旧裁判所事務官採用Ⅰ・Ⅱ種試験，
旧家庭裁判所調査官補採用Ⅰ種試験を含む）
- 地方上級 …………………………地方公務員採用上級試験（都道府県・政令指定都市・特別区）
- 市役所 ……………………………市役所職員採用上級試験（政令指定都市以外の市役所）
- 警察官 ……………………………大学卒業程度の警察官採用試験
- 消防官 ……………………………大学卒業程度の消防官・消防士採用試験

本書に収録されている「過去問」について

❶ 平成９年度以降の国家公務員試験の問題は，人事院等により公表された問題を掲載している。地方公務員試験の一部（東京都，特別区，警視庁，東京消防庁）についても自治体により公表された問題を掲載している。それ以外の問題は，受験生から得た情報をもとに実務教育出版が独自に編集し，復元したものである。

❷ 問題の論点を保ちつつ問い方を変えた，年度の経過により変化した実状に適合させた，などの理由で，問題を一部改題している場合がある。また，人事院などにより公表された問題も，用字用語の統一を行っている。

❸ 本シリーズは，「問題にダイレクトに書き込みを加えて，解答のポイントを明示する」というコンセプトに合わせて問題をセレクトしている。そのため，計算問題や空欄に入る語句を選ぶ形式の問題などは，ほとんど収録されていない。

知識分野で捨て科目を作る前に要チェック！

平成24年度に国家公務員の試験制度が変更され，「国家Ⅰ種」は「国家総合職」に「国家Ⅱ種」は「国家一般職」のように試験名の表記が変更された。その際，教養試験は**「基礎能力試験」**という名称に変更され，知識分野の出題数がそれまでより減っている。

しかし，これは選択解答から**必須解答に変更**されたもので，知識分野のウエートが下がったとはいえない。捨て科目を作ると他の受験生に差をつけられてしまう可能性がある。**いたずらに捨て科目を作らず**に各科目のよく出るポイントを絞って，集中的に押さえることで得点効率をアップさせよう。

本書の構成と使い方

本書の構成

過去に上・中級の公務員試験に出題された問題を分析し，重要なテーマから順に，セレクトして掲載した。それぞれの問題は見開きで構成されており，左のページには問題の本文とそのポイントなどを示し，右のページには解説とメモ欄を配置している。
世界史の出題範囲と重なる世界の思想，文学・芸術の問題を追加収録

問題タイトル
問題の内容を端的に表している。

試験名と出題年度
この問題が出題された試験名と，出題された年度。ページ下部には試験名インデックスもついている。
試験の名称表記については3ページを参照。

科目名と問題番号

カコモンキー
本シリーズのナビゲーター。難易度によって顔が変わる⁉

●世界史034
オランダの独立前後の状況

オランダの独立前後の状況に関する記述として正しいものは，次のうちどれか。

平成元年度 国家Ⅱ種

1 独立前のオランダはネーデルラント地方と呼ばれ，~~ルイ14世~~（フェリペ2世）が統治する~~フランス~~（スペイン）王の領有地であったが，中世から~~北部~~（南部）でフランドルを中心とした毛織物工……つつ

過去問ナビゲートページ

2 本国が~~南北に分割統治~~（カトリックを強制）しようとしたのに反対してネーデルラントは独立戦争を起こし，~~南北諸州~~（北部7州）はユトレヒト同盟を組織して終始一体となって戦い，~~16世紀~~（17世紀）中頃のウェストファリア条約によって国際的に独立が承認された。

3 オランダの独立戦争の勝因は，ネーデルラントの~~南北諸州~~（北部7州）の住民の大部分がカルヴァン派の新教徒で強い団結力を持つことができたことや，本国が~~三十年戦争によってその統治力を失っていた~~（無敵艦隊が敗れ，制海権を失っていた）ことにある。

4 独立後のオランダは毛織物工業の発展を背景に海上貿易に進出し，東インド会社を設立して（➲1602年設立）ポルトガルの勢力を排除しつつ，東洋貿易で独占的地位を占めた。

5 17世紀前半には封建的土地制度やギルド制度が崩壊し，絶対主義時代を迎えたが毛織物工業においてマニュファクチュアが順調に発展せず，18世紀中頃にはイギリスに貿易の主導権を奪われた。

96　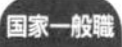

問題文中の赤色部分について

誤り部分
正しい記述は，その下に赤字で示している。

重要語句・キーワード
絶対に覚えておきたい用語。

要チェック箇所
正誤判断のために重要な部分。

補足説明
➲
正文化できない箇所の誤りの理由や，正しい記述への注釈など。

妥当な内容の選択肢
基本的には正答を示しているが，混乱を避けるため「妥当でないものを選べ」というタイプの問題では，妥当な選択肢4つに印がついている。

付属の赤シート
赤シートをかぶせると，赤字で記されている部分が見えなくなるので，実際に問題を解いてみることも可能。
自分なりの書き込みを加える際も，赤色やピンク色のペンを使えば，同様の使い方ができる。

使い方のヒント

選択肢はすでに正文化してあるので，過去問を読み込んでいくだけで試験に出たピンポイントの知識をダイレクトに習得できる。問題演習をしたい場合は，赤色部分が見えなくなる付属の赤シートを使えばよい。わざわざ解説を見るまでもなく，赤シートを外すだけで答え合わせができる。

さらに，問題に自分なりの書き込みを加えたり，右ページのメモ欄を使って重要事項をまとめたりしてみてほしい。それだけで密度の濃い学習ができると同時に，試験前までには本書が最強の参考書となっているだろう。

また，使っていくうちに，問題のつくられ方・ヒッカケ方など「公務員試験のクセ」もだんだんわかってくるはずだ。本書を使うことで，あらゆる方向から骨の髄まで過去問をしゃぶりつくせるのだ。

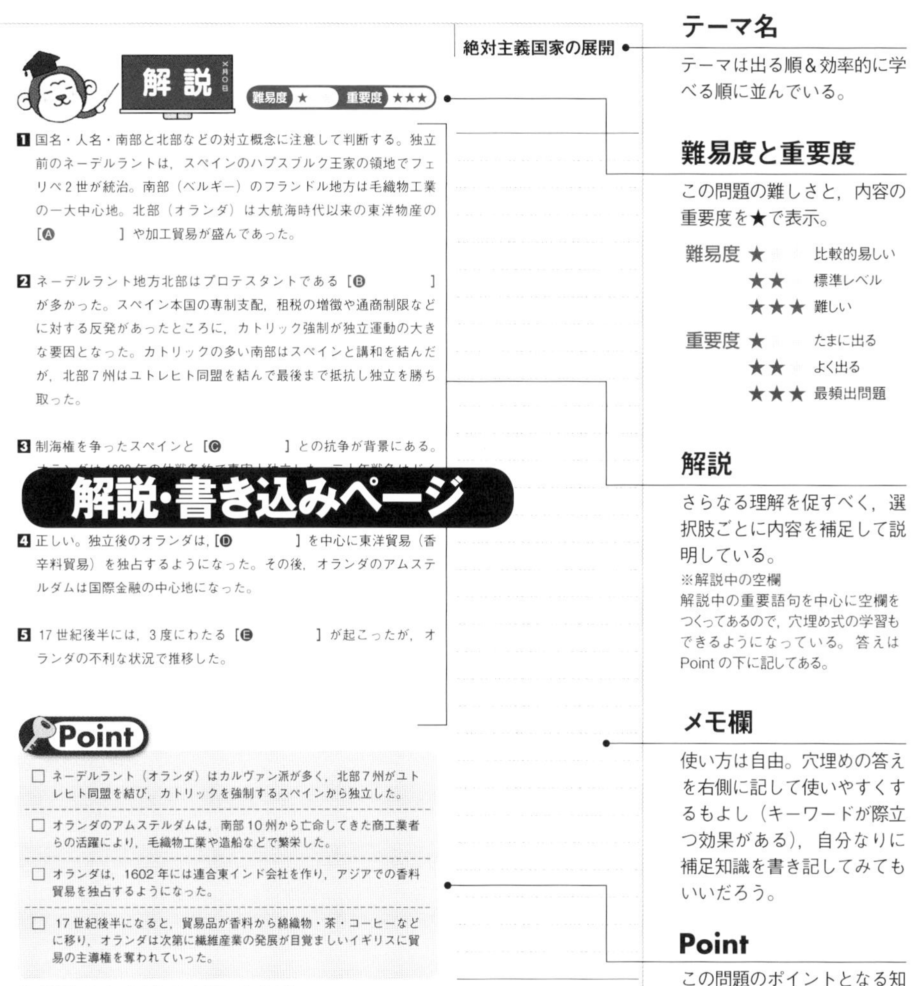

解説・書き込みページ

絶対主義国家の展開

解説　難易度 ★　重要度 ★★★

1 国名・人名・南部と北部などの対立概念に注意して判断する。独立前のネーデルラントは，スペインのハプスブルク王家の領地でフェリペ２世が統治。南部（ベルギー）のフランドル地方は毛織物工業の一大中心地。北部（オランダ）は大航海時代以来の東洋物産の［Ⓐ　　　］や加工貿易が盛んであった。

2 ネーデルラント地方北部はプロテスタントである［Ⓑ　　　］が多かった。スペイン本国の専制支配，租税の増徴や通商制限などに対する反発があったところに，カトリック強制が独立運動の大きな要因となった。カトリックの多い南部はスペインと講和を結んだが，北部７州はユトレヒト同盟を結んで最後まで抵抗し独立を勝ち取った。

3 制海権を争ったスペインと［Ⓒ　　　］との抗争が背景にある。

4 正しい。独立後のオランダは，［Ⓓ　　　］を中心に東洋貿易（香辛料貿易）を独占するようになった。その後，オランダのアムステルダムは国際金融の中心地になった。

5 17 世紀後半には，３度にわたる［Ⓔ　　　］が起こったが，オランダの不利な状況で推移した。

Point

- □ ネーデルラント（オランダ）はカルヴァン派が多く，北部７州がユトレヒト同盟を結び，カトリックを強制するスペインから独立した。
- □ オランダのアムステルダムは，南部 10 州から亡命してきた商工業者らの活躍により，毛織物工業や造船などで繁栄した。
- □ オランダは，1602 年には連合東インド会社を作り，アジアでの香料貿易を独占するようになった。
- □ 17 世紀後半になると，貿易品が香料から綿織物・茶・コーヒーなどに移り，オランダは次第に繊維産業の発展が目覚ましいイギリスに貿易の主導権を奪われていった。

Ⓐ：中継貿易，Ⓑ：カルヴァン派，Ⓒ：イギリス，Ⓓ：ジャワ島，
Ⓔ：英蘭戦争（イギリス＝オランダ戦争）

97

テーマ名

テーマは出る順＆効率的に学べる順に並んでいる。

難易度と重要度

この問題の難しさと，内容の重要度を★で表示。

難易度 ★ 比較的易しい
★★ 標準レベル
★★★ 難しい

重要度 ★ たまに出る
★★ よく出る
★★★ 最頻出問題

解説

さらなる理解を促すべく，選択肢ごとに内容を補足して説明している。

※解説中の空欄
解説中の重要語句を中心に空欄をつくってあるので，穴埋め式の学習もできるようになっている。答えはPoint の下に記してある。

メモ欄

使い方は自由。穴埋めの答えを右側に記して使いやすくするもよし（キーワードが際立つ効果がある），自分なりに補足知識を書き記してみてもいいだろう。

Point

この問題のポイントとなる知識を短くまとめたもの。「出る選択肢」として覚えよう。

上・中級公務員試験
過去問ダイレクトナビ 世界史　目次

「過去問ダイレクトナビ」刊行に当たって …… 2
本書の構成と使い方 …… 4
目次 …… 6
世界史・出題の特徴 …… 11
思想・出題の特徴 …… 12
文学・芸術・出題の特徴 …… 13

世界史

テーマ	No.	内容	出題年度	出題された試験	難易度	重要度	ページ
中国史(古代～清)	001	中国の歴史	21	国税専門官	★	★★	16
	002	秦～漢の時代	22	地方上級	★★	★★★	18
	003	唐の時代	10	地方上級	★★	★★★	20
	004	唐の制度，外交，文化	19	地方上級	★★	★★	22
	005	唐の周辺諸国	9	国税専門官	★★★	★★	24
	006	モンゴル帝国	14	国税専門官	★★★	★★	26
	007	明～清の時代	10	市役所	★	★★★	28
	008	中国の官僚制	23	国税専門官	★★	★★	30
	009	中国諸王朝の興亡	8	国家Ⅰ種	★★	★★★	32
	010	中国の諸王朝	R3	国家一般職	★★	★★	34
	011	中国と西方との交流	20	国家Ⅱ種	★★	★★★	36
	012	中国諸王朝の政策	2	国家Ⅰ種	★★	★★★	38
	013	中国諸王朝の政治	19	国家Ⅰ種	★★★	★★★	40
第二次世界大戦後の世界	014	第二次世界大戦後の米国大統領の主な施政	R2	地方上級	★	★★★	42
	015	中東戦争	14	地方上級	★★★	★★	44
	016	パレスチナ問題	9	国家Ⅰ種	★★	★★	46
	017	第二次世界大戦後の冷戦	R2	国家専門職	★★	★★★	48
	018	東西対立と多極化	4	市役所	★	★★★	50
	019	第二次世界大戦後の欧米諸国	17	国家Ⅰ種	★★	★★★	52
	020	1970 年代以降の世界経済	11	市役所	★	★★	54

※ テーマの並び順について
本書は，試験によく出題されている重要なテーマから先に学んでいくことを基本にしており，そこに学びやすさの観点を加えた独自の並び順となっている。

思想, 文学・芸術

※ 世界史の出題範囲と重なる世界の思想，文学・芸術の問題を追加収録している。

テーマ	No.	内容	出題年度	出題された試験	難易度	重要度	ページ
西洋思想（近代思想，現代思想，古代ギリシア思想）	101	社会契約論（ルソー）	13	国家Ⅱ種	★	★★★	218
	102	近現代の欧米の思想家	29	国家一般職	★★	★★	220
	103	ドイツ観念論（カント／ヘーゲル）	20	地方上級	★★	★★★	222
	104	西洋近現代の思想家	R2	国家一般職	★★	★★	224
	105	実存主義と構造主義	14	地方上級	★★★	★★	226
	106	古代ギリシアの思想家	30	国家一般職	★★	★★	228
東洋思想（諸子百家）	107	諸子百家	27	国家一般職	★	★★★	230
	108	中国の思想家	R元	国家一般職	★★	★★★	232
宗教	109	世界の宗教	R3	国家一般職	★★	★★★	234
世界の文学	110	近現代のアメリカ文学	20	国税専門官	★	★★	236
	111	18～19 世紀の欧米文学	7	国家Ⅰ種	★	★★	238
西洋美術	112	西洋の画家	21	国税専門官	★	★★	240
	113	20 世紀の美術運動	15	国家Ⅱ種	★★	★★★	242
西洋音楽	114	西洋音楽	13	国家Ⅱ種	★★	★★★	244
	115	クラシック音楽の楽器	16	国税専門官	★★	★★★	246

世界史の出題の特徴

出題の状況

世界史は，ほとんどすべての試験で出題されている。1～3問出題されるのが一般的だが，地方上級（東京都ⅠB）では出題のない年度もある。

出題される内容

世界史の出題は「西洋史（古代・中世）」「西洋史（近代）」「西洋史（現代）」「イスラーム史」「東洋史」に大別される。最頻出テーマは現代西洋史と中国史であるが，最近はイスラーム史の出題が徐々に増えている。

世界史の出題範囲は非常に広いが，出題されているポイントはある程度絞られている。過去に出題されたことのないテーマに時間をかけても無駄なので，高校の世界史の教科書を最初から読み込んでいくよりは，過去問を中心とした学習が有効な対策となるだろう。

問題の形式

文章の正誤を問うオーソドックスな形式が多い。長文の一部に下線を引いてその正誤を尋ねたり，その下線に関連した事項について設問を作るような形式の問題もあるが，それらも結局は「記述が正しいかどうか」を問うものなので，本書で行っているような「正文化」の方法が有効である。

試験別に見た特徴

国家総合職では，東洋史において中国史のほかインド，東南アジアなどの歴史が出題されることがある。

また，第二次世界大戦後については全般に出題が増えているが，なかでも市役所B日程ではほぼ毎年出題されており，民族運動の出題が目立つ。

科目レーダー

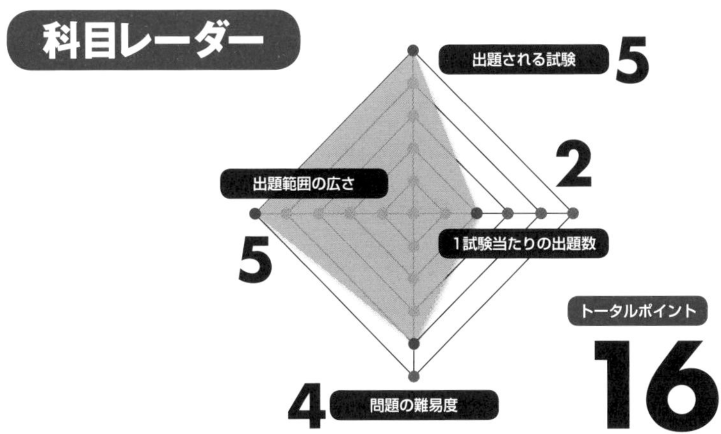

思想の出題の特徴

出題の状況

思想は，国家公務員試験では出題されているが，地方公務員試験では年度によっては出題されないこともある。特に市役所B日程では近年出題がない。

出題数は1問というのが一般的である。

出題される内容

思想家とその思想の特色・キーワードを組み合わせる問題が多い。西洋思想と東洋思想に大別できるが，西洋の近現代思想が最頻出だ。そのほかには中国思想（特に諸子百家），日本思想の出題が多い。

思想は，似たような問題が繰り返し出題される科目なので，過去問を解くことが有効な対策となる。

問題の形式

文章の正誤を問うオーソドックスな形式が多く，本書で行っているような「正文化」が有効である。

試験別に見た特徴

国家一般職（旧国家Ⅱ種）では西洋の近代思想と江戸時代以降の日本思想の出題が多い。国家専門職（国税専門官）では1問の中で幅広い思想家を取り上げるため，1問で西洋の近代思想から現代思想まで幅広く出題することがある。

科目レーダー

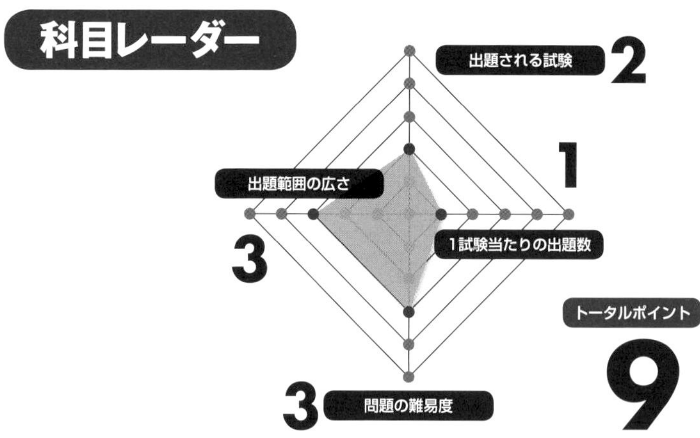

文学・芸術の出題の特徴

出題の状況

文学・芸術は，国家公務員試験では23年度まではどの試験でも出題されていたが，24年度になってから出題がなくなった。地方公務員試験では年度によっては出題されないこともある。特に市役所B日程では近年出題がない。

出題数は1問というのが一般的である。

出題される内容

文学・芸術はその名のとおり「文学」と「芸術」に大別できる。「文学」は日本の近代文学の出題が多く，世界の文学についての出題は少ない。「芸術」は絵画，彫刻などの美術が出題の中心で，日本の美術よりも世界の美術のほうがやや多い。そのほかには音楽や映画などが出題されることもある。

出題の範囲は思いのほか広いので，学習に当たっては頻出のテーマに絞る必要がある。そのためには過去問を使った学習をしながらも，常に出題の頻度を意識する必要がある。

問題の形式

「文学」では文章の正誤を問うオーソドックスな形式が多く，本書で行っているような「正文化」が有効である。

「芸術」では，絵画を示してその絵や作者について尋ねたり，文中の空欄に適語を挿入させる問題などが出題されるが，それらも「記述が正しいかどうか」を問うものが多いので「正文化」が有効である。

試験別に見た特徴

文学・芸術は，これまで出題に特徴のあった国家公務員試験での出題がなくなった。地方公務員試験では，毎年出題が決まっているわけではないが，東京都と特別区は文学・芸術のジャンルを問わず日本のものが出題され，警察官（5月型）は日本文学と東洋・西洋の文学が出題の中心である。警視庁は日本の文学が出題の中心である。

科目レーダー

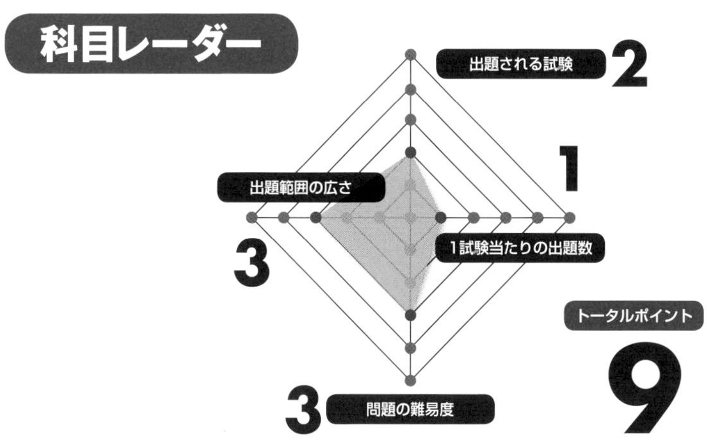

001 → 100

中国の歴史

中国の歴史に関する記述として，最も妥当なのはどれか。

平成21年度 国税専門官

1 紀元前221年に中国を統一した秦王の政(せい)は，「王」に代えて「皇帝」の称号を採用し，~~諸侯に王国を与えて~~（官吏が郡・県を）統治する~~郡国制~~（郡県制）を全国に広めた。また対外的には，北方の遊牧騎馬民族である~~突厥~~（匈奴）を退け，万里の長城を築いて再度の侵入を防いだ。

2 ~~華北~~（華中）の農民出身の~~項羽~~（劉邦）は，~~華中~~（華北）の有力な武将であった~~劉邦~~（項羽）を倒し，全国を統一して漢王朝（前漢）を建てた。前漢では~~郡県制~~（郡国制）が採用され，実権を奪われた諸侯が~~黄巾の乱~~（呉楚七国の乱）を起こしたが，平定され，~~劉秀（光武帝）~~（劉徹（武帝））の頃に中央集権体制が確立した。

3 漢代には後世に規範とされるような散文（漢文）が書かれた。特に~~司馬炎(しばえん)~~（司馬遷）の『史記』と~~董仲舒(とうちゅうじょ)~~（班固）の『漢書』は，人物の伝記を中心に歴史の全体像を記す~~編年体~~（紀伝体）と呼ばれる書き方を用い，後に歴代の王朝が編纂する歴史書の模範となった。

4 後漢が滅んだ後，華北の魏，四川の蜀，江南の呉が中国を三分して争う三国時代となった。やがて魏の将軍が晋（西晋）を建て，中国を統一したが，その後，帝位をめぐる争いの混乱の中で周辺諸民族の華北への侵入が本格化し，晋は滅んだ。

5 漢代に~~朝鮮半島~~（インド）から伝えられた仏教は，魏晋南北朝時代になると，戦乱と社会不安を背景にして広まった。東晋の僧の法顕(ほっけん)はインドに留学して旅行記~~『大唐西域記』~~（『仏国記』）を著し，仏教美術の面では雲崗(うんこう)や敦煌(とんこう)などに巨大な~~木造寺院~~（石窟寺院）が作られた。

難易度 ★　重要度 ★★

1 秦王の政は「皇帝」の称号を初めて用いたことから「始皇帝」と呼ばれた。郡の下に県を置いて束ねる［Ⓐ　　　　］をとり，郡・県には中央から官僚が派遣された。始皇帝の死後，厳しい政治に対する不満が高まり，紀元前 206 年，秦は滅亡した。突厥は 6 世紀頃におこり，中央アジア一帯に大国家を築いたトルコ系の遊牧騎馬民族である。

2 農民出身なのが劉邦，有力な武将であったのが項羽である。前漢では郡とならんで王国が置かれ，［Ⓑ　　　　］がとられた。この反発から起きたのが呉楚七国の乱で，黄巾の乱は後漢の時代に起きた農民による反乱で後漢が衰退するきっかけとなった。劉秀（光武帝）は赤眉の乱に乗じて挙兵，新を滅ぼし漢を復興，後漢の初代皇帝となった人物である。

3 『史記』を著したのは［Ⓒ　　　　］である。司馬炎は西晋の初代皇帝である。また，『漢書』の編纂を行ったのは班固である。『史記』『漢書』は作者・編者を覚えておこう。また，『史記』『漢書』は出来事を年代順に記す編年体ではなく，人物や国ごとに記す紀伝体で書かれている。董仲舒は前漢時代の儒学者であり，儒教道徳の基本となる五常（五つの徳）を説いた。

4 正しい。魏を建てたのは曹丕，蜀を建てたのは劉備，呉を建てたのは［Ⓓ　　　　］である。晋を建てた魏の将軍は司馬炎である。

5 法顕が著した旅行記は『仏国記』である。『大唐西域記』を著したのは三蔵法師こと［Ⓔ　　　　］である。また，雲崗，敦煌の石窟寺院に竜門の石窟寺院を加えて，「三大石窟」と称賛されている。

Point

- ☐ 秦では郡県制，前漢では郡国制がとられた。
- ☐ 司馬遷は『史記』，班固は『漢書』を紀伝体で著し，のちの中国の歴史書の模範となった。
- ☐ 法顕は『仏国記』，玄奘は『大唐西域記』を著した。
- ☐ 後漢の後，曹丕の魏，劉備の蜀，孫権の呉の三国が覇権を争った。

Ⓐ：郡県制，Ⓑ：郡国制，Ⓒ：司馬遷，Ⓓ：孫権，Ⓔ：玄奘

秦～漢の時代

中国の秦または漢に関する記述として，妥当なのはどれか。

平成22年度 地方上級

1 秦の始皇帝は，世襲に基づく分権的な封建制に代わって，法律と官僚制を通じて都の~~長安~~（咸陽）から全領域を直接統治する中央集権体制を築こうとし，中央から官僚を派遣して統治させる~~郡国制~~（郡県制）を全土に施行した。

2 秦の始皇帝が没すると，全土で反乱が発生し，反乱勢力のうち，農民出身で指導者として人望の厚かった~~項羽~~（劉邦）と，楚の名門出身の~~劉邦~~（項羽）が~~相次いで長安を占領し，~~（➲ 秦の都は咸陽）秦は統一からわずか15年で滅びた。
➲ 秦が滅亡した4年後の紀元前202年劉邦が長安を都とする前漢を建てた

3 項羽を倒した劉邦は皇帝の位につき，~~洛陽~~（長安）を都とした前漢を建て，その後前漢は~~郡県制~~（郡国制）を行いつつ，外戚や諸侯の実権を奪ったために~~黄巾の乱~~（呉楚七国の乱）が起こされたが平定し，武帝の頃までに中央集権体制を確立した。

4 ~~社会の儒教化を急進的に進めた前漢は，豪族の反乱や呉楚七国の乱という農民の反発を招いたため，前漢の王族の一人劉秀が咸陽を都とした後漢を建てたものの，赤眉の乱によって，魏に滅ぼされた。~~
➲ 事実関係がまったく異なっている

5 漢代には歴史書の編纂（へんさん）も盛んになり，司馬遷の『史記』，班固の『漢書』が完成し，『史記』や『漢書』に採用した本紀と列伝からなる紀伝体という形式は，後世の歴史書で盛んに用いられた。
➲ 以後，『明史』まで王朝が代わるごとに前代の歴史が書かれた

難易度★★ 重要度★★★

1 秦は，全国を36の郡に分け，その下に県を置き中央から官吏を派遣して統治させる郡県制を施行した。[Ⓐ　　　　] は前漢の高祖（劉邦）が施行した制度で，中央直轄地には郡県制を，地方には封建制を併用した。

2 項羽と劉邦の説明が反対。農民出身が劉邦，楚の名門出身が項羽である。両者は秦末期に起きた [Ⓑ　　　　] に乗じて頭角を現した。

3 郡県制と郡国制の流れを整理しておくこと。秦では郡県制，前漢初期は郡国制，前漢の武帝の時代に起きた [Ⓒ　　　　] の乱後に郡県制確立。各王朝の都も暗記必須，秦（咸陽）→前漢（長安）→後漢（洛陽）。

4 事実関係がバラバラ。武帝の死後衰えた前漢を外戚である王莽が滅ぼし新を建てた。新は赤眉の乱によって滅び，赤眉の乱を平定した [Ⓓ　　　　] は洛陽を都とする後漢を建てた。後漢滅亡のきっかけとなったのは黄巾の乱。

5 正しい。出来事を年代順に記す編年体ではなく，本紀（帝王の年代記）・列伝（重要人物の伝記や外国記事）からなる [Ⓔ　　　　] は，以後の中国正史形式の基本となった。

Point

- □ 秦の始皇帝は封建制度を廃止して郡県制を施行した。経済面では度量衡・貨幣の統一・焚書坑儒など。対外政策では北方の匈奴に対抗するために万里の長城を作った。
- □ 始皇帝の政策は急激で厳しい法律主義であったために反感を招き，始皇帝の死後陳勝・呉広の乱に代表される反乱が続発し秦は滅亡した。
- □ 秦滅亡後は陳勝・呉広の乱に乗じて台頭した項羽と劉邦の2大勢力に統合され，垓下の戦いで項羽を破った劉邦が前漢を建てた。
- □ 前漢は武帝の死後，外戚と宦官が横暴を極め，中央集権体制が崩れた。外戚の王莽が漢を滅ぼし新を建てるが，赤眉の乱をきっかけに滅亡，赤眉の乱を平定した劉秀（光武帝）が洛陽を都とする後漢を建てた。

Ⓐ：郡国制，Ⓑ：陳勝・呉広の乱，Ⓒ：呉楚七国，Ⓓ：劉秀（光武帝），Ⓔ：紀伝体

唐の時代

唐に関する次の記述のうち，妥当なものはどれか。

平成10年度 地方上級

1 唐は，三省と六部の中央官制を設け，律・令・格・式を整備して政治体制を整え，周辺の征服した地には都護府を置いて諸民族を統治した。
➲ 唐の前半には6つの都護府が置かれた

2 高宗の時代には，唐の勢力が中央アジアまで拡大し世界的な大帝国となるとともに，経済的に豊かな江南と華北を結ぶ~~大運河が完成し~~，南北を結ぶ大動脈として重要な役割を担うようになった。
➲ これは隋代のこと

3 唐代の税制は，当初，各戸の所有する土地に応じて徴税する~~両税法~~（均田制の下での租庸調制）であったが，慢性的な口分田の不足により行き詰まり，農民一人ひとりに公平な税負担を求める~~租庸調制度~~（両税法）に変更された。

4 ~~唐代~~（魏晋南北朝時代）の官吏任用は，九品中正により実施されていたが，高位高官を占める者の家柄が固定され門閥社会となったため，~~唐代後期~~（隋代から）に科挙制度が導入された。

5 唐代の絵画は，山水を題材にすることが好まれ，文人や禅僧の間で~~院体画~~が発達し，~~夏珪~~や呉道玄などの優れた画家が輩出した。
➲ 宋代のこと
➲ 南宋の画家

難易度 ★★ 重要度 ★★★

1 正しい。隋・唐の国家を［Ⓐ　　　　］と呼ぶ。これは律・令・格・式を中心に置いた中央集権であることによる呼び方である。中央行政機関は，中書省（詔勅の作成）・門下省（詔勅の審議）・尚書省（詔勅の実施）の三省と，吏部（官吏の任用）・戸部（財政）・礼部（祭祀や科挙）などの六部，九寺（専門官庁），一台（御史台＝不正の監視）からなる。

2 隋はわずか38年間だが，唐の事跡と区別して覚えよう。大運河の建設は隋の皇帝［Ⓑ　　　　］の事業。江南と華北を結ぶ大事業で，多くの農民を徴用したため，農村は疲弊し，隋滅亡の遠因ともなった。

3 順番を逆にしたパターンは多いので注意。唐では均田制・租庸調制をとっていたが，［Ⓒ　　　　］以後，完全に崩壊し，宰相である［Ⓓ　　　　］の両税法（私有地を認め，年2回，夏秋に徴税）に移行した。両税法は中国の基本税制となり，明中期まで引き継がれた。

4 魏晋南北朝時代の官吏登用制度が九品中正である。地方に派遣された［Ⓔ　　　　］が地方の評判をもとに人材を9等級に分けて推薦する制度だが，有力な豪族が門閥となる弊害が出た。強力な中央集権国家建設をめざす隋唐では廃止し，科挙を官吏登用制度とした。

5 禅・禅宗とあったら宋代！　院体画は，宮廷画家を中心とした写実的な花鳥画，山水画で北宋で成立し南宋に及んだ。夏珪は南宋の院体画の画家。呉道玄は唐代中期の画家で，［Ⓕ　　　　］に仕えた。

Point

- □ 律令をもとにした律令制で中央集権国家体制を整えた隋唐では，三省・六部・九寺・一台の官制をとった。
- □ 唐の高宗の時代に，西域から朝鮮半島北部に至るまでを支配する最大版図となった。辺境には，諸部族を統治し監視する機関として六都護府（安西・北庭・安北・単于・安東・安南）を置いた。
- □ 唐代の税制は，均田制・租庸調制から両税法に移行した。
- □ 唐代の画家には，広い画材で描いた呉道玄，山水画の李思訓がいる。

Ⓐ：律令国家，Ⓑ：煬帝，Ⓒ：安史の乱，Ⓓ：楊炎，Ⓔ：中正官，Ⓕ：玄宗

唐の制度，外交，文化

唐についての記述として，妥当なものはどれか。

平成19年度 地方上級

1 律令制度：北魏に始まる均田制に基づいて租庸調の税制が整備され，国家財政の安定が図られた。給田は必ずしも規定どおりに実施されず，税の負担が重かった。

➡ 両税法に変わる８世紀後半までこの制度は続いた。

2 儒教：経典の字句の解釈にとらわれた訓詁の学を朱熹が否定し，宇宙の原理について議論を深める「格物致知」を唱え，公認の学問となった。

➡ これは宋代の内容。唐での儒教は停滞

3 外交：モンゴルの遊牧民である~~匈奴が頻繁に国内に侵入~~していたが，東西貿易が活発で~~マルコ＝ポーロが長安を訪れ~~，長安は国際都市として栄えていた。

➡ 匈奴の侵入は漢の時代

➡ マルコ=ポーロが大都を訪れたのは元代

4 周辺諸国：新羅や日本は唐の律令体制や文化を積極的に採用し，国際色豊かな文化が栄えたが，~~それぞれの独特の伝統文化などは衰退した~~。

➡ 日本では唐文化の輸入停止後，日本風の文化が隆盛した

5 文化：詩の文化が~~衰退~~（隆盛）し，これに代わって~~小説の文化が生まれた。『西遊記』~~や~~『紅楼夢』~~などの名作が庶民の人気を獲得していった。

➡ これは明代のこと

➡ 清代の作品

難易度 ★★　重要度 ★★

1 正しい。「税負担は重い」が歴史の定常。唐の「律令格式」は，律が刑法，令が行政法・民法，格が補充改正規定，式が施行細則。税制は均田制に基づく租庸調制度だが，租庸調のほかに［Ⓐ　　　　］という労役の義務もあり，税負担は重かった。租庸調制度は，社会経済の混乱もあって瓦解（がかい）し，780年からは［Ⓑ　　　　］になった。

2 記述そのものは正しいが時代がまったく異なるケースで，これは唐代のことではなく宋代のことである。朱熹（しゅき）（朱子は尊名）が大成する［Ⓒ　　　　］（朱子学）への胎動が唐末期にあったが，唐代の儒教（儒学）はおおむね低迷した。「格物致知（かくぶつちち）」は，個々の事物の理を極めることを修養の中心とすることをいう。

3 漢，唐，元などの記述が入り混じった内容。匈奴の侵入に悩んだのは秦や漢の時代である。また東西貿易が活発化したのは唐代で，長安は当時の世界第一の都市である。［Ⓓ　　　　］（現在の北京）をマルコ＝ポーロが訪れたのは元の［Ⓔ　　　　］の治世である。

4 周辺国は優れた唐文化の移入を図ったが，唐国内が乱れると，たとえば日本では，菅原道真（すがわらのみちざね）の献言で［Ⓕ　　　　］を停止（894年）した。その後，日本では国風文化が盛んになった。

5 唐の文学の第一は［Ⓖ　　　　］である。盛唐の李白・杜甫（とほ），中唐の白居易（はくきょい）（白楽天）などが代表的な人物。『西遊記』などの小説が盛んになるのは明の時代である。

Point

- □ 均田制の下での丁男（21～59歳）は，租庸調の税負担や雑徭と呼ばれる労役負担に加え，府兵制と呼ばれる負担もあって苦しんだ。
- □ 唐代における儒学は停滞した（唐は道教を保護）。文化的な面では仏教が隆盛した（インドから経典を持ち帰った玄奘が有名）。
- □ 唐の長安は世界第一の国際都市で，西域との交流も盛んに行われた。
- □ 唐代の文学で隆盛を誇ったのは漢詩。李白・杜甫・王維・白居易などが代表的な詩人である。

Ⓐ：雑徭，Ⓑ：両税法，Ⓒ：宋学，Ⓓ：大都，Ⓔ：フビライ＝ハン，Ⓕ：遣唐使，Ⓖ：漢詩（唐詩）

世界史005

唐の周辺諸国

唐の周辺諸国に関する次の記述のうち，妥当なものはどれか。

平成9年度
国税専門官

1 新羅は唐の援軍を得て百済，高句麗を滅ぼし，朝鮮半島を統一した。この国は，貴族支配に立脚しつつ唐の律令制を取り入れ，仏教を奨励して大いに栄えたが，徐々に~~唐の干渉を受けるようになり~~（王位争いで弱体化し），やがて~~唐~~（高麗）に滅ぼされた。

2 渤海は高句麗の遺民により中国東北地方に建国され，唐の玄宗のときから渤海国と号した。この国は，唐の三省六部をまねた政治，行政機関を作って国力を高め，日本とも交易を行ったが，唐の滅亡後，契丹族により滅ぼされた。

➲ 渤海国は「海東の盛国」とも呼ばれて栄えた

3 吐蕃はチベット北部の遊牧民族を中心とした国家であり，唐と~~友好関係を保ち~~（抗争を繰り返し）ながら唐文化を吸収した。~~この国は遊牧民と農耕民を区別した二重統治体制をとり~~，最盛時には~~北アジア~~（中央アジア）広域を支配したが，~~唐の滅亡後，宋に滅ぼされた~~。

➲ 二重統治体制をとったのは契丹族の遼

➲ 吐蕃は唐滅亡の前に内乱で滅んだ

4 南詔はチベット＝ビルマ族により雲南地方に建国され，唐風の制度をとるなど唐文化の影響を強く受けた。その一方で，この国は，漢字をもとにした独自の~~西夏文字~~を作ったが，~~唐の滅亡後，元に滅ぼされた~~。

➲ 西夏文字はタングート族が建国した西夏で作られた文字

➲ 南詔は唐滅亡の前に内乱で滅んだ

5 ウイグルはモンゴル高原のトルコ系民族の国家であり，安史の乱の際には唐に援軍を送った。これを機に，~~この国は華北を占領して唐に屈辱的な澶淵の盟を結ばせたが~~，~~政治制度・文化の中国化により国力が衰えた~~。

➲ 澶淵の盟は遼と宋の平和条約

➲ 天災や内乱に乗じたキルギスの侵入を受けて滅亡

難易度★★★　重要度★★

1 新羅は朝鮮半島最初の統一国家。唐の律令制を取り入れ，中央集権政治を行ったが，8世紀後半から王位の争奪を繰り返して乱れ，935年，新羅王が高麗に投降し滅んだ。新羅は中国文化の影響を受け，豊かな［Ⓐ　　　　］芸術を生んだ。

2 正しい。渤海（698～926年）は，中国東北地方の東部を中心に沿海地方，朝鮮半島北部を支配した。唐によって滅ぼされた高句麗の遺民と高句麗に服属していた部族が大祚栄に率いられ，震を建国した。713年，唐の玄宗のとき渤海郡王に封じられ，その後は渤海と称した。契丹族は唐滅亡後，耶律阿保機が部族をまとめ，［Ⓑ　　　　］を建国した。

3 吐蕃は，7世紀から9世紀にかけて栄えた［Ⓒ　　　　］の王朝。インド，中国双方から仏教文化を取り入れた。唐と抗争を繰り返したが，9世紀に和平がなり，「唐蕃会盟碑」が建立された。9世紀後半に東西に分裂して内乱が起こり，やがて滅んだ。

4 南詔は，雲南省の［Ⓓ　　　　］に建てられたチベット＝ビルマ語族の国。漢字を公用とするなど，中国の文化の影響を強く受けた。

5 ウイグルはトルコ系遊牧騎馬民族。8世紀半ばに東突厥を滅ぼして建国した。［Ⓔ　　　　］では唐の要請で援軍を送るほどに栄えた。澶淵の盟は宋と遼の和議。遼が南進するが，1004年和議が成立した。

Point

- □ 唐代の朝鮮半島では，新羅，高句麗，百済の3か国が並立する状況だったが，唐と結んだ新羅が百済，高句麗を滅ぼし半島を統一した。
- □ 渤海は現在の中国の東北地方東部を中心に栄えた。高句麗遺民の大祚栄が建国したが，後に契丹に滅ぼされた。
- □ 吐蕃はソンツェン＝ガンポ建国のチベットの国。唐と抗争したが，9世紀前半に和平が成立。ラサに「唐蕃会盟碑」が建立された。
- □ 南詔は8～9世紀に雲南地方に栄えた。漢字を公用し，仏教を保護奨励した。
- □ ウイグルは安史の乱で唐の要請を受けて援軍を出した。

Ⓐ：仏教，Ⓑ：遼，Ⓒ：チベット，Ⓓ：大理，Ⓔ：安史の乱

世界史006

モンゴル帝国

モンゴル族と諸民族に関する歴史についての記述として，妥当なのはどれか。

平成14年度
国税専門官

1 13世紀初め，モンゴル帝国を創設したチンギス＝ハンは，~~トルコ系民族の建てた遼，金，カラ＝キタイ（西遼）~~や西夏を次々と滅ぼした。その過程でモンゴル族は遼や金の中国文化を~~受け入れ~~，~~チンギス＝ハンは華北に定住~~した。

➡ 遼は金が，金はオゴタイ=ハンが滅ぼした
➡ ナイマンが滅ぼした
➡ 受け入れていない　➡ チンギス=ハンは，西夏遠征中に死んだ

2 13世紀前半，~~オゴタイ＝ハンは大ハンを称し~~（チンギス=ハンの長子ジュチの子バトゥは），自らモンゴル人軍団を率いてヨーロッパに侵入し，ロシアを服属させた。ワールシュタットの戦いでポーランド・~~フランス~~（ドイツ）の連合軍を撃破した~~オゴタイ＝ハン~~（バトゥ）は，~~ハンガリー~~（南ロシア）にキプチャク＝ハン国を建て，その後~~キリスト~~（イスラーム）教に改宗した。

3 13世紀後半，元朝の~~成祖~~（世祖）フビライ＝ハンは，雲南の~~パガン朝~~（大理国），ビルマの~~大理国~~（パガン朝）を滅ぼした。さらに海外遠征軍を次々と派遣し，~~ヴェトナムの陳朝，インドのファーティマ朝を占領~~し，泉州から~~カイロ~~に至る「タタールの平和」を確立したが，2度にわたる日本遠征は失敗した。

➡ カイロは占領していない
➡ 陳朝を滅ぼしたのは明，チュニジアのファーティマ朝を滅ぼしたのはサラーフ=アッディーン

4 14世紀後半，西チャガタイ＝ハン国のモンゴル人貴族ティムールは，チャガタイ＝ハン国の旧領を回復し，イル＝ハン国，~~キプチャク＝ハン国を併せて~~領有し，~~カイロ~~（サマルカンド）を都とするティムール帝国を建てた。またティムールは，~~部下にインドのデリーを都とするムガル帝国を作らせた~~。

➡ キプチャク=ハン国は領有していない
➡ ムガル帝国の創始者バーブルはティムール5代目の子孫

5 モンゴル族は，14世紀半ば，中原の地を撤退した後も中央アジアからモンゴル高原を支配しており，清朝は18世紀前半，モンゴル族ジュンガル部の侵入を防ぐために，後に軍機処となる機関を設置した。モンゴル族の支配は，18世紀半ば，乾隆帝の遠征軍が東トルキスタンを制圧するまで続いた。

➡ 黄河中下流域の平原地域
➡ 西北モンゴルの部族
➡ 清朝の第6代皇帝

難易度 ★★★ 重要度 ★★

1 始祖チンギス＝ハンは，諸部族を統一後，トルコ系部族のナイマンを討ってモンゴルを制覇した。ナイマンの王子が支配していた西遼(せいりょう)（カラ＝キタイ），イスラム国家の［Ⓐ　　　　］を滅亡させた。さらに西夏を滅ぼしたが，女真族の金への遠征途中で病死した。

2 金を滅ぼしたオゴタイ＝ハンは，金に仕えた［Ⓑ　　　　］を重用して内政に当たった。チンギスの孫［Ⓒ　　　　］がヨーロッパに遠征して起こしたのがワールシュタットの戦い。ドイツ，ポーランドを破ったが，オゴタイの死で退き，ヴォルガ川下流のサライを首都にキプチャク＝ハン国を建設した。

3 フビライ＝ハン（世祖(せいそ)）は都を［Ⓓ　　　　］から大都に移し，国号を元とした。フビライ治世時が元の最大版図だが，ヴェトナムやインドは占領していない。「タタールの平和」とは，帝国の成立による政治的な安定と東西交流の発展をさす言葉である。

4 中央アジアでは14世紀後半にモンゴルのバルラス族出身のティムールが西チャガタイ＝ハン国を制圧，キプチャク＝ハン国にも侵入し，またたく間に西アジアの大半を占める帝国を建設する。各地から学者や職人を移住させた首都［Ⓔ　　　　］には文化が興隆した。

5 正しい。中央アジアにはオイラトの後裔(こうえい)のモンゴル人が住んでいた。そのうちのジュンガル部が強大になったが，清の［Ⓕ　　　　］のときに討たれ，中央アジアでのモンゴル族の支配は終わりを告げた。さらに乾隆(けんりゅう)帝のとき，ジュンガル部は完全に滅亡する。

Point

- □ モンゴル帝国の始祖はチンギス＝ハン。従来の部族制に代わる千戸制という軍事・行政制度を組織した。
- □ 2代目のオゴタイ＝ハンは，金を滅ぼし，カラコルムを首都にした。金に仕えた文人官僚の耶律楚材を重用して内政を充実させた。
- □ 元の世祖フビライ＝ハンは各地に遠征軍を送り，版図は最大になったが，日本・ヴェトナム・ジャワへの遠征は失敗した。
- □ 元が明に追われた14世紀後半，ティムールが西アジアに大帝国（ティムール帝国）を建設したが，明への遠征途中で死んだ。

Ⓐ：ホラズム，Ⓑ：耶律楚材，Ⓒ：バトゥ，Ⓓ：カラコルム，Ⓔ：サマルカンド，Ⓕ：康熙帝

明～清の時代

明朝から清朝への移行期の中国における社会や文化の状況に関する次の記述のうち，妥当なものはどれか。

平成10年度
市役所

1 明末，倭寇や女真族の再度の侵入によってもたらされた社会不安と政治不信は，太平天国の乱を引き起こした。「滅漢興満」のスローガンを掲げた反乱軍の指導者李自成に北京を占領され，明は滅亡した。

モンゴル族

➲ これは清代のこと

➲「滅満興漢」は太平天国のスローガン

2 清朝は征服王朝であったが，軍事・行政組織は明から継承したところが大きかった。軍制面では八旗・緑営という明の常備軍制度を満州人に有利な形で活用し，行政面でも伝統的な科挙制に新たに殿試を付け加えて文治主義の集権体制を確立した。

➲ 軍事組織は継承していない

➲ 八旗・緑営は清の軍制

➲ 宋代から行われた

➲ 宋代のこと

3 マルコ＝ポーロやイブン＝バットゥータが来朝し，また，イスラーム世界の技術や文化がもたらされ，中国の社会に新しい刺激を与えた。中国最初の世界地図「坤輿万国全図」もこの時期に作成された。

➲ これは元代のこと

➲ イスラーム文化の流入も元代

4 メキシコや日本の銀が大量に持ち込まれたため，銀の社会的役割が増大し，貨幣経済が発達した。明では土地税と丁税などを一括して銀納とする一条鞭法が採用され，清ではこれをさらに簡略化し，土地税に一本化した地丁銀制が採用された。

➲ 地銀とは土地税，丁銀とは人頭税のこと

5 この時期に江南の開発が進んで国の経済力が充実したことに伴い，商業活動に対する地域的な制限が撤廃された。広州，泉州といった商業都市が大規模に発達し，行・作と呼ばれる商人や手工業者の同業者組合も成立するようになった。

➲ 商人の同業者組合が行，手工業者の同業者組合が作

➲ 選択肢全体が宋代・元代のこと

難易度 ★　重要度 ★★★

1 他時代の重要な乱を示す例も多い。明(みん)では，［Ⓐ　　　］（北方からの遊牧民族の侵入，南方海上での倭寇(わこう)）に苦しむ。満州では女真族の制圧にも苦しんだ。戦費の拡大で民衆に重税を課し，乱が頻発した。やがて明は，乱の指導者李自成に滅ぼされた。

2 清(しん)は，基本的には明の制度を採用しながら，独裁的な政治を強化していく。軍制では，満州八旗，蒙古(もうこ)八旗，漢軍八旗を組織して要地に駐屯させた。また，漢人で組織した緑営(りょくえい)という常備軍制度をとった。科挙を充実させたが，一方で満州人の風俗である［Ⓑ　　　］の強要などの威圧策をとった。思想統制で，時に［Ⓒ　　　］（筆禍(ひっか)事件）が起こった。

3 新航路開拓もあり，多くのヨーロッパ人が渡航した。イエズス会の［Ⓓ　　　］は日本にキリスト教を伝えた後，明に渡った。また，「坤輿(こんよ)万国全図」の［Ⓔ　　　］も明末に中国に入っている。

4 正しい。中国各王朝の税制は要整理。16 世紀後半には，日本の銀と，スペインがアメリカ大陸で採掘したメキシコ銀が大量に流入し，明の貨幣経済は大きく進んだ。そのため税制の改定が必要となり，従来の［Ⓕ　　　］に代えて一条鞭法(いちじょうべんぽう)を採用した。これは，あらゆる税を一本化して銀納させる税である。清ではさらに簡略化した地丁銀(ちていぎん)制が用いられた。

5 時代がまったく異なる。江南開発が進んだのは宋代。広州や泉州などの開港都市が栄え，［Ⓖ　　　］経由の貿易が活発化したのは元代である。

Point

- □ 明は北虜南倭に苦しみ，農民反乱をリードした李自成によって 1644 年に滅亡した。
- □ 清は満州族で，漢族に対する懐柔策と威圧策を併用した。実力主義の官吏採用制度の科挙を用いたが，その一方で辮髪（弁髪）の強要などをしたり，文字の獄と呼ばれる筆禍事件を起こしたりした。清の軍制は，満州八旗，蒙古八旗，漢軍八旗と緑営。
- □ マテオ＝リッチは明末に中国に渡来。「坤輿万国全図」を作成した。
- □ 明の税制は両税法に代え，一条鞭法を採用した。清ではさらに簡略な地丁銀制がとられた。

Ⓐ：北虜南倭，Ⓑ：辮髪（弁髪），Ⓒ：文字の獄，Ⓓ：ザビエル，Ⓔ：マテオ＝リッチ，Ⓕ：両税法，Ⓖ：インド洋

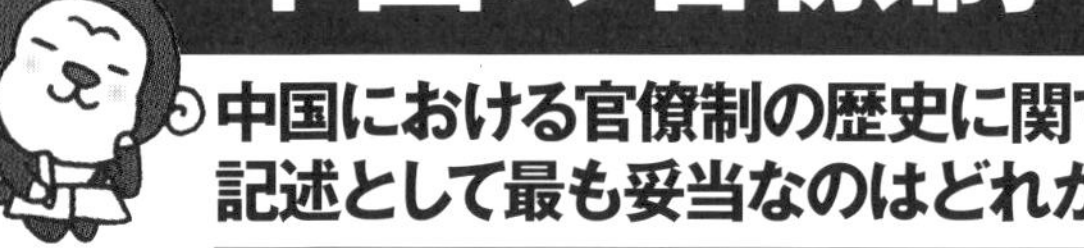

中国の官僚制

中国における官僚制の歴史に関する記述として最も妥当なのはどれか。

平成23年度
国税専門官

1 漢 ~~(前漢)~~（後漢）においては，劉秀（光武帝）の時代に，能力の高い官僚の登用をめざして~~九品中正制~~郷挙里選制が整備されたが，宦官による官職売買が目立つなど，腐敗を極めた。このため，魏においては~~郷挙里選制~~九品中正制が取り入れられ，各地域の~~長老~~中正官の推薦を通じて，身分にとらわれない人材の発掘が図られた。

➲ 新の滅亡後に頭角を現し，漢を復興した

2 隋においては，試験によって人材を登用する科挙が開始され，唐や宋にも引き継がれた。とりわけ10世紀後半の宋代からは，皇帝自らが行う最終試験（殿試）が加わるなど，官僚の人事を皇帝が握ることとなるとともに，士大夫と呼ばれる新しい指導層が生まれた。

➲ 九品中正は廃止された

➲ 中央集権が強化された

➲ 教養が高い社会的な支配層

3 元においては，ごく少数のモンゴル人が広大な征服地を効率的に統治するに当たり，異民族の支配に反発する官僚や知識人を懐柔するため，官僚の登用においては~~科挙が一段と重視され~~，~~儒学中心の学問が発達した~~。

➲ モンゴル人が官職を独占するモンゴル人第一主義をとっていた

➲ 科挙は廃止された（のちに，一部復活した）

➲ 儒学は重視されなかった

4 明においては，経済や東西事情に精通していたモンゴル人に比して漢民族の教育が時代遅れだったとの反省に立ち，14世紀後半，科挙の内容が抜本的に改められ，~~四書五経などの古典の知識に代わり，外国語，医学，商用など，より実用的な知識が試験の中心を占める~~ようになった。

四書五経が科挙の基準になる

5 清においては，女真族による漢民族支配を強めるため，~~17世紀半ばに科挙が廃止~~された。併せて，軍事組織で，社会・行政組織の基礎ともなる八旗が編成され，八旗に所属する者（旗人）以外は官吏になれないこととされたため，事実上，~~漢人官僚は一掃~~された。

➲ 科挙は20世紀の清朝末まで実施

➲ モンゴル人も漢人もいた

難易度★★ 重要度★★

1 劉秀(光武帝)が興したのは後漢。官吏の任用には初め郷挙里選制が整備されたが,次第に豪族の子弟が推挙されるようになって腐敗へつながった。これを受け魏の文帝により始まり晋・南北朝まで続く[Ⓐ　　　　]は,中央より任命された中正官が有力な豪族の子弟を官吏として推薦する方法をとった。

2 正しい。門閥貴族を抑圧するため,学科試験による官吏登用法を開始した。選挙と呼ばれたそれは後に[Ⓑ　　　　]と称され,清の時代まで継承される。

3 元の世祖[Ⓒ　　　　]は中国風の統治政策を採用したが,少数のモンゴル人が広大な中国を支配するに当たり[Ⓓ　　　　]をとり,中央政府の要職や地方行政機関の長をモンゴル人が独占した。そのため元朝の高級官僚は主に世襲制となり,科挙は一時中止された。

4 明は朱元璋(洪武帝)が興した国で,漢民族の統一国家を復活させた。六部を皇帝の直属とし,村落の行政制度として[Ⓔ　　　　]を導入した。学問では朱子学を官学とし,四書五経を科挙の基準とした。

5 女真族の王朝で[Ⓕ　　　　]が後金を建て,2代ホンタイジ(太宗)が国号を清と改め,その後中国を統一した。一時は東アジア一帯を制圧したが,帝国主義の波にのまれ,1912年の辛亥革命により滅亡した。

Point

- □ 郷挙里選と九品中正は,どちらもやがて地方豪族の子弟が上級官職を独占して門閥貴族を形成するようになった。
- □ 明は賦役黄冊(戸籍・租税台帳)や魚鱗図冊(土地台帳)を作成し,里甲制のもとで社会秩序を整えた。
- □ 科挙制の採用,不採用は中国の王朝ごとに整理しておきたい。最終的に廃止されたのは1905年のことである。

Ⓐ:九品中正,Ⓑ:科挙,Ⓒ:フビライ＝ハン,Ⓓ:モンゴル人第一主義,Ⓔ:里甲制,Ⓕ:ヌルハチ

中国諸王朝の興亡

中国の王朝の興亡に関する次の記述のうち，妥当なものはどれか。

平成８年度
国家Ⅰ種

1 遊牧民族の鮮卑族は，南北朝時代の~~末期~~に華北一帯を統一して北魏を建国した
初期
後，漢化政策をとり農耕社会に適応していった。その後，~~華南地域で興った晋~~
➲ 北魏は内紛で分裂した。晋は北魏以前に滅んだ国
~~に敗れて朝鮮半島に移ったことで朝鮮文化と中国文化の同化が始まった。~~
➲ 移っていない

2 五代十国時代に分裂していた中国を統一した宋は科挙を整備するなど文治政治
➲ 907～960年　➲ 武人政治に対するもの
を行った。しかし軍事力の減退や政権内部の争いにより衰退し，やがて女真族の建てた金に首都の開封を攻められて南方に逃げた。

3 金を滅ぼしたモンゴル帝国は，~~高句麗~~を属国化して日本の征服にも乗り出した。
高麗
また，~~南宋にも侵略の手を伸ばしたが，逆に~~~~李自成~~の率いる~~南宋~~軍に首都の
➲ 南宋はフビライ=ハンに滅ぼされている　朱元璋　明
大都を占領されたために，モンゴル高原に退去した。

4 北虜南倭に悩まされた明は，これに対する財政の負担分を周辺諸国との朝貢貿易の利益で賄おうとした。しかし，実利のない朝貢貿易を拒否する国が続出して王朝の財政は好転せず，さらに~~紅巾の乱~~などの農民反乱が続発して自己崩壊
李自成の反乱
した。

5 満州族によって建国された清は，~~トルコ，イラン系などの色目人を重用する一~~
➲ 色目人を重用したのは元朝
方，漢民族には辮髪を強制するなど漢民族を被支配者の地位に置いた。~~孫文ら~~
~~はこうした清の政策に対し，滅満興漢を唱えて独立運動を展開した。~~
➲ 滅満興漢は洪秀全の率いた清末期の太平天国の乱のスローガン

解説

難易度 ★★　重要度 ★★★

1 三国時代に魏（ぎ）の司馬炎（しばえん）が国を奪って中国を統一したのが晋。晋の後，華北は［Ⓐ　　　　］が相争い，それを北魏が統一した。この間，江南では，晋の一族が建国した東晋の後，宋，斉，梁・陳が短期間に興亡を繰り返した。後漢が滅んでから［Ⓑ　　　　］が中国を統一するまでの時代を「魏晋［Ⓒ　　　　］時代」と呼んでいる。

2 正しい。唐末期は各地の節度使が力を増す中で，［Ⓓ　　　　］などの反乱が全国に広がった。節度使の朱全忠によって唐が倒されると，有力節度使がそれぞれ覇権を争う五代十国時代に入った。その後中国を統一したのが，趙匡胤（ちょうきょういん）（太祖）の建てた宋（北宋）である。

3 モンゴル帝国（元）が属国化したときの朝鮮は［Ⓔ　　　　］王朝である。また，元を北方へ追いやったのは明であり，李自成は明末期の農民反乱の指導者である。

4 北虜南倭（ほくりょなんわ）の南倭は，朝鮮や中国沿岸で海賊行為をした［Ⓕ　　　　］のこと。16 世紀末には豊臣秀吉が朝鮮に出兵したため，明は朝鮮に援軍を派遣したこともあって戦費が増大し，財政は窮乏した。各地で暴動が起こり，やがて，明は李自成に滅ぼされた。紅巾の乱は元末期のことである。

5 明に代わった清は満州族の建国した中国の統一王朝。清は，中央諸官庁の役員に満州人と漢人を同数用いる，いわゆる［Ⓖ　　　　］などの懐柔策をとる一方，辮髪（べんぱつ）（弁髪）の強要などの威圧策もとった。

Point

- ☐ 魏・呉・蜀の三国時代の後が晋，さらに南北朝に分かれ，北朝は，五胡十六国時代の後に北魏が統一した。南朝は東晋・宋・斉・梁・陳と続く。そして隋が南北を統一した。
- ☐ 唐の後，五代十国の興亡が起こる。それを宋が統一。宋は文治主義政策を採用したが，官吏の増加，軍費の増大などで財政が窮乏した。
- ☐ 宋の後の金を滅ぼしたモンゴル帝国は元を建国。朝鮮半島の高麗を属国化して日本にも攻め入る。2 度の日本遠征は失敗している。
- ☐ 明は中書省を廃止し六部を皇帝直轄とするなど君主独裁制を進めた。
- ☐ 清は満州族の王朝。ヌルハチが後金を建て，ホンタイジ（太宗）が継いで国号を清と改めた。

Ⓐ：五胡十六国，Ⓑ：隋，Ⓒ：南北朝，Ⓓ：黄巣の乱，Ⓔ：高麗，Ⓕ：倭寇，
Ⓖ：満漢偶数官制（満漢併用制）

中国の諸王朝

中国の諸王朝に関する記述として最も妥当なのはどれか。

令和3年度 国家一般職

1 秦は，紀元前に中国を統一した。秦王の政は皇帝と称し（始皇帝），度量衡・
➡前221年
貨幣・文字などを統一し，中央集権化を目指した。秦の滅亡後に建国された前
➡郡県制による中央集権化　➡前202～後8年
漢は，武帝の時代に最盛期を迎え，中央集権体制を確立させた。また，儒家の
➡在位前141～前87年
思想を国家の学問として採用し，国内秩序の安定を図った。

2 隋は，~~魏・蜀・呉の三国を征服し~~，中国を再統一した。大運河の建設や~~ジャム~~
➡581～618年　南朝の陳を滅ぼして
~~チの整備などを通じて全国的な交通網の整備に努めたが，朝鮮半島を統一した~~
➡ジャムチはモンゴル帝国と元朝での駅伝制　高句麗遠征の失敗を機に
~~ウイグルの度重なる侵入により~~滅亡した。唐は，律令に基づく政治を行い，~~節~~
全国で反乱が起こり　➡618～907年
~~度使に徴税権を与える~~租庸調制の整備などによって農民支配を強化した。
均田制により田地を支給した農民に課税する

3 宋（北宋）は，分裂の時代を経て，中国を再統一した。都が置かれた~~大都（現~~
➡960～1127年　➡五代十国の時代　開封
~~在の北京）~~は，黄河と大運河の結節点で，商業・経済の中心地として栄えた。

北宋は，~~突厥~~の侵入を受け，都を臨安（現在の杭州）に移し，国家を再建した
金　➡靖康の変1126年
（南宋）。南宋では儒学の教えを~~異端視する~~朱子学が発達し，身分秩序にとらわ
➡1127～1279年　体系化された哲学に高めた
れない科挙出身の文人官僚が勢力を強めた。
➡隋で始まり，宋代に確立された学科試験による官僚登用制度

4 元は，モンゴルのフビライ＝ハンによって建てられた征服王朝である。~~フビ~~
➡1271～1368年　➡元の初代皇帝（在位1271～94）でありモンゴル帝国5代皇帝（在位1260～94）
~~ライ＝ハンは科挙制度を存続させたが，これに皇帝自ら試験を行う殿試を加~~
元は科挙制度を重視せず，
~~えることで~~，モンゴル人の重用を図った。元代には交易や人物の往来が盛んで
➡色目人（イラン人や中央アジア出身者）も財務官僚として重用
あり，「東方見聞録」を著したマルコ＝ポーロや~~イエズス会を創設したフラン~~
~~シスコ＝ザビエル~~が元を訪れた。
プラノ＝カルピニなどのフランチェスコ会修道士

5 明は，元の勢力を北方に追い，漢人王朝を復活させた。周辺諸国との~~朝貢~~体制
➡1368～1644年　冊封
の強化に努めた一方，~~キリスト教の流入を恐れ，オランダを除く西洋諸国との~~
密貿易の防止と沿岸防衛（特に倭寇対策）のために
~~貿易を禁じる~~海禁政策を採った。清は，~~台湾~~で勢力を伸ばした女真族によって
➡自国民の海外渡航を禁止する政策　➡1616～1912年　中国東北地方
建国された。康熙帝，雍正帝，乾隆帝の三帝の治世に清は最盛期を迎え，ロシ
➡在位1661～1722年　➡在位1722～35年　➡在位1735～95年
アとの間にネルチンスク条約を締結し，~~イラン~~を藩部とした。
➡キャフタ条約も締結　モンゴル高原・青海・チベット・東トルキスタン

難易度 ★★ 重要度 ★★

1 初めて中国を統一した秦の [Ⓐ　　　　] は，度量衡等の統一，焚書坑儒等を行い中央集権体制を確立したが，急激な改革のため秦は短命に終わった。前漢の最盛期を現出した武帝は中央集権化を進め，儒学を官学化し，張騫(ちょうけん)を大月氏に派遣した。

2 隋は大運河建設や積極的な外征を行い，高句麗遠征の失敗後に滅んだ。[Ⓑ　　　　] は均田制に応じて成人男性に税を課す制度で，律令制の基盤の一つであり，日本にも導入された。節度使は府兵制の崩壊後に置かれた辺境の指揮官である。

3 大都（現在の北京）は元朝の都。[Ⓒ　　　　] は南宋の儒学者朱子（朱熹）によって大成された，哲学体系に高められた新しい儒教で，新儒教，宋学とも呼ばれ，宋代以後正当な儒学として公認された。

4 殿試を行ったのは宋の趙匡胤（太祖）である。征服王朝の元は科挙や儒学を重視せず，官僚には [Ⓓ　　　　] や色目人を重用した。ジャムチや大運河を整備し，東西交易や東西文化の交流を進めた。

5 禁教令の徹底などを目的にオランダ以外の西洋諸国との貿易を禁じたのは日本の鎖国政策。明は密貿易防止と倭寇対策のために海禁政策をとり，足利義満もそれに応じて [Ⓔ　　　　] を始めた。

Point

- ☐ 秦の始皇帝は郡県制による中央集権化や度量衡の統一を行い，儒家を弾圧，前漢は盛時の武帝の代に中央集権化し，儒学を官学化。
- ☐ 南北朝の分裂を統一した隋は，北朝の均田制・租庸調制・府兵制等を整備し律令体制の基礎を築いたが短命に終わった。唐は，その基礎の上により整備された律令政治を展開し大帝国となった。
- ☐ 宋は科挙合格者による中央集権的官僚体制を確立し，征服王朝である元は儒学や科挙を軽視し，モンゴル人や色目人を重用した。
- ☐ 明は海禁政策をとり周辺国に朝貢を強いたが，北虜南倭に苦しんだ。清は康熙・雍正・乾隆の三代で中国史上最大の版図となった。

Ⓐ：始皇帝，Ⓑ：租庸調制，Ⓒ：朱子学，Ⓓ：モンゴル人，Ⓔ：日明（勘合）貿易

中国と西方との交流

中国と西方との交流に関する記述として，最も妥当なのはどれか。

平成20年度
国家Ⅱ種

1 ~~秦の始皇帝~~は，匈奴との戦いを有利に進めるために中央アジアの~~ティムール帝国~~に張騫を派遣して~~同盟を結んだ~~。~~これにより~~内陸部のオアシス都市をつなぐ通商路が開拓されて西域との交易が発展し，この道は，後に絹の道（シルクロード）と呼ばれた。

漢の武帝 / 大月氏 / 同盟は成立しなかった / ➲ これだけがきっかけではない

2 ~~漢の武帝の命を受けた~~仏僧法顕は，仏教の経典を求めて~~海の道と呼ばれた海路~~からインドへ渡り，~~ボロブドゥールな~~どインド各地の仏跡を訪ね，~~内陸部の通商路~~を通って帰国した。彼は旅行記~~『大唐西域記』~~を著し，~~小説『西遊記』に登場する三蔵法師のモデルになった~~。

➲ 武帝の命ではない / 陸路 / ➲ これはインドネシアの寺院 / 海の道と呼ばれる海路 / 『仏国記』 / ➲ これは玄奘のこと

3 後漢の将軍班超は，匈奴征伐に従軍して活躍し，西域都護に任じられて中央アジアの50余国を服属させた。さらに部下の甘英を大秦国（ローマ）に派遣して国交を開こうとした。「虎穴に入らずんば虎子を得ず」という言葉は，彼が匈奴との戦いの中で語ったと伝えられている。

➲『後漢書』『魏略』に「大秦」と記されている

4 唐の仏僧玄奘は，国禁を犯して~~ビルマ~~に赴き，~~アジャンター~~の僧院で仏教を学んだ後，~~中央アジア各国~~を巡歴した。多数の経典を持ち帰り，漢訳に業績をあげた。彼の著した旅行記~~『仏国記』~~の影響もあり，中国の仏教は唐の時代に最盛期を迎え，~~雲崗や竜門に石窟寺院が造られた~~。

インド / ナーランダ / インド各地 / 『大唐西域記』 / ➲ これは唐以前の南北朝の時代

5 モンゴル帝国の皇帝フビライ＝ハンは，都を~~サマルカンド~~から~~長安~~に移して元王朝を開き，領内の駅伝制を整えて東西の交流を奨励した。~~マテオ＝リッチらイエズス会の宣教師が元を訪れヨーロッパの文化を伝えたので，~~郭守敬は~~ユリウス暦~~をもとに授時暦を作った。

カラコルム / 大都 / ➲ これは明代のこと / イスラーム暦

難易度 ★★　重要度 ★★★

1 漢の［Ⓐ　　　　］がとった匈奴への親和策を転換したのが武帝。匈奴挟撃を目的に張騫を大月氏に派遣したが，大月氏に匈奴を討つ意志がなく，失敗した。しかし，西域の事情が中国に伝わり，東西交流に大きな役割を果たした。なお，ユーラシア大陸を東西に走る通商路は紀元前 2000 年にはすでに存在していた。

2 法顕(ほっけん)は魏晋南北朝時代の東晋の僧である。法顕が訪れたときのインドは，グプタ朝の最盛期で［Ⓑ　　　　］の時代であった。

3 正しい。班超(はんちょう)は西域都護(さいいきとご)（前漢に設けられた西域統治機関が西域都護府で，その長官が西域都護）として西域のオアシス国家を服属させ，さらに大秦国（［Ⓒ　　　　］）に使いを送った。ヨーロッパの事情が中国に伝わるなど，後漢時代には東西交流が盛んに行われた。

4 玄奘(げんじょう)は行きも帰りも陸路である。玄奘は，唐代にインド（ヴァルダナ朝）に渡って仏典を持ち帰り，旅行記『大唐西域記』を著した。明代の［Ⓓ　　　　］は，玄奘の説話をもとにした妖怪変化の伝奇小説である。アジャンターとは，インド中部にある仏教石窟のことである。

5 オゴタイ＝ハンやフビライ＝ハンは，駅伝制の整備を進めた。伝統的なモンゴル民族の［Ⓔ　　　　］（駅伝の仕事に従う人の意）を中国にも適用し，一定距離ごとに宿泊施設を設け，交通手段を整備した。

- □ 漢の武帝は匈奴挟撃を目的に大月氏に張騫を派遣したが，挟撃はならなかった。しかし，これにより西域の事情が中国に伝わった。
- □ 法顕は，陸路を使ってインドに入り，海の道といわれる海路を使って仏典を持ち帰り，旅行記『仏国記』を著した。
- □ 後漢時代の西域都護の班超は，西域の国家 50 余を服属させ，さらに部下の甘英を大秦国（ローマ帝国）に派遣した。
- □ 唐の玄奘はインドから大量の仏典を招来，帰国後は翻訳を進めた。
- □ モンゴル帝国は駅伝制を整備し，東西交流の活発化に寄与した。

Ⓐ：劉邦（高祖），Ⓑ：チャンドラグプタ２世，Ⓒ：ローマ帝国，Ⓓ：『西遊記』，Ⓔ：ジャムチ

中国諸王朝の政策

中国の各王朝がとった政策に関する記述として，正しいものはどれか。

平成２年度
国家Ⅰ種

1 唐は官吏登用法として~~中正官が官吏を推薦する九品中正制度を採用した結果，豪族の社会的地位が高まった~~。また，財政確立のために均田制，軍事力強化のために兵農一致の府兵制が整えられた。

科挙を採用した
➲ 楊堅が施行

2 宋は文治主義政策をとって~~節度使~~を廃したため異民族の侵入が増え，その対策に追われて財政が窮乏し，~~秦以来続いた租庸調を廃止して新たに現有財産に基づいて課税する両税法を採用した~~。

藩鎮
➲ これは唐代のこと

3 元は中国統治の初期から~~漢人を懐柔するため儒学を重視し，科挙を実施してモンゴル人のみならず漢人をも高級官僚に用いた~~。このため急速に中央集権的官僚組織が整えられた。

➲ 元はモンゴル人第一主義。モンゴル人が中央の要職を独占し，科挙は一時停止した

4 明は宰相を廃して皇帝の独裁権を強化し，朱子学を採用して科挙を整備し，新しい律令を制定した。また里甲制を敷き，治安の維持や租税の徴収の徹底を図った。

➲ 洪武帝が制定

5 清は~~朱子学を廃して~~満州風俗の辮髪を漢人に強要するなど，征服者としての威厳を強く示し，官制についても軍機処，理藩院といった独自の機関を設け，~~官僚には満州人のみを登用した~~。

➲ 朱子学が官学
官僚の採用には満漢偶数官制（満漢併用制）をとった

難易度 ★★　重要度 ★★★

1 官吏登用法は九品中正制度→科挙(かきょ)制度がポイントである。漢の時代は［Ⓐ　　　］(地方長官の推薦による官吏登用)，魏から九品中正（中央が任命した中正官が評判によって人物を9段階に分けて推薦），隋から科挙（学科試験によって登用）が始められ，清末期まで続く。唐の税制は均田制に基づく［Ⓑ　　　］制だったが，途中から両税法がとられた。兵制は兵農一致の府兵制だったが，募兵制に変わった。

2 宋では文治主義をとって武人を政治から排除したが，軍事力の低下を招いて異民族の侵入に守勢に回ることになり，莫大な絹や銀などを贈るなどした。また，国内的には官吏の増加と組織の肥大化で財政が窮乏した。また，［Ⓒ　　　］が新法と呼ばれる改革を行った。

3 元はモンゴル人第一主義。元では，中央，地方の要職をモンゴル人が占めた。しかし，圧倒的多数の中国人支配のために，中央アジア・西アジア出身の色目人(しきもくじん)も多く登用した。華北の中国人は［Ⓓ　　　］，江南の住民は［Ⓔ　　　］と呼ばれ，冷遇されている。

4 正しい。明は徹底した皇帝独裁の中央集権政治。朱子学を宋学として重視し，［Ⓕ　　　］は従来の朱子学の学説を集大成した『四書大全』『五経大全』『性理大全』を編纂(へんさん)させた。

5 清は，明を踏襲して朱子学を官学とした。官吏の登用では科挙を盛んに行っている。漢民族の懐柔策として，中央の諸官庁に漢民族と満州族を同数採用する［Ⓖ　　　］をとっている。

Point

- ☐ 隋唐では，試験を行って官吏を登用する実力主義の科挙制度を採用。
- ☐ 宋は文治主義をとったが，戦費の増大や組織の肥大化から財政が窮乏し，王安石は新法と呼ばれる改革を行った。
- ☐ 元では，要職にモンゴル人を配し，色目人も使って，漢民族を支配した。科挙は一時廃止された後に再開された。
- ☐ 明では朱熹の朱子学を官学として重視した。
- ☐ 清は，数人の軍機大臣が皇帝側近として政務を執る軍機処，内外モンゴルや東トルキスタンなどの藩部を統括する理藩院を置いた。

Ⓐ：郷挙里選，Ⓑ：租庸調，Ⓒ：王安石，Ⓓ：漢人，Ⓔ：南人，Ⓕ：永楽帝，
Ⓖ：満漢偶数官制（満漢併用制）

中国諸王朝の政治

10世紀半ば以降の中国の諸王朝の政治に関する記述として，最も妥当なのはどれか。

平成19年度 国家Ⅰ種

1 趙匡胤によって建国された宋（北宋）は，五代十国の動乱の時代に台頭し，宋の国境を脅かしていた遼や西夏などの隣接諸国を滅亡させ，中国の統一を図るとともに，皇帝直属の親衛軍を強化するなどの武断政治を行い，皇帝の独裁体制を築いた。

➲ 遼は金が，西夏はチンギス=ハンが滅ぼした

文治政治

2 宋（北宋）は，12世紀初め，金を建国したツングース系の女真族によって首都開封を奪われたが，江南に逃れて南宋を建て，臨安（現在の杭州）を都と定めた。その後，南宋は，王安石を宰相に起用し，富国強兵策をとり，華北を支配していた金を滅ぼし，再び中国を統一した。

➲ これは北宋のこと

➲ 金を滅ぼしたのはモンゴル帝国

3 チンギス＝ハンによって建国されたモンゴル帝国は，内陸アジアへも遠征し，ヨーロッパにまたがる領域を支配下に置いた後，南宋を滅ぼすとともに，13世紀初め，都を大都（現在の北京）とし，国号を元と改め，ヴェトナム，ジャワも征服した。

➲ フビライ=ハンのとき

➲ 侵攻は失敗した

4 紅巾の乱後，朱元璋（洪武帝）によって建国された明は，漢民族の中国再興を図り，海外貿易を統制する一方，東アジアの冊封体制の再編成に努め，15世紀初め，永楽帝の代には，鄭和を東南アジアやインド洋方面に遠征させて，諸国の朝貢を促した。

➲ 1351～1366年

➲ 南洋諸国遠征は7回行われた

5 満州族のヌルハチによって建国された清は，17世紀初め，明が帝位をめぐる争いから三藩の乱で滅亡すると江南に侵入して中国を統一した。また，明の官制を継承し，皇帝の独裁体制を強化するとともに，中央の要職には満人を配し，地方の下級官吏に漢人を採用した。

➲ 建国時の国号は後金（金）

李自成らの農民反乱

華北

満人と漢人とを同数採用する満漢偶数官制（満漢併用制）

難易度 ★★★　重要度 ★★★

1 五代十国時代は諸王朝が武断政治を行っていたが，趙匡胤（太祖）は，統一維持を図るため，武断政治を廃した。文人中心で政治を行い（[Ⓐ　　　　]），節度使の欠員も文人で補充した。一方で，皇帝の親衛軍を強化するなど，君主独裁制の中央集権体制を強化した。

2 宋の文治主義は，軍事力の弱体化をもたらした。第6代皇帝の神宗のとき，[Ⓑ　　　　] を宰相に起用し，新法と呼ばれる富国強兵策をとった。一時の効果はあったが，官僚間の抗争が激化し失敗。

3 モンゴル軍は，ナイマン，イスラームのホラズム王朝，西夏を滅ぼした。チンギスは，金を征討する遠征の途上で病死したが，オゴタイ＝ハンが金を滅ぼし，フビライ＝ハンが [Ⓒ　　　　] を滅亡させたものの，ヴェトナムなどの征服には失敗している。

4 正しい。元朝末期，財政の悪化で，交鈔（紙幣）の濫発や専売制度強化などを行った。それに自然災害が加わり，農民の生活は困窮した。各地に起こった最大の暴動が [Ⓓ　　　　] である。紅巾軍の一武将の朱元璋（洪武帝）が頭角を現し，元を追って明を建てた。永楽帝は，鄭和に [Ⓔ　　　　] を行わせ，朝貢貿易に成功した。

5 中国東北地方の女真族（満州族）のヌルハチが明に侵攻した。明は農民反乱の指導者李自成に滅亡させられたが，明の武将の呉三桂と清（後金から国号を変更）によって李自成は討たれた。その後も明の遺臣らの抵抗が続いたが，鎮圧し，また [Ⓕ　　　　] の代に起こった三藩の乱も平定した。

Point

- □ 宋は趙匡胤が建国。文治主義をとり，君主独裁制を強化した。
- □ 宋は金の侵入で都の開封を奪われた。一族が江南に逃れ，南宋を建国した。
- □ 元は，各地に遠征軍を送ったが，ヴェトナムやジャワ，日本への侵攻は失敗に終わった。
- □ 明の永楽帝の時代，宦官の鄭和が大船団を率いて南海遠征を行い，朝貢貿易に成功した。
- □ 清は，功績のあった漢人武将を藩王として封じたが，康熙帝のとき三藩の乱が起きた。

Ⓐ：文治主義，Ⓑ：王安石，Ⓒ：南宋，Ⓓ：紅巾の乱（白蓮教徒の乱），Ⓔ：南海遠征，Ⓕ：康熙帝

第二次世界大戦後の米国大統領の主な施政

第二次世界大戦後のアメリカ合衆国大統領の主な施政と大統領名の組合せとして，妥当なものはどれか。

令和２年度
地方上級

ア 東西冷戦が激化する中で，ソ連に対する封じ込め政策を実施してギリシア，トルコやその他西ヨーロッパ諸国を支援し，カナダ，西ヨーロッパ連合条約締結国などとともにNATOを設立した。

➡ ソ連圏拡大阻止の外交政策　➡ ギリシャ・トルコへの軍事支出を内容とするトルーマン＝ドクトリンを発表　➡ 北大西洋条約機構 1949 年

イ 「強いアメリカ」を求める世論を背景に当選し，当初は対ソ強硬策をとっていたが，のちに協調政策に転じた。しかし強硬策のための軍備増強で「双子の赤字」が深刻化し，新自由主義的な経済政策を行ったが成果は出なかった。

➡ ソ連のアフガニスタン侵攻などに対する強硬路線　➡ 戦略防衛構想（SDI）など　➡INF 全廃条約調印など　➡ 財政赤字と貿易赤字　➡ レーガノミックスと呼ばれる

ウ ドル防衛のために，金＝ドル交換停止を発表した。外交では，訪中を実現して事実上の相互承認を行い，ベトナム和平協定を結んで，ベトナムから米軍を撤退させた。

➡ ニクソン・ショック 1971 年　➡1972 年　➡1973 年。停戦と米軍の撤退を内容とするベトナム戦争の和平協定

エ ニューフロンティアをスローガンに掲げ，カトリック教徒として初めてアメリカ大統領となり，キューバ危機の回避に成功してからは平和共存政策を進めた。

➡ キューバを巡る米ソの対立。1962 年 ➡ 部分的核実験禁止条約調印など

	ア	イ	ウ	エ
1	レーガン	トルーマン	ニクソン	ケネディ
2	トルーマン	ニクソン	ケネディ	レーガン
3	トルーマン	レーガン	ニクソン	ケネディ
4	ニクソン	レーガン	ケネディ	トルーマン
5	レーガン	ニクソン	トルーマン	ケネディ

難易度★ 重要度★★★

1 トルーマンがギリシア・トルコの共産化防止のための援助の宣言である［Ⓐ　　　　］を，国務長官マーシャルがマーシャル＝プラン（ヨーロッパ経済復興援助計画）を発表して封じ込め政策を進めると，東側はコミンフォルムやコメコンを結成して対抗し，西側がNATOを設立すると，東側はワルシャワ条約機構を結成した。

2 レーガンは［Ⓑ　　　　］と呼ばれる新自由主義的経済政策を行ったが，軍備増強で財政赤字が膨らみ，貿易赤字も巨額となって「双子の赤字」に苦しんだ。新思考外交のゴルバチョフが登場すると，中距離核戦力（INF）全廃条約の締結等協調政策に転じた。

3 第二次世界大戦終了頃のアメリカ経済は世界最強で，戦後の国際経済はドルを基軸通貨とする固定為替相場制で営まれた。しかしその後，アメリカ経済は対外援助やベトナム戦争で国際収支が悪化し，金の流出，ドルの下落が起こった。ニクソンはついに金・ドル交換停止を発表し，それは［Ⓒ　　　　］と呼ばれた。

4 ［Ⓓ　　　　］はケネディが掲げたスローガン。新たな開拓者としての自覚をもって国家に協力しようと国民に呼びかけた。

Point

- □ 第二次世界大戦後，トルーマン＝ドクトリンとマーシャル＝プランを機に東西の冷戦が始まった。
- □ 第三勢力の台頭などから冷戦の緊張が「雪どけ」に向かう中でキューバ危機が起こり，核戦争の危機が迫った。しかし，ケネディ・フルシチョフの米ソ両首脳の話し合いにより危機は回避された。
- □ アメリカが介入したベトナム戦争は泥沼化し，戦費がかさんでドルの価値が下落した。1971年ニクソンは金・ドルの交換停止を発表し（ニクソン・ショック），73年にベトナム和平協定を結んだ。
- □ ソ連のアフガニスタン侵攻等に対し，レーガンは当初対ソ強硬策をとったが，ゴルバチョフの登場で協調政策に転じた。

Ⓐ：トルーマン＝ドクトリン，Ⓑ：レーガノミックス，Ⓒ：ニクソン・ショック，Ⓓ：ニューフロンティア

中東戦争

中東戦争に関する記述として，妥当なものはどれか。

平成14年度
地方上級

1 中東戦争の歴史的背景には，~~第二次世界大戦~~時に，イギリスが戦争協力を得る
第一次世界大戦
ため，アラブ人には~~バルフォア宣言~~で独立を認めながら，ユダヤ人には~~フセイ
フセイン=マクマホン協定
ン＝マクマホン協定~~でパレスチナでの建国を認めた，矛盾した政策がある。
バルフォア宣言

2 第１次中東戦争は，ユダヤ人とアラブ人との対立が続く中で，国際連合が作成
➲ 1948年5月～1949年3月
したパレスチナ分割案をアラブ諸国が拒否し，イギリスの委任統治終了とともにイスラエルが建国を宣言したため，起こった。

3 第２次中東戦争は，アメリカ，イギリスによるアスワン＝ハイダム建設への
➲ スエズ戦争とも呼ばれる
援助中止を契機にエジプト大統領のナセルがスエズ運河国有化を宣言したため，~~アメリカ~~，イギリス，イスラエルの３国がエジプトに共同出兵して開始さ
フランス
れた。

4 第３次中東戦争は，~~アラブ諸国がイスラエル~~に先制攻撃を加えて始まったが，
イスラエルがアラブ諸国
勝利したイスラエルがゴラン高原やヨルダン川西岸地区などを占領したため，多くのパレスチナ難民を生み，「~~パレスチナ戦争~~」と呼ばれる。
6日間戦争

5 第４次中東戦争は，~~イスラエルが，アラブ諸国~~に先制攻撃を加えて始まったが，
アラブ諸国がイスラエル
アラブ石油輸出国機構（OAPEC）の石油戦略発動によって~~戦況が不利になっ
アラブ側に有利な条件で
たため，キャンプ＝デーヴィッドにおいて~~，停戦に合意した。

解説

難易度 ★★★ 重要度 ★★

1 フセイン＝マクマホン協定とバルフォア宣言の内容が逆になっている。またともに第一次世界大戦中のことである。フセイン＝マクマホン協定では，アラブ人の［Ⓐ　　　　］からの独立を認めた。

2 正しい。イスラエルの建国により，100 万人以上のアラブ人が難民となった。その後，1964 年にはアラブ諸国が支援して，パレスチナ奪回をめざす［Ⓑ　　　　］が設立された。

3 エジプトのナセルは，腐敗した王政と議会を攻撃し，国王を追放して事実上の植民地状態から脱した。その後大統領となり，土地改革と工業化を進めた。スエズ運河はイギリスの支配下にあったが，ナセルのスエズ運河国有化によって第 2 次中東戦争が起こる。第 2 次中東戦争が［Ⓒ　　　　］ともいわれるのはこのためである。

4 1967 年に始まった第 3 次中東戦争で，イスラエルは短期間のうちに［Ⓓ　　　　］やゴラン高原を占領した。その結果，アラブ諸国とイスラエルの対立は，さらに厳しい状況になった。イスラエルの撤退を含む国連の安保理決議が採択された。

5 1973 年，エジプトのサダト大統領がシリアとともにイスラエルを攻撃し，第 4 次中東戦争が始まった。その後，サダト大統領はイスラエルと和解し，1979 年には，アメリカでキャンプ＝デーヴィッド会談が行われ，［Ⓔ　　　　］が締結された。

Point

- □ 第一次世界大戦中のイギリスの矛盾した政策により，中東のパレスチナ地域に複雑な問題が生じた。
- □ 第 1 次中東戦争はパレスチナ戦争，第 2 次中東戦争はスエズ戦争，第 3 次中東戦争は 6 日間戦争といわれる。
- □ 第 4 次中東戦争でのアラブ諸国による石油戦略で，石油消費国は石油危機（オイル＝ショック）に見舞われた。

Ⓐ：トルコ（オスマン帝国），Ⓑ：パレスチナ解放機構（PLO），Ⓒ：スエズ戦争，Ⓓ：シナイ半島，Ⓔ：エジプト＝イスラエル平和条約

パレスチナ問題

パレスチナ問題に関する以下の質問に答えよ。

平成9年度
国家Ⅰ種

石油の輸入の大部分を中東地域に頼っているわが国は，中東地域の状況の変化によって経済的にも社会的にも大きな影響を受けることになる。中東地域の状況を不安定にしている要因の一つとしてパレスチナ問題が挙げられるが，これに関する記述として，妥当なものはどれか。

1 ユダヤ民族は，その信奉するユダヤ教が他の宗教に対して~~寛容な多神教~~であるために，
排他的な一神教
かえって一神教であるキリスト教徒やイスラーム教徒から歴史的に迫害されてきた。
➲ 反ユダヤ主義
特に，20世紀になるとユダヤ人の大資本家や大商人が欧米の経済を支配するようになったため，他民族の脅威とされ，さらに迫害されるようになった。

2 シオニズムとは，ユダヤ教の聖地であるイェルサレムに帰還し自分たちの国を作ろうとする運動である。~~これは，ユダヤ王国が滅亡した紀元前6世紀より始まり，中世には一時衰退したが，20世紀に入って再び盛んになった~~。
➲ 19世紀末から政治運動化し，20世紀のイスラエル建国に結びついていく

3 20世紀になると，~~アラブ諸国と同盟を結んでいたイギリスはユダヤ人のパレスチナへの入植を武力で阻止しようとした~~。しかし，第二次世界大戦後，ユダヤ人の入植は進み，国際連合の~~承認~~によりイスラエルという国家が誕生した。
➲ イギリスは，ユダヤ人国家樹立を容認していた
調停

4 ~~1960年代の第3次中東戦争によりイスラエルの占領地が拡大したことから~~，アラブの
➲ インティファーダが起こったのは1987年からである
民衆は武器を持って立ち上がり，イスラエルの支配に抵抗を繰り返した。これはインティファーダと呼ばれ，~~従来アラブ人の武力闘争を指揮してきたPLOに批判的なハマス~~により行われた。
占領地生まれの青少年を中心にしたパレスチナ民衆

5 1993年のパレスチナ暫定自治協定では，ヨルダン川西岸とガザ地区のパレスチナ人に
➲ ワシントンで調印された
よる暫定的な自治実施に関する合意が締結され，第一段階としてガザとエリコで先行自治が始まり，その後自治拡大が合意された。

難易度 ★★ 重要度 ★★

1 ユダヤ教は，唯一神［Ⓐ　　　　　］を信奉する宗教。ユダヤ民族は，ユダヤ教の排他性から，他の民族から迫害され，その結果歴史的にさまざまな社会問題が生じた。第二次世界大戦時のドイツのユダヤ人に対する大量殺戮政策などは，その最たるものである。

2 シオニズムとは，ユダヤ教徒を特別な民族とみなし，その民族の国家を樹立することで，ユダヤ人に対する差別を解決しようとする運動である。1897年にバーゼルで第1回の［Ⓑ　　　　　］が開催された。

3 ［Ⓒ　　　　　］によって提示された，パレスチナをアラブ人・ユダヤ人地域に分割する案を，ユダヤ人側が受け入れ，1948年にイスラエルの建国を宣言した。

4 インティファーダは1987年からヨルダン川西岸やガザ地区で起こった。これに対するイスラエルの武力弾圧が報道されることで，国際社会のパレスチナに対する共感が高まった。1988年にはパレスチナ解放機構（PLO）がアルジェで［Ⓓ　　　　　］の樹立を宣言した。ハマスはパレスチナ自治政府を掌握している穏健派のファタハと敵対してイスラエル抵抗運動を展開，パレスチナ民衆の支持を広げている。

5 正しい。1993年にイスラエルのラビン首相とPLOの［Ⓔ　　　　　］は，相互に承認のうえ，パレスチナ暫定自治協定に合意し，1994年にはガザとエリコにPLO主導の自治政府が生まれた。

Point

- □ ユダヤ教とキリスト教・イスラーム教との対立などから，ユダヤ民族は歴史的に迫害されてきた。
- □ 19世紀末からシオニズム運動が盛んになり，第二次世界大戦後の1948年にユダヤ民族はイスラエルの建国を宣言した。
- □ 1987年以降，パレスチナ人によるイスラエルに対する抵抗運動（インティファーダと呼ばれる民衆蜂起）が強まり，話し合いの結果，1993年パレスチナ暫定自治協定の合意がなされた。

Ⓐ：ヤハウェ，Ⓑ：シオニスト会議，Ⓒ：国際連合，Ⓓ：パレスチナ国家，Ⓔ：アラファト議長

第二次世界大戦後の冷戦

第二次世界大戦後の冷戦に関する記述として最も妥当なのはどれか。

令和2年度
国家専門職

1 米国のフランクリン＝ローズヴェルト大統領は，共産主義の拡大を封じ込め
トルーマン
るニューフロンティア政策としてギリシアとオーストリアに軍事援助を与え，
封じ込め　トルコ
さらにヨーロッパ経済復興援助計画（マーシャル・プラン）を発表した。これ
米国務長官マーシャルは　➲西欧諸国のみが受け入れた
に対して，ソ連・東欧諸国はコミンテルンを設立して対抗した。
コミンフォルム

2 分割占領下のドイツでは，西ベルリンを占領する米・英・仏が，ソ連が占領す
ソ連が，西側3国が占領する西独から，東独内にある西ベルリンへの交通を遮断する
る東ベルリンへの出入りを禁止するベルリン封鎖を強行し，東西ベルリンの境
界に壁を築いた。その後，西側陣営のドイツ連邦共和国（西ドイツ）と東側陣
ベルリンの壁は，1961年のベルリン危機の際に東ドイツが構築した
営のドイツ民主共和国（東ドイツ）が成立した。

3 冷戦の激化に伴い，アジア・アフリカの新興独立国を中心とする，東西両陣営のいずれにも属さない第三勢力が台頭してきた。こうした第三勢力の国々が参加して，国際平和・非暴力・不服従を掲げた非同盟諸国首脳会議が中国の北京
非同盟・反帝国主義・反植民地主義　ユーゴスラヴィアのベオグラード
で開催された。

4 キューバでは，米国の援助を受けた親米政権がカストロの指導する革命運動に
➲革命家，のち首相　➲1959年
倒された。その後，ソ連がキューバにミサイル基地を建設しようとしたことか
キューバ革命，1961年社会主義宣言
ら，米国が海上封鎖を断行し，米ソ間で一気に緊張が高まるキューバ危機が発
➲1962年
生した。

5 東ドイツの自由選挙で早期統一を求める党派が勝利を収めると，東ドイツは西
➲最初で最後の自由選挙となった　西　東
ドイツを吸収し，ドイツ統一が実現した。これを受けて，米国のクリントン大
➲1990年　冷戦終結宣言は，ドイツ統一前年の1989年，
統領とソ連のゴルバチョフ書記長がアイスランドのレイキャビクで会談し，冷
ブッシュ米大統領（父）とソ連のゴルバチョフ書記長によるマルタ島での会談で発表された
戦の終結を宣言した。

解説

×月○日

難易度 ★★ 重要度 ★★★

1 ニューフロンティア政策はケネディ大統領が掲げた政策である。トルーマン大統領が封じ込め政策として行った，ギリシア・トルコへの共産主義化阻止のための軍事支出を［Ⓐ　　　］という。コミンテルンは1919年にレーニンが設立した組織で大戦中に解散した。コミンフォルムは1947年発足の各国共産党相互の情報連絡機関。

2 ベルリン封鎖（1948年）はソ連による西独から西ベルリンへの交通の遮断。［Ⓑ　　　］は1961年に東ドイツが建設した（ベルリン危機）。

3 植民地支配から離脱したアジア・アフリカ諸国を中心に非同盟主義を掲げる［Ⓒ　　　］勢力が台頭し，アジア・アフリカ会議や非同盟諸国首脳会議が開かれた。「非暴力・不服従」はインド独立の父，ガンディーが掲げた社会運動の理念である。

4 親米独裁政権が倒れたキューバは社会主義化した。そこにソ連のミサイルが配備されていることを知った［Ⓓ　　　］米大統領は海上封鎖を行い戦争の危機が迫ったが，ソ連が譲歩し危機は回避された。

5 1985年にソ連共産党書記長に就任したゴルバチョフがペレストロイカ（改革）を進めると，89年には，その影響を受けた東欧諸国で共産主義政権が次々と倒れる東欧革命が起き，ベルリンの壁も壊され，米ソ首脳は冷戦終結宣言を行った。翌90年，西ドイツが東ドイツを吸収するかたちで［Ⓔ　　　］が実現した。

Point

- □ トルーマン＝ドクトリンとマーシャル＝プランを機に冷戦が始まり，ベルリン封鎖，ドイツ分裂，朝鮮戦争などにより対立が深まった。
- □ 非同盟主義の第三勢力の台頭や，スターリンの死去による米ソの平和共存路線により，「雪どけ」が進んだ。
- □ ベルリン危機やキューバ危機で国際緊張が再燃したが，キューバ危機ではソ連が譲歩して戦争が回避され，核軍縮が開始された。
- □ 多極化や新冷戦を経て，ソ連の閉塞的状況とアメリカの財政赤字は深刻化した。ソ連のゴルバチョフがペレストロイカを進め東欧革命が起こる中で，米ソ首脳が冷戦終結を宣言し，東西ドイツ統一，ソ連解体へと進んだ。

Ⓐ：トルーマン＝ドクトリン，Ⓑ：ベルリンの壁，Ⓒ：第三，Ⓓ：ケネディ，Ⓔ：東西ドイツ統一

世界史 018

東西対立と多極化

1950 年代後半から 60 年代には東西両陣営が対立する一方で多極化の傾向が現れてきたが，この頃の世界情勢に関する下文の下線部が誤っているものはどれか。

平成４年度
市役所

1 1955 年にインドネシアのバンドンで史上初のアジア・アフリカ会議が開催され，非同盟主義を掲げるいわゆる第三勢力が現れた。
➲ バンドン会議とも呼ばれる

2 ほとんどが列強の植民地であったアフリカで相次いで独立国が誕生し，1960 年は「アフリカの年」と呼ばれた。
➲ 新興国 17 か国が独立

3 1960 年代のデタント（緊張緩和）に象徴される米ソの接近に対して中国とソ連の関係が悪化し，国境紛争にまで発展した。
➲ 1969 年 3 月には珍宝島で中ソが衝突

4 1962 年のいわゆるキューバ危機の後，米ソ間で核兵器制限交渉の歩みが始まったが，一方でヴェトナム戦争が激化した。
➲ アメリカの介入による反戦運動も世界各地で激化

5 社会主義陣営内部では 1956 年にハンガリーで，1968 年にはチェコスロヴァキアで民主化の要求が高まり，それ以後~~両国では親ソ的な政権は著しく後退し，自由化が進んだ~~。
両国ではソ連の軍事介入により親ソ政権が成立し，民主化が抑えられた

難易度 ★　重要度 ★★★

1 正しい。1955 年のアジア・アフリカ会議（AA 会議）は，開催地の名をとってバンドン会議とも呼ばれる。インドのネルー，中国の周恩来，インドネシアのスカルノ，エジプトのナセルなど新興諸国を代表する指導者が集まり，[Ⓐ　　　　] を採択した。

2 正しい。1960 年にはナイジェリア，セネガルなど計 17 か国が独立を果たし「アフリカの年」と呼ばれた。1963 年には，エチオピアのアディスアベバでアフリカ諸国首脳会議が開かれ，[Ⓑ　　　　] を結成し，アフリカ諸国の連帯と植民地主義の克服を求めた。

3 正しい。1956 年のソ連共産党の [Ⓒ　　　　] 以来，中ソは社会主義革命方式の考え方の違いなどで対立していたが，ソ連が中国から技術者を引き揚げ，経済援助を停止するなどしたことから中ソ対立は激しくなり，中ソ国境でたびたび軍事衝突も起こった。

4 正しい。キューバ危機は米ソ両国に米ソ関係を安定化させる必要があることを認識させた。その後は米ソの平和共存が進み，1963 年には [Ⓓ　　　　] が調印されたが，アメリカは 1961 年からヴェトナムに軍事介入し，1965 年には北ヴェトナムへの爆撃を行った。

5 誤りなので，これが正答となる。東欧諸国の民主化を求める運動は，1956 年に [Ⓔ　　　　] で始まった。ハンガリーとチェコスロヴァキアの民主化運動はソ連の武力によって鎮圧され，その後の両国には親ソ政権が誕生している。

Point

- □ アジア・アフリカ諸国などの第三世界（第三勢力）は，第一世界の欧米，第二世界のソ連圏に対してのことである。アジア・アフリカ会議では中ソの対立に巻き込まれず，積極的中立の立場が主張された。
- □ 1960 年代には中ソ対立が激しくなり，中ソ国境紛争が続発した。1969 年にはウスリー川のダマンスキー島（珍宝島）で中ソ両軍が軍事衝突した。
- □ キューバ危機の後，米ソ両国は平和共存を推し進めたが，中国はソ連の行動を強く批判し，中ソの対立が激化した。

Ⓐ：平和十原則，Ⓑ：アフリカ統一機構（OAU），Ⓒ：スターリン批判，Ⓓ：部分的核実験停止条約（大気圏内外水中核実験停止条約），Ⓔ：ポーランド

第二次世界大戦後の欧米諸国

第二次世界大戦後の欧米諸国に関する記述として，最も妥当なものはどれか。

平成17年度 国家Ⅰ種

1 アメリカ合衆国では，1960年代の公民権法成立後，黒人差別の撤廃を訴える公民権運動は~~沈静化したが~~（続いた），ヴェトナム戦争に対する反戦運動が盛んになり，世界的な市民運動の先駆けとなった。また，1970年代には，ウォーターゲート事件と呼ばれる不正事件によって~~民主党のカーター大統領~~（共和党のニクソン大統領）は辞任に追い込まれ，共和党の~~ニクソン~~（フォード）に交替した。

2 英国は，1970年代に不況とインフレが同時に進行する「英国病」と呼ばれる現象が起き，失業問題も深刻化した。1970年代後半に成立したサッチャー内閣は，~~積極財政を推進して失業者の解消をめざしたが，かえってインフレの進行を招いた~~（福祉国家体制を批判し，自由主義経済へ転換して英国経済を立ち直らせた）。またアルゼンチンとの間に領土紛争が勃発すると，軍事的には勝利したが~~国際社会の反発を受け撤退を余儀なくされた~~。
➲ 特に国際社会の反発は受けなかった

3 フランスは~~第四共和政の下でド＝ゴールが長く大統領を務めたが~~，1950年代末にアルジェリアでの独立運動を契機に退陣に追い込まれ，第五共和政が成立した。新しく大統領となった~~ミッテラン~~（ド=ゴール）は，国内的には大統領の権限を議会と内閣に大幅に移譲するなど民主化を進めたが，対外的には北大西洋条約機構からの脱退やヴェトナムへの出兵など，強圧的な政策をとった。
➲ ド=ゴールは第五共和政下の大統領

4 ソ連ではフルシチョフ政権の下で，西側陣営との平和共存路線が打ち出され米ソ間の緊張緩和が期待されたが，1960年代に，ソ連がキューバにミサイル基地を建設すると，アメリカ合衆国はキューバ周辺の海上封鎖を行い，一気に緊張が高まった。ソ連側が譲歩しこの危機を回避した両国は，その後英国も交えて部分的核実験停止条約を締結するなど，緊張緩和をめざした。
➲ フランス・中国は不参加

5 スターリン批判や東西の緊張緩和の影響から，1950年代後半，東欧ではソ連に対して自由化を求める動きが活発になった。ポーランドでは，~~ドプチェクの主導する「連帯」~~（民主化を求める民衆）がポズナニなどで暴動を起こしたが，~~ワルシャワ条約機構軍による介入のため失敗した~~。 また，チェコスロヴァキアでは「プラハの春」と呼ばれる民主化運動が高まり，政府に自由化を認めさせることに~~成功した~~（失敗した）。
➲ ワルシャワ条約機構軍による軍事介入はなかった

難易度 ★★　重要度 ★★★

1 ウォーターゲート事件で辞任したのはニクソン大統領なので，誤りである。1960 年代後半は，ヴェトナム戦争の泥沼化により反戦運動が盛んになった。また，黒人運動をめぐる対立も深刻化し，1968 年には公民権運動の指導者である［Ⓐ　　　　］が暗殺された。

2 英国のサッチャー政権は，国有企業の民営化，社会福祉費の削減，所得税減税を行って経済の活性化を図った。1982 年に起こった［Ⓑ　　　　］でアルゼンチンに勝利することで国威を高揚させた。

3 1959 年，フランスではアルジェリア独立問題の解決を期待されて，ド＝ゴールが大統領となり，「フランスの栄光」を求める政策を推進した。五月革命でド＝ゴール退陣後は，［Ⓒ　　　　］が大統領となった。ミッテランは 1980 年代の大統領であり，基幹産業の国有化などの社会主義的政策を行った。

4 正しい。［Ⓓ　　　　］政権下のキューバにソ連がミサイル基地を建設しようとしたため，アメリカは海上封鎖でミサイル搬入を阻止した。その後，偶発的戦争を防止するため，米ソ両国にホットラインが設置された。

5 ドプチェクはチェコスロヴァキアの「プラハの春」のときの共産党書記長。また「連帯」は 1980 年のポーランドで［Ⓔ　　　　］の下に結成された組織である。

Point

- □ 公民権運動の指導者のキング牧師は，1963 年に「ワシントン大行進」を実現して注目された。公民権法は 1964 年に制定された。
- □ 英国初の女性首相のサッチャーは，サッチャリズムといわれる市場原理を重視する経済改革を実行した。
- □ フランスのド＝ゴール大統領は，核実験に成功して核保有国となり，北大西洋条約機構（NATO）から脱退するなどフランス独自の政策を進めた。

Ⓐ：キング牧師，Ⓑ：フォークランド戦争，Ⓒ：ポンピドゥー，Ⓓ：カストロ，Ⓔ：ワレサ

1970年代以降の世界経済

1970年代以降の世界経済に関する次の記述のうち，誤っているものはどれか。

平成11年度
市役所

1 第二次世界大戦後，ドルを基軸通貨とする固定相場制がとられていた。しかし，ヴェトナム戦争などによりアメリカの国際収支が悪化し，1970年代初頭，金とドルの交換は停止され，次いで主要通貨は変動相場制へ移行した。
➲ドル=ショック（ニクソン=ショック）が起きた
➲1973年から

2 1973年の中東戦争勃発後，OAPECは原油価格の引上げと石油生産制限を決定したが，これを契機に先進工業国はインフレ，失業，国際収支悪化に見舞われた。
➲第4次中東戦争
➲各国に石油危機を引き起こした

3 1980年代初頭，アメリカ大統領レーガンは財政赤字および貿易赤字~~を解消し，財政の健全化を達成した~~。また，1980年代半ばには，各国が協調して~~ドル高~~を誘導するといういわゆるプラザ合意がなされた。
➲2つの赤字は拡大した
ドル安

4 冷戦終結後，世界経済は大競争時代に突入した。中国では，統制経済から市場経済への転換の流れの中で，一部国有企業の民営化が進んだ。また，1997年夏，タイに始まったアジアの通貨危機は，広く新興経済圏に波及した。
➲社会主義市場経済と呼ばれる

5 1990年代になるとECではマーストリヒト条約が調印され，経済統合の動きが加速した。1999年には通貨統合が実現してEUに加盟する多くの国でユーロが導入され，ドルと並ぶ基軸通貨が生まれた。
➲1992年2月

難易度 ★　重要度 ★★

1 正しい。ヴェトナム戦争の戦費や社会政策費などが増大したため，アメリカの財政は悪化し，1971 年にニクソン大統領はドルと金の交換停止，輸入課徴金の導入を発表して，世界に衝撃を与えた。これを［Ⓐ　　　　］という。

2 正しい。1973 年，第 4 次中東戦争が起こると，アラブ石油輸出国機構（OAPEC）は，イスラエルを支援する国に対して原油輸出停止や制限の処置をとったため，先進国の経済は深刻な打撃を受けた。これが［Ⓑ　　　　］である。

3 誤りなので，これが正答となる。レーガン政権下の財政赤字と国際収支の赤字は［Ⓒ　　　　］と呼ばれた。プラザ合意は 1985 年にアメリカのニューヨークのプラザホテルで開催されたＧ５（先進 5 か国蔵相・中央銀行総裁会議）で発表された。

4 正しい。1981 年，中国では［Ⓓ　　　　］を中心とした指導部が成立し，人民公社解体，開放経済による外国資本導入，一部国有企業の民営化などの一連の経済改革を実行し，周辺国家との関係改善にも努めた。

5 正しい。1973 年にイギリスなどが加盟した拡大 EC 以後，EC（欧州共同体）の加盟国は増大し，1992 年には［Ⓔ　　　　］で EU（欧州連合）となった。1999 年のユーロ導入国はベルギー，ドイツ，スペイン，フランス，アイルランド，イタリア，ルクセンブルク，オランダ，オーストリア，ポルトガル，フィンランドの 11 か国。

Point

- □ ドル＝ショックの後，1973 年には先進工業国の主要通貨は変動相場制へ移行した。
- □ 1973 年，アラブ石油輸出国機構（OAPEC）は原油価格を大幅に引き上げ，先進工業国に第 1 次石油危機をもたらした。
- □ プラザ合意以降，国際間の極端な不均衡を是正するために，主要国間の為替レートの調整を含む政策協調が実施されるようになった。
- □ 1980 年代には，中国で市場開放政策がとられ，経済改革が進行した。

Ⓐ：ドル=ショック（ニクソン= ショック），Ⓑ：第 1 次石油危機（オイル = ショック），
Ⓒ：双子の赤字，Ⓓ：鄧小平，Ⓔ：マーストリヒト条約

世界史021

東西冷戦時代

東西冷戦時代に関する記述として最も妥当なのはどれか。

平成27年度
国家一般職

1 第二次世界大戦後，米国は，ギリシャやトルコに経済・軍事援助を与えて，ソ連の拡大を封じ込める政策（トルーマン＝ドクトリン）を宣言し，また，ヨーロッパ経済復興援助計画（マーシャル＝プラン）を発表した。こうした動きに，ソ連などはコミンフォルムを結成して対抗し，以降，「冷戦」と呼ばれる緊張状態となった。

➲1947年3月
➲1947年6月。西欧16か国はただちに受け入れ
➲1947年10月。共産党情報局

2 第二次世界大戦後，朝鮮半島は，米ソ両国によって南北に分割統治されていた。~~米国がソ連と中国の連携を警戒し，境界線を越えて北側に侵攻~~したことから朝鮮戦争が勃発し，米国軍と~~ソ連軍~~との直接的な軍事衝突が起きた。その結果，北に朝鮮民主主義人民共和国，南に大韓民国が建国された。

➲北朝鮮軍が南に侵攻
➲1950～53年
ソ連は出兵していない
➲2つの国家が
建国されたのは朝鮮戦争より前の1948年

3 第二次世界大戦後，ドイツ~~への賠償請求~~をめぐって，米・英・仏とソ連が対立し，東西の緊張が高まった。~~米ソ両国によって，東西ドイツの国境線上にある~~ベルリンに「ベルリンの壁」が築かれたが，ソ連の解体~~後~~，分割統治に反発したドイツ国民によって壁は破壊された。

統一問題
➲1961年，東ドイツ政府によって，東ドイツ領内にある
の2年前

4 ~~キューバ近海にミサイル基地を建設した米国に対し~~，危機感を抱いた~~ソ連~~がキューバの海上封鎖を行い基地の撤去を要求したことで，米ソ両国間の対立が一挙に高まり，全面衝突による核戦争の危機に直面した。最終的に~~ソ連が米国のキューバへの不干渉を条件にミサイル基地を容認した~~ことで，危機は回避された。

➲1959年のキューバ革命で社会主義化。 キューバでソ連がミサイル基地を建設進行中であることが判明 米国
ソ連がミサイル撤去などを約束した

5 第二次世界大戦後，南北に分断されたヴェトナムでは，~~ホーチミンが指導する~~南ヴェトナム解放民族戦線により，~~ソ連~~が支援する南ヴェトナム政府に対して武装解放闘争が展開され，ヴェトナム戦争に発展した。米国は，~~戦争の早期終結を望む国際世論の高まりを受けてこの紛争に介入した~~。

中ソの支援を受けた
米国
反戦運動の高まりと北ヴェトナムの根強い抵抗にあって南ヴェトナムから撤退した

解説

難易度 ★★ 重要度 ★★★

1 第二次世界大戦が終わると米ソ両大国の対立があらわになった。ソ連が東欧諸国を衛星国化すると，イギリスのチャーチルが[Ⓐ　　　]演説で共産主義勢力の脅威を指摘し，東西対立の気運が高まった。アメリカと西欧諸国は軍事的・経済的な結束を強めることで対抗し，トルーマン＝ドクトリンとマーシャル＝プランが発表され，ソ連と東欧諸国はコミンフォルムを設立。

2 日本の植民地だった朝鮮は，戦後[Ⓑ　　　]を境に米ソが分割占領し，1948年に北に朝鮮民主主義人民共和国，南に大韓民国が建国された。50年に北朝鮮軍が南に侵攻し朝鮮戦争が勃発，最初は北朝鮮が優勢だったが米軍主体の国連軍が韓国を援助して形勢逆転，戦線が中国国境に迫ると中国は義勇軍を送って北朝鮮を援助。結局ソ連の提案で53年に休戦協定が成立した。

3 戦後ドイツは米英仏ソの4国に分割統治され，ソ連は東ドイツを，西側3国は西ドイツを統治し，ソ連の占領地域内にある首都ベルリンも，西側3国が西ベルリンを，ソ連が東ベルリンを管理した。1948年のソ連の[Ⓒ　　　]により東西ドイツの分裂が決定的になり，西ドイツはドイツ連邦共和国として，東ドイツはドイツ民主共和国として別れて独立し，西ベルリンは飛び地のまま西独領西ベルリンとなった。61年にベルリンの壁が作られ冷戦の象徴的存在となったが，冷戦終結により，89年ドイツ市民によって壁は壊された。

4 キューバへのソ連のミサイル配備に抗議した米国がキューバを海上封鎖し，核戦争の一歩手前の事態となった1962年の事件を[Ⓓ　　　]という。

5 ヴェトナム戦争は，南ヴェトナムを支援するアメリカの[Ⓔ　　　]開始で本格化したが，アメリカの干渉戦争は結局失敗に終わった。

Point

- □ 朝鮮戦争には米中が参戦し，ソ連の直接参加はなかったものの，事実上両陣営の直接対決となった。
- □ キューバ危機は，最終的には米国大統領ケネディとソ連のフルシチョフ首相の直接交渉によって回避された。米国とキューバは61年から国交断絶関係となっていたが，2015年，約半世紀ぶりに国交を正常化した。
- □ 冷戦期に最も長期にわたる局地戦となったヴェトナム戦争はアメリカの撤退で終わり，南北ヴェトナムはヴェトナム社会主義共和国として統一された。
- □ 冷戦の象徴だったベルリンの壁は東西ドイツ統一の前年に崩壊した。

Ⓐ：鉄のカーテン，Ⓑ：北緯38度線，Ⓒ：ベルリン封鎖，Ⓓ：キューバ危機，Ⓔ：北爆

第二次世界大戦後の国際紛争

第二次世界大戦後に発生した国際紛争に関する記述として，妥当なものはどれか。

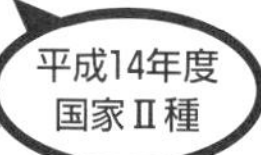

1 キューバ危機において，~~革命~~に反対するアメリカとこれを支援するソ連との間
ミサイル基地建設
での全面戦争の懸念が生じたが，~~アメリカが革命政府を承認する~~ことによって
ソ連がキューバへのミサイル配備を断念する
この危機は回避された。

2 インドシナ戦争後南北に分断されていたヴェトナムでは，アメリカが南側を支援し軍を派遣したが，北側の強い抵抗にあって戦局は泥沼化し，結局アメリカ軍は撤退を余儀なくされた。
➲ 結局南ベトナム政府は倒された

3 ダッカを中心とする~~東インド~~地域は，宗教上の理由から~~インド~~からの独立をめ
東パキスタン　パキスタン
ざし，~~パキスタン~~の支援を受けて武装闘争を起こし，バングラデシュ人民共和
インド
国として独立した。

4 ~~第1次石油危機~~を背景として発生した~~第4次中東戦争~~は，イスラエルが圧倒的
第4次中東戦争　第1次石油危機
な軍事力を背景として~~イランとイラク~~を破って~~石油の安定供給を実現させ~~，~~世
エジプトとシリア　石油の安定供給ができず
界経済を回復させた~~。
世界経済に打撃を与えた

5 ~~ソヴィエト連邦の一共和国~~であったアフガニスタンでは，~~アメリカの支援を受
イギリスの保護国　アマーヌッラーがイギリスと戦い
けたイスラーム民族主義を標榜する武装勢力が共産主義政権を軍事クーデタで
倒し~~独立を果たした。

難易度 ★★ 重要度 ★

1 ソ連のキューバへのミサイル配備に端を発したキューバ危機は，米ソ間の核戦争の危機であったが，ソ連がミサイル配備を断念して回避された。1963 年，米ソ間に危機回避のためのホットラインが設置された。1968 年には核兵器の拡散防止，核軍縮の促進，核の平和利用を目的に［Ⓐ　　　　］（NPT）が調印された。

2 正しい。1963 年，南ヴェトナム政権がクーデタで倒れ，南ヴェトナム解放民族戦線の攻撃が激しくなったため，アメリカは南ヴェトナムに軍事援助を開始し，北ヴェトナムへの爆撃などを行った。しかし戦局が泥沼化したため，1973 年，［Ⓑ　　　　］に調印し南ヴェトナムから撤退した。

3 インドとパキスタンとの関係を問う問題は頻出なので，要注意。バングラデシュは［Ⓒ　　　　］でインドの勝利により，パキスタンから独立している。

4 アラブ石油輸出国機構（OAPEC）がとったイスラエル支援国に対する原油輸出停止や制限と同時に，［Ⓓ　　　　］も原油価格を大幅に引き上げたため，第 1 次石油危機といわれる状況を世界経済にもたらした。

5 1919 年，アフガニスタンはイギリスと［Ⓔ　　　　］を戦い，ラワルピンディ条約で独立を達成して，アフガニスタン王国となった。

Point

- □ 冷戦下に起こったキューバ危機は，米ソ関係を安定させる必要性を認識させた。
- □ アメリカは南ヴェトナムを軍事支援したが，戦局は泥沼化してアメリカ軍は撤退した。アメリカ撤退後の 1976 年，南北を統一したヴェトナム社会主義共和国が成立した。
- □ ヒンドゥー教のインドとイスラーム教のパキスタンは，1947 年に分離して独立した。その後，両国はカシミール問題などにより対立を続けている。
- □ 第 4 次中東戦争はアラブ産油国の石油戦略により，アラブ側に有利な停戦協定になった。

Ⓐ：核不拡散条約（核拡散防止条約），Ⓑ：ヴェトナム（パリ）和平協定，Ⓒ：印パ戦争（インド＝パキスタン戦争），Ⓓ：石油輸出国機構（OPEC），Ⓔ：第 3 次アフガン戦争

第二次世界大戦後のアジア

第二次世界大戦後のアジア諸国に関する記述として最も妥当なのはどれか。

平成26年度
国家専門職

1 中国では，国共内戦が再開された。当初は孫文(そんぶん)率いる国民党軍が農民や民族資本家などの支持を集め優勢であったが，共産党がソ連の支援を獲得し形勢は逆転した。1949年には共産党が中国本土を制圧し，毛沢東(もうたくとう)を主席，周恩来(しゅうおんらい)を首相とする中華人民共和国の成立が宣言された。

（国共内戦：➲1945年11月～／孫文→蔣介石／農民や民族資本家→地主やブルジョワジー／毛沢東：➲のちに文化大革命を主導／周恩来：➲現実主義の政策をめざす／中華人民共和国：➲社会主義国）

2 朝鮮では，朝鮮戦争の後，米国とソ連による分割占領が行われた。そして，1953年に，南部に朴正煕(イスンマン)を大統領とする大韓民国が，北部に金日成を首相とする朝鮮民主主義人民共和国が成立し，半島は二つの国家に分断された。

（朝鮮戦争→第二次世界大戦／1953年→1948年／朴正煕→李承晩／金日成を首相：➲のち1972～94年は主席）

3 インドシナでは，ベトナム民主共和国が建国されたが，フランスがこれを認めなかったため，インドシナ戦争が始まった。ディエンビエンフーの戦いで敗北したフランスは，ベトナム民主共和国とジュネーブ協定を結んで撤退した。

（ベトナム民主共和国が建国：➲ホー=チ=ミンが初代大統領／インドシナ戦争：➲1946～54年／ディエンビエンフー：➲ベトナムにあったフランス軍の拠点／ジュネーブ協定：➲1954年）

4 インドネシアでは，独立運動の指導者であったスカルノを中心に独立宣言を発表し，平和五原則に基づいた憲法を制定した。これに対しスペインは武力で独立を阻止しようとしたため戦争になったが，国連の仲介で1949年にハーグ協定が結ばれ，インドネシアは独立を達成した。

（平和五原則→建国五原則／スペイン→オランダ／ハーグ協定：➲オランダのハーグで締結）

5 インドでは，英国からの独立が認められたが，ヒンドゥー教徒の国民会議派とムスリム連盟の対立が高まり，ヒンドゥーのインド連邦とムスリムのアフガニスタンの２国に分離して独立した。両国の間では，カシミールの帰属をめぐる対立が激化し戦争が勃発した。

（ヒンドゥー教徒の国民会議派：➲統一インドをめざすガンディーら／ムスリム連盟：➲パキスタンの分離独立を求める全インド＝ムスリム連盟／アフガニスタン→パキスタン／カシミール：➲インド西北部）

難易度 ★★ 重要度 ★★

1 第二次世界大戦後，中国では国民党と共産党の対立が再燃した。国民党は腐敗問題や，物価が高騰する［Ⓐ　　　　　］が深刻化したため批判を浴び，敗退して台湾に逃れた。

2 朝鮮は，当初，米ソ共同委員会が南北統一を検討したが，次第に米ソの対立が深刻化し，南北が分断されて独立した。初代大統領の李承晩は反共親米政策を採ったが，［Ⓑ　　　　　］年に学生などの民衆デモで失脚した。

3 正しい。ジュネーブ協定にはアメリカが参加していたが，アメリカはベトナムの共産主義化を警戒して休戦協定の調印を拒否した。1955年にはバオ＝ダイのベトナム国にかわって，アメリカ支援のもと，ゴ＝ディン＝ディエムによる［Ⓒ　　　　　］が樹立された。ベトナム南部の［Ⓒ］は，北部のベトナム民主共和国と対立し，1965年にベトナム戦争へ発展した。ベトナム戦争が終結すると，［Ⓒ］は1976年にベトナム民主共和国に併合された。

4 インドネシアはかつてオランダ領東インドとよばれており，1945年にスカルノがインドネシア共和国の成立を宣言して独立戦争が勃発し，1949年に国連の仲介により独立を達成した。スカルノは1965年の九・三〇事件で失脚し，これを収束させた［Ⓓ　　　　　］が1968年に大統領となった。

5 1947年にインド独立法が制定されると，インド連邦とパキスタンの２国に分かれて独立した。また，［Ⓔ　　　　　］（セイロン）はイギリス連邦の自治領として1948年に独立した。

Point

☐ 李承晩の失脚後，朴正熙（パクチョンヒ）が大統領についた。2013年に大韓民国大統領に就任した朴槿恵（パククネ）は朴正熙の娘である。

☐ ベトナム民主共和国とベトナム共和国の対立は1964年のトンキン湾事件を契機にベトナム戦争へと発展した。

☐ インドでは，パキスタンの分離独立を求める全インド＝ムスリム連盟と統一インドをめざす国民議会派が対立した。後者の指導者ガンディーは，独立実現前の1948年に狂信的なヒンドゥー教徒に暗殺された。

Ⓐ：インフレーション，Ⓑ：1960，Ⓒ：ベトナム共和国，Ⓓ：スハルト，Ⓔ：スリランカ

世界史024

第二次世界大戦直後のアジア諸国

第二次世界大戦直後のアジア諸国に関する記述として，妥当なものはどれか。

平成８年度
国家Ⅱ種

1 中国大陸では，日本の降伏と同時に，国民政府軍と中国共産党軍が旧日本軍の占領地域をめぐって激しい攻防を繰り返した。~~アメリカ合衆国の支援を受けて~~
➲ アメリカの支援を受けたのは国民政府軍
~~軍事力で圧倒的な優位を誇る~~共産党軍が徐々に国民政府軍を圧迫し，中国本土に基盤を失った国民政府は台湾に逃れた。

2 朝鮮半島では，アメリカ合衆国とソ連の交渉の結果，北緯 38 度線を境として南北朝鮮をそれぞれ独立国とすること~~とし，国際連合も両国の独立~~を認めた。
を連合国軍が
しかし，あくまで朝鮮半島の統一をめざす~~アメリカ合衆国~~は，~~北朝鮮~~への侵攻
北朝鮮　韓国
を開始し，これを阻止しようとする~~ソ連~~との間で朝鮮戦争が開始された。
アメリカ

3 ヴェトナムでは，フランスが武力によって独立運動を圧迫していた。しかし，アジアにおける~~フランス~~の勢力拡張を恐れるアメリカ合衆国は，~~ホー＝チ＝~~
中国　フランス
~~ミンを擁して民族の自立~~を支援し，ここにフランスと~~アメリカ合衆国~~の全面対
ホー＝チ＝ミンのヴェトナム民主共和国
立となるインドシナ戦争が開始された。

4 インドネシアでは，日本が降伏すると直ちにスカルノを大統領とするインドネシア共和国の独立が宣言された。オランダはこの独立を認めず，武力抗争を続けたが，国連の調停などがあり，ついに独立を承認することとなった。
➲ ハーグ協定でオランダがインドネシア独立を認めた

5 インドは，~~第二次世界大戦後の独立~~の約束と引き替えにイギリスに協力したが，
第一次世界大戦後の自治
イギリスはこの約束を守らず，逆に「ローラット法」などを発布して民族運動の弾圧を図った。これに対しガンディーらは，非暴力的抵抗運動を展開し，国際世論の支持を得て，ついに~~独立を達成した~~。
➲ 独立を達成したのは第二次世界大戦後

解説

難易度★★　重要度★★

1 国共内戦の初期は，アメリカに支援された国民党が優勢であったが，[Ⓐ　　　　] が掲げた新民主主義で共産党が農村部の支持を得て，国民党を大陸から追い出した。

2 朝鮮戦争ではアメリカは [Ⓑ　　　　] の指揮の下に大軍を韓国に派兵し，中国は人民義勇軍を北朝鮮に派遣した。1953 年に板門店で停戦協定が結ばれた。

3 第二次世界大戦中，ホー＝チ＝ミンは [Ⓒ　　　　] を組織し，戦後ヴェトナム民主共和国の独立を宣言した。これに対しインドシナ支配の復活をめざすフランスとの間で，全面戦争となった。

4 正しい。オランダの武力介入を排して独立を勝ち取ったスカルノは長期政権を維持したが，1965 年の九・三〇事件で軍部に実権を奪われて，失脚した。その後，1968 年に大統領となった [Ⓓ　　　　] の下でインドネシアは工業化や近代化が推進された。

5 内容が第一次世界大戦後のことなので誤りは明らかである。第二次世界大戦が始まると，完全独立を要求した [Ⓔ　　　　] は非合法化され，ガンディーらは投獄された。戦後，統一インドを主張する国民会議派とパキスタンの分離・独立を主張する全インド＝ムスリム連盟が対立し，1947 年にインド連邦とパキスタンの 2 国が独立した。

Point

- □ 第二次世界大戦後，中国では蔣介石の国民党軍と毛沢東の共産党軍の激しい内戦が続いた。共産党軍が圧倒的に優勢となり，蔣介石は台湾に逃れた。1949 年に中華人民共和国の成立が宣言された。
- □ 1950 年北朝鮮軍が南へ侵攻し朝鮮戦争が勃発した。北朝鮮を支援する中国，韓国を支援するアメリカが介入した。
- □ 1945 年に，インドシナではヴェトナム民主共和国が樹立され，インドネシアではインドネシア共和国の独立が宣言された。

Ⓐ：毛沢東，Ⓑ：マッカーサー，Ⓒ：ヴェトナム独立同盟（ヴェトミン），Ⓓ：スハルト，
Ⓔ：国民会議派

20 世紀後半以降の中東情勢

20 世紀後半以降の中東情勢に関する記述として最も妥当なのはどれか。

平成28年度
国家総合職

1 イランでは，国王パフレヴィー２世が米国の支持を得て急激な近代化政策を進めたが，これに反対するイラン革命が1979年に発生し，~~スンナ（スンニ）~~派のホメイニを最高指導者とするイラン＝イスラーム共和国が成立した。イラン＝イスラーム共和国は，~~親~~ソ連・反米国の姿勢を示したため，~~新冷戦と呼ばれる米ソ間の対立を招いた~~。
シーア
反
➲ 新冷戦の契機は1979年のソ連によるアフガン侵攻

2 イラクのフセイン大統領は，イラン革命の影響が自国に及ぶことを恐れて，国境問題をきっかけに1980年にイランに侵攻し，イラン＝イラク戦争が勃発した。イラクは，反イランの立場に立つ米国等や，革命の波及を恐れるアラブ諸国の支持を得て戦ったが，戦争は長期化し，1988年に停戦となった。
➲イラン＝イラク戦争，クウェート侵攻・湾岸戦争をおこなった

3 イラン＝イラク戦争で経済的に疲弊したイラクは，1990年に豊富な石油資源を求めて~~アラブ首長国連邦（UAE）~~に侵攻して同国を併合した。これに対し，国連の安全保障理事会の決議を背景に，~~同理事会~~の指揮権の下，米国を中心とする~~国連軍~~はイラクを空爆し湾岸戦争が開始された。1991年にイラクは敗北して~~UAE~~の独立が回復された。
クウェート
各国各々の独立した指揮権
多国籍軍
クウェート

4 2001年にニューヨーク等で起こった同時多発テロ事件を受けて，米国は，アフガニスタンのターリバーン政権~~と対立していたアル＝カーイダ~~を事件の実行者として「対テロ戦争」を宣言した。米国は~~国際社会の支持を得ないまま，単独で~~同年にアフガニスタン空爆を開始し，~~アル＝カーイダを壊滅させた~~。
の保護下にあるイスラーム急進派組織アル＝カーイダの指導者ビン＝ラーディン
➲ 空爆は米・英軍を中心に行われ，カナダ・豪・仏・独が軍事行動に参加した
ターリバーン政権は崩壊したが2004年に再結成

5 米国は，イラクのフセイン大統領がテロ行為に関わり，世界を脅かす大量破壊兵器を所有しているとして，国連に武力制裁を求めたが，~~安全保障理事会の常任理事国である中国及びロシア~~の反対を受けた。このため，2003年に米国は国連決議に基づかず，~~英国，フランス及びドイツとともに~~イラク戦争を開始して，フセイン政権を打倒した。
フランス・ロシア・中国・ドイツなど
米・英軍を中心とする有志連合で

難易度 ★★★ 重要度 ★★★

1 スンナ派はイスラーム教徒の8割以上を占める多数派で自らを正統派と称する。[Ⓐ　　　　] 派は少数派でイランが中心であり，ホメイニは [Ⓐ　　　　] 派の指導者である。

2 アメリカはイラン革命がペルシア湾岸諸国に波及してペルシア湾岸の石油権益が危うくなることをおそれ，イラクに軍事・経済援助を行った。イランがイラク北部に住む [Ⓑ　　　　] 人を支援してイラクの不安定化をねらうと，フセインは彼らに対して化学兵器を使用した。

3 国連軍とは安全保障理事会の権限である軍事的強制措置を行うための軍事力のことで，国連憲章は，安全保障理事会が加盟国と特別協定を結んで国連軍を編成するものと規定している。湾岸戦争では，撤退に応じないイラクへの武力攻撃を容認する国連決議を受けて，アメリカ軍を中心とする [Ⓒ　　　　] 軍がイラクを攻撃した。

4 日本は [Ⓓ　　　　] を制定（2001年）して，航空自衛隊による国外輸送，海上自衛隊による米海軍艦艇への燃料補給を行った。

5 イラク戦争は，イラク攻撃への国際連合決議が行われないまま米・英軍を中心とする有志連合によって始められた戦争である。日本は2003年に [Ⓔ　　　　] を成立させ，陸上自衛隊をイラク南部に派遣し，航空自衛隊は米軍の物資輸送任務にあたった。

Point

- □ イラン革命→イラン＝イラク戦争→湾岸戦争→同時多発テロ→アフガニスタン空爆→イラク戦争の流れを覚えよう。
- □ イランは少数派のシーア派がほとんどの国。イラン革命で親米の王政が倒れ，その後米国と対立し，核開発疑惑問題で欧米から制裁を受けていたが，2016年制裁が解除され国際舞台への復帰を果たした。
- □ 湾岸戦争は国連決議を受けた多国籍軍が攻撃したが，イラク戦争は国連決議を得ずに米英中心の有志連合が攻撃。戦闘終了後もイラクの混乱は続き，開戦理由の大量破壊兵器もなかったことが判明した。
- □ 日本はアフガニスタン攻撃の際にテロ対策特別措置法，イラク戦争の際にイラク復興支援特別措置法を制定し，自衛隊が派遣された。

Ⓐ：シーア，Ⓑ：クルド，Ⓒ：多国籍，Ⓓ：テロ対策特別措置法，Ⓔ：イラク復興支援特別措置法

西欧の絶対主義

西欧の絶対主義に関する次の記述のうち，妥当なものはどれか。

平成５年度
国税専門官

1 国王は中央主権を強化するため，傭兵に代えて全国民的な~~徴兵制をとり~~，官僚の育成を図るとともに，貴族・僧侶などの旧勢力を~~一掃した~~。

➡ 徴兵制はとっていない

➡ 一掃することはできなかった

2 国王は，官僚制や常備軍維持のため富の蓄積の必要があり，効率的な~~自由貿易~~（保護貿易）を推進したが，これは~~中小の商工業に携わる市民階級~~（大商人）にとっても利益のある政策だった。

3 各国は，市場や原料の供給地を拡大するため，イギリスはインドやアメリカに，フランスはアフリカに，ポルトガルは東南アジアにそれぞれ進出したが，互いに~~衝突することはなかった~~（衝突を繰り返した）。

4 国王は財政上の必要から重商主義政策をとったが，この政策は商工業の発展に有利であったため，一部の大商人は王権を支持した。

➡ 重金主義・貿易差額主義・産業保護主義などの政策が行われた

5 各国はヨーロッパにおける権力を拡大するため互いに争うようになり，超国家的権威であるローマ教皇の調停者としての役割が~~増大し~~（失われ），教皇権は以前より~~強化された~~（弱体化した）。

難易度★　重要度★★★

1 絶対主義では，国王（君主）は，中央集権化を発展，維持するために，官僚制度と軍備を整えた。軍備は，賃金で雇った［Ⓐ　　　　］であった。

2 「絶対主義国家で自由貿易？」と疑ってみる。国王は，絶対主義国家の基盤である官僚制や常備軍を維持するための財源（貨幣）を必要とした。そこで輸出を奨励し輸入を制限して，国内の産業の育成に努めた。これが［Ⓑ　　　　］である。

3 「互いに衝突することはなかった」というところを疑問に感じてほしい。イギリスやフランスなどの絶対主義国家は，原料の生産地と製品の市場としての［Ⓒ　　　　］を必要とした。アフリカ，アメリカ，東南アジアなどにそれぞれ進出し，各地で激しい獲得競争を繰り返した。

4 正しい。重商主義政策は，一部の大商人には支持されたが，中小の商工業に携わる市民階級の利害とは対立した。この対立が，その後の［Ⓓ　　　　］につながっていく。

5 絶対王政では，［Ⓔ　　　　］によって自らの権力を正当化した。さらに，絶対主義は，貴族・僧侶などの封建的な旧勢力と，勃興してきた新興勢力であるブルジョワ（市民階級）との均衡の上に成り立っており，それまでのローマ教皇の普遍的な権威は失われた。

Point

- □ 絶対主義は，貴族・僧侶などの封建勢力と新興勢力である市民階級（ブルジョワ）との均衡の上に，国王が絶対的な専制を確立した体制である。
- □ 国王は，封建貴族以下の階級からも人材を登用し，官僚制度を整備した。また，賃金で雇った常備軍を設け，これらをもとに専制政治を行った。
- □ 国王は，膨大な官僚制度と常備軍を維持するため，重商主義政策をとり，これが一部の大商人に支持された。

Ⓐ：常備軍，Ⓑ：重商主義，Ⓒ：植民地，Ⓓ：市民革命，Ⓔ：王権神授説

15世紀以降のヨーロッパ

15世紀以降のヨーロッパ諸国の戦争や内乱等に関する記述として最も妥当なのはどれか。

平成26年度
国家総合職

1 15世紀にスペイン女王イサベルは，コロンブス~~やガマら~~を新大陸への航路発見
➲1492年にコロンブスを出航させる　➲ガマはポルトガル人
を目指して送り出した。新大陸への進出後はピサロらが独自の文明を築いてい
➲コルテスがアステカ帝国，ピサロがインカ帝国を侵略
たアステカ帝国やインカ帝国を武力で征服し，新大陸の~~東半分~~をトルデシリャ
西半分　➲1494年にスペインとポルトガルが締結
ス条約の定めにより植民地としたことから，スペインは香辛料や砂糖等の貿易
により莫大な利益を上げることとなった。

2 16世紀のフランスでは，贖宥状（しょくゆうじょう）の販売を批判したカルヴァンの教義に同調した
➲免罪符　➲おもにスイスで宗教改革を進める
ユグノーと呼ばれる新教徒と伝統的なカトリック教徒との間にユグノー戦争と
いわれる深刻な抗争がたびたび発生した。ブルボン朝の初代国王~~ルイ14世~~は
アンリ4世
ナントの勅令（ちょくれい）を発して~~新教の信仰を禁じたため，多数のユグノーが国外に逃れ~~
➲ナントの王令ともいう　ユグノーに信仰の自由などを認めたため
長年に渡る抗争が終結した。

3 17世紀の神聖ローマ帝国では，~~イタリアやオランダの支配をめぐってフランスや英国などと~~の対立が激化し，
カトリックとプロテスタント
三十年戦争と呼ばれる長期間の戦争が続き領邦
➲1618～48年
の多くが疲弊した。戦争を終結させたウェストファリア条約により，帝国側は
➲これにより主権国家体制が固まる
~~イタリア，スイスの独立は許したものの~~，アルザス・ロレーヌの一部を~~フランスから獲得するなど領土の確保に努めた~~。
オランダ・スイスの独立を認め　フランスへ割譲した

4 18世紀にマリア＝テレジアのハプスブルグ家継承をめぐって起こったオーストリア継承戦争の結果シュレジエンを領土としたプロイセンに対して，オースト
➲1740～48年　➲現在のポーランド南西部
リアは長らく対立関係にあったフランスと同盟関係を結んで対抗し七年戦争が
➲1756～63年
起こった。プロイセンは同時期に海外植民地をめぐってフランスと争った英国
の支援を受け，シュレジエンの確保に成功した。

5 19世紀のフランスでは，ロシア遠征に失敗したナポレオンがオーストリア・プロイセンとの戦いにも大敗し退位を余儀なくされた。この混乱を収拾するため
➲1813年　ライプチヒの戦い
に開催されたウィーン会議後に形成されたウィーン体制においては，~~自由主義とナショナリズム~~が基本理念とされたため，~~ドイツやイタリアでの民衆蜂起を容認する~~こととなり~~ギリシアの独立~~も実現した。
正統主義と勢力均衡　自由主義とナショナリズムは抑圧される　スイスの永世中立化

難易度 ★★ 重要度 ★★★

1 15世紀にコロンブスがアメリカに到達すると，ポルトガルとスペインは教皇の調停のもと，1493年に植民地分界線（教皇子午線）を定めた。翌年にはこの線を西に移動させるトルデシリャス条約を結んだ。これにより現在のブラジルは［Ⓐ　　　　］領となった。

2 16世紀のブルボン朝のフランスでは，ナントの勅令によって，ユグノー戦争が終結した。しかし，17世紀には［Ⓑ　　　　］が1685年にナントの勅令を廃止したため，多数のユグノーの商工業者が国外に逃れ，国内産業が停滞した。

3 17世紀，神聖ローマ帝国内部でのカトリックとプロテスタントの対立から三十年戦争がおこり，デンマーク・スウェーデンがプロテスタント側として参戦して国際戦争となった。さらに，カトリック側の［Ⓒ　　　　］が神聖ローマ帝国打倒のためにプロテスタント側に立って参戦したため，宗教対立をこえた国家間の対立となった。

4 正しい。18世紀に［Ⓓ　　　　］がハプスブルグ家を継承すると，フリードリヒ2世が異議を唱えてシュレジエンを占領し，やがてオーストリア継承戦争に発展した。［Ⓓ］は，長年敵対していたフランスと同盟し，ロシアも味方につけたが，シュレジエンを奪還できなかった。

5 19世紀，ナポレオン失脚後のウィーン会議では，フランス革命前の状況の復活をめざす正統主義と，他国を支配する国が現れないようにする勢力均衡によって，平和を維持しようとした。これによって，フランスやスペインでは［Ⓔ　　　　］家が復活した。

Point

- ☐ ポルトガルとスペインが境界分割を協議したときの教皇はアレクサンデル6世である。
- ☐ カルヴァン派のことを，フランスではユグノー，イングランドではピューリタン，スコットランドではプレスビテリアン（長老派），ネーデルランドではゴイセンとよんだ。
- ☐ 神聖ローマ帝国は，ウェストファリア条約で事実上解体されたが，名目上は1806年まで存続した。

Ⓐ：ポルトガル　Ⓑ：ルイ14世　Ⓒ：フランス　Ⓓ：マリア＝テレジア　Ⓔ：ブルボン

ヨーロッパの絶対王政

絶対王政の時代に関する記述として最も妥当なのはどれか。

平成24年度 地方上級

1 イギリスでは，エリザベス１世がオラニエ公ウィレムを指導者とするネーデルランドの独立を支援したため，スペインから無敵艦隊の来襲を受けて，これに~~敗れた~~。
➡反スペイン勢力をまとめる　➡スペイン領であった　➡勝利した

2 スペインでは，~~カルロス１世~~（フェリペ２世）がレパントの海戦でオスマン帝国海軍を破った後，ポルトガルの王位を継承し，アジアの植民地も手に入れて，「太陽の沈まぬ国」を築いた。
➡教皇・スペイン・ベネチアの連合軍が勝利

3 フランスでは，ルイ 14 世が~~ネッケル~~（コルベール）を財務総監に任命して，重商主義政策を行い，国庫の充実を図ったが，ナントの勅令の廃止によってユグノーの商工業者が亡命したため，経済は大きな打撃を受けた。
➡貿易などで国力を高める　➡ユグノーなどにカトリック教徒とほぼ同じ権利を認める　➡フランスのカルヴァン支持派

4 プロイセンでは，フリードリヒ２世（大王）がハプスブルク家のマリア＝テレジアの即位をめぐるオーストリア継承戦争に乗じてシュレジエンを獲得し，さらに七年戦争でもこれを確保した。
➡石炭や鉄の産地　➡オーストリア・ロシア・フランスなどが敗北

5 ロシアでは，~~エカチェリーナ２世~~（ピョートル１世）が清とネルチンスク条約を結んで国境を決め，さらに北方戦争でスウェーデンを破り，バルト海沿岸にサンクト＝ペテルブルクを建設して都を移した。
➡1689 年　➡スウェーデンのカール 10 世が起こす　➡ピョートル１世が人工的に築いた

難易度★ 重要度★★

1 ネーデルランドは，スペインの支配下にあったが，16 世紀になるとスペインの［Ⓐ　　　　］がカトリックを強要し，重税を取り立てるようになったため，独立戦争が起こった。イギリスが独立を支援したため，スペインは無敵艦隊を派遣したが，大敗した。

2 スペインでは，［Ⓑ　　　　］のあとを継いだフェリペ２世のとき，1571 年に［Ⓒ　　　　］の海戦に勝利し，1580 年にはポルトガルを併合してポルトガル王を兼任しスペイン最大の領域を得た。しかし無敵艦隊がイギリスに敗れ，財政難にも直面した。

3 ［Ⓓ　　　　］とはプロテスタントのカルヴァン派のことであり，フランスでは［Ⓓ　　　　］とカトリックとの対立から［Ⓓ　　　　］戦争が起こった。個人の信仰の自由を認めたナントの勅令によって対立は沈静化したが，後にナントの勅令が廃止されると，［Ⓓ　　　　］の多くは亡命した。

4 正しい。1740 年に，プロイセンではフリードリヒ２世が即位し，オーストリアではマリア＝テレジアがハプスブルク家を相続した。その際，女子の相続に反対して，［Ⓔ　　　　］とプロイセンが，オーストリアに宣戦し，オーストリア継承戦争が起こった。

5 北方戦争とは，スウェーデンとロシアがバルト海の覇権をめぐって起きた戦争である。これによりロシアは［Ⓕ　　　　］港のサンクト＝ペテルブルクを獲得した。

Point

- □ イギリスのメアリ１世はカトリック国であるスペインのフェリペ２世と結婚したためカトリックを保護したが，次に即位したエリザベス１世は，プロテスタントを保護した。こうしたことからもフェリペ２世とエリザベス１世は対立した。
- □ マリア＝テレジアは，フランス王ルイ 16 世に嫁いだマリー＝アントワネットの母親にあたる。
- □ ピョートル１世（大帝）は 17 世紀後半即位し，ロシアの西欧化を進めた皇帝である。オランダ，イギリス，オーストリアなどを視察し，政治制度の整備をはかった。

Ⓐ：フェリペ２世，Ⓑ：カルロス１世，Ⓒ：レパント，Ⓓ：ユグノー，Ⓔ：フランス，Ⓕ：不凍

ヨーロッパにおける国民国家成立の状況

ヨーロッパにおける国民国家成立の状況に関する次の記述のうち，妥当なものはどれか。

平成９年度 国家Ⅱ種

1 イベリア半島では，15 世紀後半に諸国を統合して成立したスペイン王国がイスラーム王朝の最後の拠点となっていたグラナダを攻略し，国内統一を完成したが，~~統一後~~（統一以前）は当時勃興しつつあった封建貴族と国王の間に対立が生じ，政治的，経済的に不安定な状態が続いた。

➲ 1492 年のこと

2 16 世紀のネーデルラントはスペインの属領であったが，この地方の新教徒が宗主国であるスペインから迫害されたのを契機に，ホラント，ユトレヒトを中心とする北部７州は~~ハンザ同盟~~（ユトレヒト同盟）を結んで結束を固め，~~ドイツ~~（イギリス）の支持の下に抗戦を続けた結果，独立を達成した。

3 イタリアは多数の小国に分裂していたが，フランス革命の影響を受けて国内統一の気運が高まり，ガリバルディの率いる青年イタリア党の活躍により，19 世紀半ば~~ナポリ王国~~（サルデーニャ王国）を中心にした統一がなされた。

4 ギリシアでは，19 世紀初め頃オスマン帝国からの独立戦争が起きると，ロシア，イギリス，フランスがバルカン半島に対する利害からこれを支援したので，ギリシアの独立は達成された。これを契機に，自由主義・国民主義の流れに逆らうウィーン体制は次第に崩れ始めた。

➲ 正統主義を説いた

5 ロシアでは，15 世紀に入ると，モスクワ大公国に~~ピョートル大帝~~（イヴァン３世）が出て，~~オスマン帝国~~（キプチャク=ハン国）の支配から完全に独立するとともに，他の諸侯を抑えて強大な権力を握り，ビザンツ皇帝の後継者を意味するツァーリの称号を~~正式採用した~~。

➲ 正式採用したのはイヴァン４世である

難易度 ★★ 重要度 ★★

1 16世紀のフェリペ2世のときがスペイン絶対王政の絶頂期であるが，その前の時代の記述である。カスティリャ王国とアラゴン王国が合併し，1479年スペイン王国が成立。1492年にはナスル朝の拠点グラナダを陥落させ，［Ⓐ　　　　］を完成させた。これ以前は地方の領主貴族層が力を持ち，王権は不安定であった。

2 同盟や条約の名はヒッカケが多いので要注意。スペインに支配されていたネーデルラントは，新教徒に対する宗教弾圧をきっかけに独立運動を展開，ユトレヒト同盟を結び［Ⓑ　　　　］の下に戦った。1581年に独立を宣言。ネーデルラント連邦共和国（オランダ）が成立した。ハンザ同盟は，北ドイツ諸都市の都市同盟である。

3 絶対王政，市民革命を経たウィーン体制後のイタリア。小国に分裂していたイタリアでは，［Ⓒ　　　　］でオーストリアを破ったサルデーニャ王国の支援を受けた青年イタリア党のガリバルディが，両シチリア王国（ナポリ王国）を征し，1861年イタリア王国が成立した。

4 正しい。ギリシアは19世紀初めオスマン帝国の支配下にあったが，秘密結社［Ⓓ　　　　］を作り，独立戦争を始めた。

5 ロシアの絶対王政では，イヴァン3世〔独立〕，［Ⓔ　　　　］（雷帝(らいてい)）〔専制政治強化，シベリア経営〕，ピョートル1世（大帝）〔スウェーデンとの北方戦争，清とのネルチンスク条約〕などが重要である。

Point

- □ スペイン＝ハプスブルク家を開いたカルロス1世は，1519年にカール5世として神聖ローマ帝国の皇帝にもなっている。
- □ スペインの属国であったネーデルラントは，ユトレヒト同盟で結束を固め，イギリスの支援も得て，1581年独立を宣言した。
- □ イタリアでは，サルデーニャ王国の支援を受けたガリバルディが統一運動を展開，1861年イタリア王国が成立した。
- □ ギリシアは，ロシア，イギリス，フランスの支援を受け，1830年オスマン帝国より独立した。

Ⓐ：レコンキスタ（国土回復運動），Ⓑ：オラニエ公ウィレム（オレンジ公ウィリアム），Ⓒ：イタリア統一戦争，Ⓓ：ヘタイリア＝フィリケ，Ⓔ：イヴァン4世

近世のヨーロッパ

近世のヨーロッパに関する記述として，最も妥当なのはどれか。

平成20年度 国家Ⅱ種

1 海外に進出したスペインは，「新大陸」の銀を独占して急速に富強となり，16 世紀後半のフェリペ2世の治世に全盛期を迎えた。また，ポルトガルを併合してアジア貿易の拠点であるマラッカを領有したことから「太陽の沈まぬ国」として強盛を誇り，1588 年には無敵艦隊（アルマダ）がイギリス艦隊との海戦に~~勝利して~~（敗れて）大西洋の制海権を~~握った~~（失った）。

2 毛織物工業が盛んで中継貿易で利益をあげていたネーデルラントは，15 世紀半ばからハプスブルク家の領有地で，北部には~~ルター派~~（カルヴァン派）の新教徒が多かった。ハプスブルク家の王朝であるスペインは，カトリックを強制して自治権を奪おうとしたが，北部７州は~~ロンバルディア同盟~~（ユトレヒト同盟）を結んで戦いを続け，1581 年にネーデルラント連邦共和国の独立を宣言した。

3 ドイツでは，17 世紀初めに新教徒への対応をめぐり，~~諸侯がギベリン（皇帝派）とゲルフ（教皇派）に分かれて争う~~三十年戦争が始まった。戦いは，スウェーデンやフランスが干渉し，宗教戦争から国際戦争へと様相を変えて長期化したが，1648 年の~~ヴォルムス協約~~（ウェストファリア条約）によって終結し，ドイツ諸侯の独立主権が認められた。

➲15 世紀末のイタリアでのことである

4 イギリスでは，バラ戦争の後に王権が強化され，エリザベス１世の時代に絶対主義の全盛期を迎えたが，各州の地主である~~ユンカー~~（ジェントリ）勢力が大きかった。そこで，~~宰相マザラン~~は常備軍・官僚制を整備して中央集権化を推し進め，~~綿織物~~（毛織物）工業の育成に力をいれて国富の充実を図った。

➲ マザランはフランスのルイ 14 世に仕えた宰相である

5 16 世紀後半のフランスでは，ユグノーと呼ばれたカルヴァン派とカトリックとの対立が激化し，宗教戦争が長期化した。これに対し，ユグノーであったブルボン家のアンリ４世は，王位に就くとカトリックに改宗し，ナントの勅令を発してユグノーに一定の信仰の自由を認め，内戦はようやく鎮まった。

➲ 近代ヨーロッパで初めて個人の信仰の自由を認めた

難易度 ★★　重要度 ★★★

1 重要な戦争の戦勝国を押さえよう。スペイン全盛期のフェリペ2世は，1571年に［Ⓐ　　　　］でオスマン帝国の海軍を破ったが，1588年，スペインの無敵艦隊がイギリス艦隊との海戦（アルマダ戦争）で敗れ，衰退していった。

2 ネーデルラントの独立の過程は重要。16世紀，ネーデルラントの北部7州の［Ⓑ　　　　］といわれたカルヴァン派の新教徒がユトレヒト同盟を結んで，独立戦争を起こした。ロンバルディア同盟は北イタリアの都市同盟である。

3 ドイツは宗教改革で新時代の先駆けとなったが，プロテスタント派とカトリック派との内戦である三十年戦争（1618～48年）が勃発。これにスウェーデンの国王［Ⓒ　　　　］も参戦した。ヴォルムス協約は12世紀に結ばれた聖職叙任権をめぐる協約である。

4 ユンカーはプロイセン（ドイツ）の地主貴族である。15世紀末からイギリスでは農地を牧場にする［Ⓓ　　　　］が進み，毛織物工業が盛んになった。

5 正しい。アンリ4世は［Ⓔ　　　　］を登用して財政も再建し，フランスの絶対王政の基礎を築いた。

Point

- ☐ 15世紀後半，オーストリアのハプスブルク家は婚姻政策でネーデルラントを獲得し，さらにスペインの王位も継承した。
- ☐ スペインの属国であったネーデルラントは，ユトレヒト同盟で結束を固め，イギリスの支援も得て，1581年独立を宣言した。
- ☐ 16世紀末のフランスではカルヴァン派のユグノーが認められ，17世紀のドイツでは三十年戦争の後，1648年のウェストファリア条約でドイツ諸侯の宗教的主権が認められた。
- ☐ イギリスの絶対王政時代には，ジェントリ（地主階級）が強かった。

Ⓐ：レパントの海戦，Ⓑ：ゴイセン，Ⓒ：グスタフ＝アドルフ，Ⓓ：囲い込み（エンクロージャー），Ⓔ：シュリー

18 世紀のヨーロッパ

18 世紀のヨーロッパに関する次の記述のうち，誤っているものはどれか。

平成6年度
地方上級

1 フランスでは，ルイ 14 世の親政が開始されて強力な軍隊を背景に王権が強化された。また，~~紡績機等の発明により都市で産業革命が起こった~~。
➲ イギリスでのことである

2 東ヨーロッパでは，プロイセンが次第に領土を拡大してユンカーと呼ばれる地主貴族に支えられた絶対主義体制を確立し，マリア＝テレジアのオーストリアとしばしば対立した。
➲ 即位によってオーストリア継承戦争が起きた

3 ロシアでは，エカチェリーナ 2 世によって富国強兵が図られ種々の改革が試みられたが，一方では農奴制はむしろ強化された。
➲ 在位 1762 ～ 1796 年

4 植民地支配をめぐる英仏の対立が激化した。オーストリア継承戦争や七年戦争と並行して，北アメリカやインドでもその支配をめぐって両国は戦ったが，この世紀後半，両地域でイギリスはフランスに対し優位に立った。
➲ 1740 ～ 48 年　➲ 1756 ～ 63 年

5 文化の面では，文明の無限の進歩を信ずる風潮が生まれて啓蒙思想が広まり，芸術でもバロック様式に代わってロココ様式が出現した。
➲ ロックの『統治論二篇』など

難易度 ★　重要度 ★★

1 誤りなので，これが正答となる。異なるものが加えられているときには時代や国の相違を疑うこと。フランスのルイ 14 世の親政は 17 世紀後半で，フランスの産業革命は［Ⓐ　　　　　］没落後の 19 世紀前半から始まった。

2 正しい。プロイセンは，フリードリヒ＝ヴィルヘルム 1 世のときに重商主義政策で国富を蓄え，ユンカー（地主貴族）を官僚に登用した。フリードリヒ 2 世（大王）はオーストリアのマリア＝テレジアと［Ⓑ　　　　　］を戦い，シュレジエンを領土にした。

3 正しい。ロシアでは，ピョートル 1 世（大帝）後の国政は一時乱れ，18 世紀後半には女帝エカチェリーナ 2 世が国力を高めたが，彼女は［Ⓒ　　　　　］の後，貴族と妥協して農奴制を強化した。

4 正しい。18 世紀，ヨーロッパにおける戦争と並行して植民地戦争が激化。イギリスは，1757 年，［Ⓓ　　　　　］でフランスをインドから排除，アメリカ大陸ではフレンチ＝インディアン戦争でフランスを破り，カナダやルイジアナを奪った。

5 正しい。17 世紀，絶対王政の威光を示すため，［Ⓔ　　　　　］に代表される豪華なバロック様式が流行したが，18 世紀になると，繊細優美なロココ様式に変わった。

Point

- □ フランスにおける産業革命は，ナポレオン没落後の 1830 年代に繊維部門で始まった。
- □ プロイセンは，ユンカーと呼ばれる領主貴族を官僚とする軍国主義的な絶対王政を築いた。
- □ ロシアでは，18 世紀後半，女帝エカチェリーナ 2 世が啓蒙専制君主として国力を高めたが，農奴制は強化した。
- □ 英仏の植民地戦争では，インドでのプラッシーの戦い，アメリカ大陸でのフレンチ＝インディアン戦争でイギリスが勝利した。

Ⓐ：ナポレオン，Ⓑ：オーストリア継承戦争，Ⓒ：プガチョフの乱，Ⓓ：プラッシーの戦い，
Ⓔ：ヴェルサイユ宮殿

世界史032

中世から近代にかけてのハプスブルク家

中世から近代にかけてのハプスブルク家をめぐる記述として，妥当なのはどれか。

平成13年度
国税専門官

1 ハプスブルク家は，神聖ローマ帝国の成立当初から一貫してその帝位を占め，
➲ 帝位を世襲するのは 1438 年以降である
15 世紀頃帝国内の諸侯の勢力が弱体化したことに伴い皇帝の威信が高まった
13
ため，侵攻してきたモンゴル帝国を撃退するとともにスイスの併合に成功した。
➲ 敗れた　➲ スイスは独立運動を展開した

2 16 世紀後半，スペインの王位に就いたフェリペ２世は，現在のスペイン，フランスからバルカン半島に至る広大な領土を支配した。スペインは，レパント
➲ フランスやバルカン半島は支配していない
の海戦でのオスマン帝国（オスマン＝トルコ）への勝利，「無敵艦隊」による
➲「無敵艦隊」は英海軍に敗れた
英海軍のせん滅を契機に，王国はその最盛期を迎えた。
衰退していった

3 17 世紀前半，ボヘミアの旧教徒の反乱に端を発した三十年戦争は，フランス，
新教徒
イタリア，ロシアを巻き込む国際的な宗教戦争へと発展したが，フェルディナ
デンマーク　スウェーデン
ント３世はウェストファリア条約を結びルター派の公認を取り消して追放し，
➲ ルター派などの新教側の信仰の自由は認められた
神聖ローマ帝国の威信を保った。
➲ 神聖ローマ帝国は名のみとなった

4 18 世紀中頃，オーストリアのマリア＝テレジアはハプスブルク家の全領土を継承したが，これにプロイセンなどが異議を唱えたためオーストリア継承戦争が起こり，シュレジエンはプロイセンに割譲された。その後，マリア＝テレ
➲ アーヘン和約が結ばれる
ジアはこの奪還を図りプロイセンと七年戦争を戦ったが，これに失敗した。

5 19 世紀半ばにハンガリー王国を併合してオーストリア＝ハンガリー帝国の皇帝となったフランツ＝ヨーゼフは，汎スラブ主義の影響を受け独立への動きを強めつつあった領内の諸民族を統合して第一次世界大戦に臨む直前サライェヴォで暗殺され，ハプスブルク家はついに滅亡に至った。
➲ 暗殺されたのは甥の皇太子　➲ ハプスブルク家が帝位を失ったのは第一次世界大戦の敗北による

難易度 ★★★ 重要度 ★★

1 神聖ローマ帝国の成立は10世紀，ハプスブルク家が皇帝位に選ばれたのは13世紀，帝位世襲は15世紀以降である。1241年にはモンゴルが侵攻してきたが，[Ⓐ　　　　] で敗れた。また，スイスは13世紀末に独立を図ったが，最終的に独立を承認されたのは1648年のウェストファリア条約においてである。

2 [Ⓑ　　　　] の独立を支援したイギリスに対して，スペインは無敵艦隊を送ったが，敗北した。

3 ドイツでは，プロテスタント派とカトリック派との内戦である三十年戦争が勃発。これにスウェーデン，デンマーク，フランスなども加わり宗教紛争は世界紛争の様相を呈した。ウェストファリア条約でハプスブルク家が衰退し，フランスの [Ⓒ　　　　] の力が強まった。

4 正しい。オーストリア継承戦争，七年戦争でマリア＝テレジアと戦ったのはプロイセンの [Ⓓ　　　　] である。

5 1914年にサライェヴォで暗殺されたのはオーストリア皇太子フランツ＝フェルディナントであり，これが [Ⓔ　　　　] のきっかけとなった。オーストリア＝ハンガリー帝国は第一次世界大戦が終結した1918年に崩壊した。

Point

- □ ハプスブルク家は，15世紀以降，神聖ローマ帝国の皇帝位を世襲した。
- □ スペイン国王フェリペ２世は，ハプスブルク家出身の国王２代目である。
- □ ドイツ領内で起こった三十年戦争の結果，プロテスタント派が容認され，神聖ローマ帝国の威信は失われた。
- □ マリア＝テレジアは，オーストリア継承戦争，七年戦争を行ったが，シュレジエン奪回はならず，プロイセンのシュレジエン領有が認められた。

Ⓐ：ワールシュタットの戦い，Ⓑ：オランダ，Ⓒ：ブルボン家，Ⓓ：フリードリヒ２世（大王），
Ⓔ：第一次世界大戦

16世紀から17世紀にかけてのヨーロッパ

16世紀から17世紀にかけてのヨーロッパに関する記述として最も妥当なのはどれか。

平成28年度
国家一般職

1 イギリスでは，国王の権威を重んじるトーリ党と，議会の権利を主張するホイッグ党が生まれた。国王ジェームズ2世がカトリックの復活を図り，専制政治を強めると，両党は協力して，王女メアリとその夫のオランダ総督ウィレムを招いて王位に就けようとした。

➡国教会や地主に支持者が多い
➡非国教徒や商工業者・地主に支持者が多い
ジェームズ2世の娘

2 フランスでは，ルイ14世が即位し，~~リシュリュー~~が宰相となって国王の権力の強化に努めたが，それに不満を持った貴族がフロンドの乱を起こした。~~国内の混乱は長期化し~~，ルイ14世が親政を始める頃には~~フランスの王権は形骸化していた~~。

マザラン
➡マザランはフロンドの乱を鎮圧して貴族をおさえた
➡ルイ14世の親政の時代はフランス絶対王政の絶頂期

3 神聖ローマ帝国内に大小の領邦が分立していたドイツでは，ハプスブルク家が~~オーストリア領ベーメン（ボヘミア）のカトリック教徒を弾圧し~~，それをきっかけに~~百年~~戦争が起こった。その後，ウェストファリア条約によって戦争は終結した。

出身の王がベーメン（ボヘミア）に旧教を強制し
三十年
➡「神聖ローマ帝国の死亡診断書」ともいわれる条約である

4 スペインは，フェリペ2世の下で全盛期を迎えていたが，支配下にあったオランダが独立を宣言した。イギリスがオランダの独立を支援したため，スペインは無敵艦隊（アルマダ）を送り，~~イギリス艦隊を撃滅し，オランダ全土を再び支配下に置いた~~。

➡レパントの海戦でオスマン帝国を破り，スペインの最盛期を開いた
➡無敵艦隊はイギリス海軍に撃滅され，以後スペインは衰亡した

5 ロシアは，ステンカ＝ラージンによる農民反乱が鎮圧された後に即位した~~イヴァン4世（雷帝）~~の下で，軍備の拡大を背景にシベリア経営を進め，中国の清朝とネルチンスク条約を結び，~~清朝から九竜半島を租借した~~。

ピョートル1世（大帝）
カムチャッカ半島を占領して太平洋岸へ進出した

難易度 ★★★ 重要度 ★★

1 1642年から49年にかけて，イギリスで清教徒を中心とする議会派が，専制政治を行うチャールズ1世を処刑して絶対王政を倒し共和政を実現した。これを清教徒革命という。その後クロムウェルの独裁，王政復古を経て，1688年，ジェームズ2世の専制政治に反発した議会が王の廃位を決議し，王女メアリと夫のオランダ総督ウィレムを招請した。これを［Ⓐ　　　　］革命という。

2 フランスでは，ルイ13世の時代に宰相リシュリューが貴族やユグノーをおさえ，三部会の招集も停止して王権の強化を図った。続くルイ14世の時代は宰相マザランがフロンドの乱を鎮圧し，マザランの死後はルイ14世自ら親政にのりだし，財務総監［Ⓑ　　　　］が重商主義政策を推進し，フランス絶対王政の絶頂期となった。

3 諸侯割拠の状態で新教旧教両派の諸侯が対立していたドイツで，1618年，ベーメン反乱を契機に［Ⓒ　　　　］が始まった。新旧両派諸侯による宗教戦争は次第にフランス対ハプスブルグ家による覇権争いに変わり，1648年のウェストファリア条約で終結した。神聖ローマ帝国は有名無実化して，分裂したドイツの近代化は遅れた。

4 スペインでは，絶対王政をおしすすめたフェリペ2世が大帝国を形成し「［Ⓓ　　　　］ことのない帝国」を実現したが，治世の後半から衰退に向かい，無敵艦隊の敗北以後国際間の優位を失った。

5 ロシアではツァーリズムを成立させたイヴァン4世の没後に［Ⓔ　　　　］朝が開かれ，中央集権化が進むとともに農奴制も強化され，ステンカ＝ラージンの農民反乱も鎮圧された。ピョートル1世は農奴制を維持したまま西欧化政策を推進しロシア絶対王政を確立した。

Point

- □ スペインではフェリペ2世，フランスではルイ14世，イギリスではエリザベス1世のときに絶対王政の最盛期を実現した。
- □ ドイツは三十年戦争で領邦の分立状態となり，近代化が遅れた。
- □ ロシアではピョートル1世が絶対王政を確立し，エカチェリーナ2世のときに絶頂期を迎えた。
- □ イギリスは17〜18世紀の清教徒革命・名誉革命で絶対王政が崩れた。

Ⓐ：名誉，Ⓑ：コルベール，Ⓒ：三十年戦争，Ⓓ：太陽の没する，Ⓔ：ロマノフ

13～15世紀頃のヨーロッパの出来事

14 世紀頃のヨーロッパの出来事に関する記述として最も妥当なものはどれか。

令和元年度
裁判所

1 百年戦争は，14 世紀，フランスの王位をめぐる争いをきっかけとして始まったフランスとドイツ（神聖ローマ帝国）の長期にわたる戦争である。
➲1339～1453　➲イギリス王エドワード３世がフランス王位の継承を主張してフランス領に侵入　イギリス

2 百年戦争はフランスの敗北により終結し，長期の戦争で荒廃した国内の立て直しによって諸侯の力が増大したため，王権は弱まった。
イギリス　諸侯・騎士が没落　強

3 百年戦争中，フランスではペストの流行によって，戦況が非常に悪化したが，神のお告げを受けたと信じる農民の娘が現れてペストの治療で劇的な成果を上げ，多くの人々を救ったことで，フランス軍は勢いを盛り返した。
➲ペスト（黒死病）の流行に加え，農民の反乱や諸侯の内紛で劣勢が続いた　➲ジャンヌ＝ダルク　要衝オルレアンでイギリス軍に囲まれたシャルル７世の軍に入り，反撃に転じて包囲を破った

4 イギリスでは，王位継承権を持つ２つの家系による王位継承の内乱であるバラ戦争が起きた結果，諸侯や騎士が両派に分かれて戦ったために没落し，王権が高まって絶対王政への道が開かれた。
➲ランカスター家とヨーク家　➲1455～85　➲国王が絶対的権力をもつ中央集権国家体制

5 ドイツ（神聖ローマ帝国）では，13～14 世紀頃には皇帝権力が非常に強く，皇帝が国家を統一してまとめあげ，周辺諸国への侵略をたびたび繰り返した。
弱体化し，領邦と呼ばれる地方主権国家が分立する分裂状態となった

難易度 ★★　重要度 ★

1 百年戦争は中世末期の英仏間で展開された1世紀以上にわたる抗争である。フランドルとギエンヌの争奪を背景とし，フランスでカペー朝が断絶，ヴァロワ朝が成立した際に，イギリス王［Ⓐ　　　］がフランス王位の継承を主張して大陸に侵入し，開戦となった。

2 当初はイギリスが優勢だったが，ペストの流行やジャックリーの乱，ワット＝タイラーの乱などの農民の反乱で互いに疲弊し，最終的にはフランスが勝利した。両国とも封建諸侯・騎士が没落し，［Ⓑ　　　］化が進んで王権が強まった。

3 ［Ⓒ　　　］は，滅亡寸前だったフランスを勝利に導いたとされる国民的英雄である。その後，シャルル7世は，大商人ジャック＝クールを財務官として戦費を調達させ，イギリス軍を一掃した。

4 イギリスでは，百年戦争後に続くバラ戦争により，諸侯・騎士の没落と王権の強化がさらに進んだ。勝利したランカスター家のヘンリが［Ⓓ　　　］となってテューダー朝を開き，絶対王政の基礎を築いた。

5 ドイツは，13世紀後半，皇帝が実質的に存在しない大空位時代となり，その間に有力諸侯は［Ⓔ　　　］と呼ばれる地方主権国家を形成した。その後，皇帝は有力諸侯の選挙で決まるようになり，1356年，カール4世が大空位以後の混乱を収拾するために金印勅書を発布し，諸侯の独立的地位を保障した。これによりドイツの［Ⓔ　　　］体制が決定的となり，ドイツの分裂が進んだ。イタリアもまた，諸侯や都市勢力の抗争が激しく，国家の分裂が進んだ。

Point

- □ 14～15世紀に英仏間で争われた百年戦争は，ジャンヌ＝ダルクの活躍もあり，大陸からのイギリスの撤退で終わった。
- □ 百年戦争の間に諸侯・騎士が没落し，王権が強化され，英仏とも中央集権化が進んだ。
- □ イギリスでは，続いて起こったバラ戦争により，諸侯・騎士がさらに没落し，勝利したヘンリ7世がテューダー朝を開いて，絶対王政の基礎を築いた。
- □ これに対し，ドイツ・イタリアで深まった分裂傾向は，国家統一を遅らせ，長きにわたって近代化への大きな障害となった。

Ⓐ：エドワード3世，Ⓑ：中央集権，Ⓒ：ジャンヌ＝ダルク，Ⓓ：ヘンリ7世，Ⓔ：領邦

世界史035

イギリスの近代化

イギリスは19世紀半ばに他国に先駆けて近代化を成し遂げたが，そこに至る社会の変遷に関する次の記述のうち，下線部分が妥当なものはどれか。

平成11年度
地方上級

1 16世紀前半にヘンリ8世はイギリス国教会を成立させ教皇と絶縁した。その後，エリザベス1世は統一法によってカトリック教を国教として復活させ，絶対王政を確立した。
イギリス国教会に統一し

2 ピューリタン革命（清教徒革命）によって一時共和政が実現したが，1660年に王政が復活し，1688年オランダから迎えられた新国王のウィリアム3世とメアリ2世は権利の章典を無効として王権を強化し，再び議会と対立した。
権利の章典を承認し，議会制度が確立した

3 新農法が普及して農業生産力が向上し，18世紀半ば以降人口が急増した。大地主は供用地や小作地を囲い込んで市場向けの大規模な穀物生産に乗り出し，囲い込みによって土地を失った人々が都市に流れ込んで工場労働者となった。
➲ トマス=モアは「羊が人間を喰う」として囲い込みを批判

4 綿工業における生産技術が向上し，19世紀初頭には蒸気機関の発明・改良に加え，電灯が発明された。道路の整備や鉄道建設などにより交通量が増えただけでなく，運河の利用によって石炭や石油の運搬が容易になった。
➲ 電灯の発明はアメリカ
➲ 石油の利用は19世紀後半からである

5 産業革命によって産出された大量の製品の市場を求めて，イギリスはインドや中国に進出し，19世紀半ばに東インド会社を設立してアメリカと対立した。
1600年
➲ アメリカとは対立していない

難易度 ★★　重要度 ★★

1 ヘンリ8世は離婚問題で［Ⓐ　　　　　］と対立，イギリス国教会を創立した。その後一時国教会は廃されたが，エリザベス1世は信仰統一法（統一法）で国教会制度を確立，絶対王政の最盛期を迎えた。

2 イギリスでは，1642年のピューリタン革命により一時的に共和政が実現，後に王政復古したが，1688年にカトリック色の強い国王を追放，新国王を迎え権利の章典を発布した。この無血革命のことを［Ⓑ　　　　　］という。

3 正しい。16世紀の第1次囲い込み（エンクロージャー）は牧羊のためであったが，18世紀の第2次囲い込みは［Ⓒ　　　　　］のためであった。

4 イギリスの産業革命は，18世紀から19世紀にかけて綿織物工業から始まった。紡績機（ぼうせきき）や織機（しょっき）の機械が発明され，蒸気機関が普及し，鉄道建設や運河の開発により交通手段が整備され，飛躍的な発展を遂げた。電灯はアメリカのエジソンによって発明されたもので，石油とともに19世紀後半の［Ⓓ　　　　　］に関係している。

5 19世紀，イギリスは産業革命によって大量の製品を作り，市場を求め，インドや中国に進出した。東インド会社の設立は1600年で，女王［Ⓔ　　　　　］のときのことである。

Point

- ☐ ヘンリ8世は1534年の国王至上法（首長法）でイギリス国教会の首長であると宣言した。
- ☐ 1688年，イギリスは名誉革命により，王を元首としつつ憲法などの法律に基づいて議会が政治の主導権を握る立憲君主政を確立した。
- ☐ 18世紀イギリスでは，市場向け大農経営に転換するため「第2次囲い込み」が行われた。
- ☐ イギリスの産業革命は綿織物工業から始まり，蒸気機関の発明により飛躍的に発展，鉄道，運河などの交通機関も整備された。

Ⓐ：ローマ教皇（ローマ法王），Ⓑ：名誉革命，Ⓒ：大規模農場経営，Ⓓ：第2次産業革命，Ⓔ：エリザベス1世

ロシア帝国

次の各文のうち，ロシア帝国に関する記述でないものはどれか。

平成11年度 警察官

1 1613年，ミハイル＝ロマノフが中小の領主や商人たちの支持を得て即位し，ロマノフ朝を開いた。
➲ 農奴制を強化した

2 17世紀末に即位したピョートル1世（大帝）は，1689年に清朝とネルチンスク条約を結んで，国境を定め，中国との通商を開いた。
➲ 清に有利なものであった

3 18世紀になると，女帝マリア＝テレジアやその子ヨーゼフ2世は他国にならって，商業や軍隊の改革に手を着けた。➲ これはオーストリアに関する記述である

4 18世紀後半のエカチェリーナ2世は，啓蒙専制君主として知られるが，1773年から起こったプガチョフの農民反乱後は，貴族の特権を認め農奴制を強化した。
➲ コサック貧農出身のプガチョフによる

5 1861年，アレクサンドル2世の下で行われた農奴解放令は，土地改革については不十分だったが，農民を身分的に自由にした。
➲ 自営農民が出現することになった

難易度 ★　重要度 ★

1 正しい。モスクワ大公国のイヴァン4世（雷帝）の死後混乱が続いたが，1613年にミハイル＝ロマノフがロマノフ朝を開いた。17世紀末には［Ⓐ　　　　　］率いるコサックと下層農民の反乱が起こったが平定された。

2 正しい。ピョートル1世は西欧の科学技術を導入して，さまざまな改革を行った。またシベリア開発を進め，領土の拡大を図った。ネルチンスク条約は清の［Ⓑ　　　　　］と結んだもの。

3 誤りなので，これが正答となる。マリア＝テレジアはオーストリアの［Ⓒ　　　　　］の皇女。1740年に即位。オーストリア継承戦争，七年戦争の2度の戦争を行ったが，国威は回復しなかった。

4 正しい。女帝エカチェリーナ2世は啓蒙専制君主として教育の刷新，学芸の奨励，農奴の待遇改善などを進めたが，農奴の解放を求めたプガチョフの反乱の後に反動化して農奴制を強化した。またオーストリア，プロイセンとともに［Ⓓ　　　　　］を分割した。

5 正しい。［Ⓔ　　　　　］でイギリス・フランス軍に敗れ，近代化の必要性を悟ったアレクサンドル2世は，1861年農奴解放令を発布したが，土地が有償で分与されるとしたため，極めて地主に有利であった。

Point

- □ 1613年，ミハイル＝ロマノフが開いたロマノフ王朝は第一次世界大戦中のロシア革命まで続いた。
- □ ミハイル＝ロマノフの孫のピョートル1世は西欧の科学技術を導入し，さまざまな改革を行い，急速な西欧化によって絶対王政を確立しようとした。
- □ 18世紀後半，女帝エカチェリーナ2世が啓蒙専制君主として国力を高めたが，プガチョフの反乱で反動化して，中央集権体制を強めている。
- □ クリミア戦争に敗れたアレクサンドル2世は，1861年に農奴解放令を発布したが，近代化の成果は上がらなかった。

Ⓐ：ステンカ＝ラージン，Ⓑ：康熙帝，Ⓒ：ハプスブルク家，Ⓓ：ポーランド，Ⓔ：クリミア戦争

世界史037

イギリス議会制度の発達

イギリスの王権と議会の関係に関する記述A～Dのうち，妥当なもののみを挙げているのはどれか。

A 貴族は，結束してジョン王に反抗し，1215年に，新たな課税には高位聖職者と大貴族の会議の承認を必要とすることなどを定めた大憲章（マグナ＝カルタ）を王に認めさせた。

➲フランスと戦って破れ大陸領を失ったことから“欠地王”と呼ばれた

B ~~15世紀に，絶対王政を確立したランカスター朝のエリザベス１世~~は，神から授かった王権は人民には拘束されないという王権神授説を唱え，議会を無視して課税するなど，専制政治を行った。

ステュアート朝のジェームズ１世

➲フィルマー，フランスのルイ14世らが主張した

C ~~チャールズ２世~~が絶対王政の復活に努めたため，1688年に，議会は~~クロムウェル率いる騎馬隊により対抗し~~，国民の生命・財産の保護などを定めた権利の章典を王に受け入れさせ，これにより立憲王政が確立した。

ジェームズ２世

➲ジェームズ２世の娘であるメアリとその夫ウィレムを国王として招き，ジェームズ２世は亡命した

➲イギリスの立憲政治の原点

D 議会の権利を主張するホイッグ党のウォルポールは1721年に首相となり，その後，内閣が王に対してではなく，議会に対して責任を負うという責任内閣制が形成されていった。

➲進歩的貴族や商工業者が主として支持する政党で後の自由党に発展する

1 ……A, B
2 ……A, C
3 ……A, D
4 ……B, C
5 ……C, D

難易度 ★★ 重要度 ★★★

A 正しい。イギリスでは1215年，戦費をまかなうために増税しようとしたジョン王に対して貴族たちが団結して反抗し，大憲章を認めさせた。しかしジョン王の子［Ⓐ　　　　］が大憲章を無視した政治を行ったため［Ⓑ　　　　］が1258年に反乱を起こし，［Ⓐ　　　　］に議会を認めさせた。

B イギリスで絶対王政が確立されたのは16世紀前半，テューダー朝［Ⓒ　　　　］の時代である。エリザベス1世はテューダー朝の王でイギリス絶対王政の最盛期を現出した。王権神授説を唱え，専制政治を行ったのは，［Ⓓ　　　　］朝のジェームズ1世である。

C ジェームズ2世が絶対王政の復活に努めたため，1688年，イギリス議会はジェームズ2世の娘夫婦を王として迎え入れ，ジェームズ2世を退位に追い込んだ。この革命は［Ⓔ　　　　］と呼ばれるが，その際に新王に権利の章典を認めさせ立憲王政が確立した。

D 正しい。後に内閣は原則として複数政党のうちの選挙で選ばれた多数党が組織し政権を担当することで，選挙民の意思が政治に反映されることとなった。議会政治が発展したイギリスでは“王は君臨すれど［Ⓕ　　　　］せず”といわれた。

Point

- ☐ イギリスで大憲章が制定された経緯と議会が設置された経緯は混同しがちなので，注意が必要。
- ☐ クロムウェルが活躍したのは清教徒革命である。名誉革命の登場人物との違いを明確に理解しておこう。
- ☐ イギリスでは世界に先駆けて王権を制限する革命が起こり，議会や内閣が発達した。

Ⓐ：ヘンリ3世，Ⓑ：シモン＝ド＝モンフォール，Ⓒ：ヘンリ8世，Ⓓ：ステュアート，Ⓔ：名誉革命，Ⓕ：統治

産業革命

資本主義の確立に強い影響を与えた産業革命に関する次の記述のうち，妥当なものはどれか。

平成11年度 国家Ⅱ種

1 イギリスは，~~綿織物業~~（毛織物業）によって大量の資本を蓄え，囲い込み運動によって土地を失った農民が都市に流れ込んで賃金労働者となっており，また，それまでに世界商業の支配権を有していた~~スペイン~~（オランダ，フランス）を破って世界市場を握っていた。資本・労働力・市場などの条件がほかの諸国に比べて整っていたことが，世界に先駆けて産業革命が起こる基盤となった。

2 イギリスの産業革命は，木綿工業の部門から始まった。東インド会社がインド産の綿織物を輸入したことから，綿織物の需要が急増し，インドの綿花を原料としてイギリス国内で綿織物を生産する気運が高まった。クロンプトン，カートライト等が相次いで紡績機や織布機を発明し，綿織物の大量生産が可能となった。

➲ 毛織物工業に代わって産業の中心に

3 イギリスでは，機械の動力は最初は水力を用いていたが，~~スティーヴンソン~~（ニューコメン）が蒸気力を発明したことからポンプに応用され，これ（ワットが）を改良して蒸気機関を作り，動力として実用化されるようになった。蒸気機関の実用化は大量生産を可能にしただけでなく，~~ワット~~（スティーヴンソン）の発明による~~蒸気船~~，蒸気機関車など新しい交通手段を発達させ，流通速度を早め，資本主義的な市場の形成・拡大に大きく貢献した。

➲ スティーヴンソンは蒸気船は発明していない

4 イギリスでは，産業革命によって機械制大工業が発達すると，従来の小規模な手工業や家内工業は急速に没落し，多数の労働者を雇用する工場制度が広まった。工場制度の発達とともに都市に人口が集中し，大工場を経営する資本家が現れ勢力をつけたことが，~~イギリス市民革命の契機~~となった。

➲ イギリス産業革命は18世紀中頃から。市民革命はそれ以前

5 イギリス中心の世界市場の中で，北アメリカは独立革命によって，イギリスの植民地経営と~~奴隷制の強化~~から逃れ，19世紀半ばには産業革命を達成した。また，フランスは，~~ナポレオンの独裁~~（フランス革命による混乱）によって産業革命が大幅に遅れたため，~~自由貿易~~（保護貿易）政策に転換し19世紀末にようやく産業革命を達成した。

➲ 独立後も綿花栽培のための奴隷制が強化された

難易度 ★★★　重要度 ★★★

1 18 世紀にオランダ，フランスとの植民地戦争に勝利したイギリスは，世界商業に支配的な地位を占めた。国内では，大地主が土地を囲い込み大規模な農場を経営した。また，毛織物工業による富の蓄積も進んでいた。「囲い込み」によって都市に流入した農民の労働力，毛織物工業に代わる新興産業である［Ⓐ　　　　　］の生産技術の革新がきっかけとなって産業革命が始まった。

2 正しい。インドから綿織物が輸入されると国内需要が高まり，国内生産するようになる。イギリスの産業革命は，この綿工業から始まった。クロンプトンがミュール紡績機，綿布部門ではカートライトが［Ⓑ　　　　　］を発明する。

3 初期の動力は水力だった。ニューコメンの蒸気力によるポンプをワットが蒸気機関として改良し，生産性が大きく向上した。蒸気機関は，［Ⓒ　　　　　］の蒸気機関車の発明につながり，交通革命をもたらした。

4 イギリスの市民革命は産業革命以前である。絶対王政を消滅させた［Ⓓ　　　　　］は 1688 年，産業革命は 18 世紀中頃からである。

5 アメリカの産業革命は南北戦争後に大きく進展したが，南部では綿花栽培のために多くの［Ⓔ　　　　　］が使われ続けた。フランスでは，フランス革命以降の政治的混乱もあって産業革命は遅れた。

Point

- □ イギリスでの産業革命のもととなった資本は，毛織物業によって蓄えられたものである。
- □ イギリスの産業革命は綿工業で始まり，機械工業，鉄道などの交通機関の発展へと進んでいった。
- □ 産業革命は，ニューコメンの蒸気力によるポンプをワットが蒸気機関として改良し，これが動力として使われたことで飛躍的に進んだ。
- □ スティーヴンソンが製作した蒸気機関車は，イギリスはもとより世界に交通革命をもたらした。

Ⓐ：綿工業（木綿工業），Ⓑ：力織機，Ⓒ：スティーヴンソン，Ⓓ：名誉革命，Ⓔ：黒人奴隷

産業革命以降の英国

産業革命以降の英国に関する記述として最も妥当なのはどれか。

令和2年度 国家総合職

1 英国では，18世紀前半にワットが蒸気機関車を実用化したことで，輸送手段が飛躍的に進歩する交通革命が起こった。この結果，植民地で栽培されている綿花を自国に大量輸送することが可能となり，18世紀後半に綿織物の生産量が急激に増え，綿工業を中心とした産業革命が始まった。

19 スティーヴンソン

➡ 蒸気機関車・蒸気船の発明による交通の飛躍的発展

➡ 技術革新による工業生産力の増大と産業・経済・社会の大変革

2 英国は，19世紀後半から帝国主義政策を開始し，アフリカ大陸において，カメルーン，南西アフリカ，東アフリカを植民地として獲得した。さらに，モロッコにおけるフランスの優越的な地位に挑戦し，門戸開放を二度にわたって求めるモロッコ事件を起こしたが，ドイツとロシアがフランスを支援したため失敗に終わった。

➡ 独占資本主義段階の国家による対外膨張と植民地獲得の動き

➡ ドイツに関する記述である

➡ 英国

3 第一次世界大戦中，英国は，植民地としていたインドに対して，戦争への協力の見返りとして独立を約束するブレスト＝リトフスク条約を締結した。しかし，第一次世界大戦後，英国が約束を果たさなかったことによりインド国内で反英運動が高まりを見せたため，英国は限定的に自治を認めるローラット法を制定した。

戦後の自治を約束していた

制定した形式的な自治しか認めないインド統治法に対し

➡ ガンディーの非暴力・不服従運動など

新インド統治

4 世界恐慌の後，英国は，挙国一致内閣を成立させ，金本位制の停止や歳出削減を実施した。また，カナダのオタワでイギリス連邦経済会議を開催し，カナダやオーストラリアなどを含むイギリス連邦内の関税を低くし，連邦外の国に対して関税を高くするブロック経済化を進めた。

➡ マクドナルドが保守党・自由党と組んで組織した内閣

➡ オタワ連邦会議ともいう

➡ 本国と植民地などで形成する排他的経済圏

5 第二次世界大戦中，英国のチャーチル首相は米国のフランクリン＝ローズヴェルト大統領とカイロで会談し，ドイツに無条件降伏を要求するカイロ宣言を発表した。第二次世界大戦後は，国際連盟が戦争を防げなかったという反省から，米国首脳と共に発表した大西洋憲章を基に，ヤルタ会談において国際連合憲章を発表し，国際連合を発足させた。

➡ ニューディール政策を実施した大統領

大西洋上

連合国の戦争目的を明確化した大西洋憲章

1945年，サンフランシスコ会議

難易度 ★★ 重要度 ★★★

1 産業革命の発端となったのは交通革命ではなく，綿工業における機械の発明である。18 世紀前半に，[Ⓐ　　　] の飛び杼の発明に始まる綿工業の機械の発明が相次ぎ，これに蒸気機関を完成させたワットらによる動力革命が結びついて綿工業を発達させ，さらに動力革命は蒸気船・蒸気機関車の実用化という交通革命を呼び起こした。

2 英国はエジプト・スーダン・南アフリカなどを支配下に置くアフリカ [Ⓑ　　　] 政策，さらにこれとインド支配を結びつける 3C 政策をとった。スーダンでは，横断政策をとるフランスと衝突するファショダ事件が起きたが，両国間で英仏協商が結ばれた。ドイツはバルカン半島からインド洋に進出しようとする 3B 政策を進めながら，アフリカにも進出し，フランスの優位が認められたモロッコでモロッコ事件を起こしたが，英国に阻まれ孤立を深めた。

3 英国は独立ではなく自治を約束していた。しかし戦後制定されたインド統治法は形式的な自治しか認めず，その上 [Ⓒ　　　] を発布して民族運動を抑圧した。しかしガンディーらによる反英運動が続いたため，英国は限定的な自治を認めた新インド統治法を制定した。

4 マクドナルド挙国一致内閣のときに [Ⓓ　　　] 経済が形成された。

5 連合国側の戦争目的を明確にした大西洋憲章は，戦後の世界構想を含み，国際連合成立への第一歩となった。1945 年，連合国 50 か国によって [Ⓔ　　　] が開かれ，国際連合憲章が採択された。

Point

- □ 産業革命はまず綿工業の機械の発明で始まり，それに蒸気機関による動力革命が結びついて綿工業を発展させ，交通革命にまで波及した。産業革命で英国は世界の工場となり，帝国主義時代には，アフリカ縦断政策とインド支配を結びつける 3C 政策を展開した。
- □ 第一次大戦中の約束を守らない英国に対し，ガンディーは非暴力・不服従の運動を展開し，新インド統治法で限定的な自治を獲得した。
- □ 広い植民地をもつ英国の世界恐慌対策はブロック経済の形成だった。
- □ チャーチルとフランクリン＝ローズヴェルトが発表した大西洋憲章は，戦後の世界構想を示し，国際連合憲章に継承された。

Ⓐ：ジョン＝ケイ，Ⓑ：縦断，Ⓒ：ローラット法，Ⓓ：ブロック，Ⓔ：サンフランシスコ会議

世界史040

西洋諸国の革命・独立運動

西洋諸国の革命・独立運動に関する記述として妥当なもののみを挙げているものはどれか。

平成20年度
国税専門官

A イギリスでは，17世紀半ば，議会派を率いたクロムウェルが~~名誉革命~~（ピューリタン革命）を指導することによって国王を~~追放~~（処刑）し，共和政をうちたてた。その後，王政がいったん復活したものの，国王が専制体制を強化し，~~スペイン継承戦争に介入~~するなど議会を無視する政治を行ったことで，~~議会派と王党派の間で内乱が始まり，議会派が勝利して国王は処刑~~された。これにより，絶対王政が廃止され，憲法に基づく立憲君主政への道が開かれることとなった。

➲ 名誉革命後のこと

➲ ピューリタン革命の内容

B アメリカでは，18世紀後半に起きたボストン茶会事件をきっかけにイギリス政府からの武力弾圧が始まると，各植民地が結束して大陸会議を開催し，やがて独立戦争が始まった。その後，ジェファソンらが起草した「独立宣言」が同会議で採択され，さらに，パリ条約でアメリカ合衆国の独立が承認された。独立後は，合衆国憲法が制定されるなど，近代民主主義の理念を掲げた共和国が誕生し，ワシントンが初代大統領に就任した。

C フランスでは，18世紀後半，~~特権身分に対する第三身分の反抗を背景に，パリ民衆が蜂起してバスティーユ牢獄を襲撃した。貴族らは三部会を急きょ召集し，第三身分の代表者による国民公会の成立を認めた。この後，ロベスピエールを中心とする国民公会は，国王ルイ16世を処刑するなどの急進的改革を行ったため国民の支持を失い，ミラボーら自由主義貴族と協力した国民議会が政権を奪って，国民主権を掲げた人権宣言を発表した。~~

D ロシアでは，第一次世界大戦期に食糧や燃料の不足に苦しむ国民の不満が高まってストライキが起き，労働者・兵士の反乱へと発展して，各地にソヴィエト（評議会）が組織された。事態の収拾がつかない中，ニコライ2世は退位し，臨時政府が樹立された。しかし，臨時政府が戦争を継続したため民衆の不満は解消せず，やがて，レーニンを指導者とするボリシェヴィキが武装蜂起して臨時政府を倒し，ボリシェヴィキ中心のソヴィエト政権が成立した。

1……A，C

2……A，D

3……B，C

4……B，D

5……C，D

➲ フランス革命は，特権身分に対する課税問題から三部会を召集したことが発端となった
〈三部会→国民議会→バスティーユ牢獄襲撃→人権宣言→新憲法発布→立法議会→国民公会（第一共和政）→ルイ16世の処刑→ロベスピエールの独裁→総裁政府〉の流れ

難易度 ★　重要度 ★★

A イギリスでは，1642 年クロムウェルが主導するピューリタン革命により一時的に共和政が実現，後に［Ⓐ　　　　　］したが，1688 年カトリック色の強い国王を追放，新国王を迎え［Ⓑ　　　　　］を公布し，議会が主権を握る立憲君主政が確立した。これを名誉革命という。

B 正しい。イギリスの植民地政策に不満を募らせていたアメリカは，1773 年ボストン茶会事件（植民地人が［Ⓒ　　　　　］の船を襲い，積荷の茶を海に投棄した事件）の後，大陸会議で本国と断絶，独立戦争を起こした。ジェファソンらが「独立宣言」を起草し採択，やがて独立戦争に勝利する。

C フランス革命は，特権身分が課税に反発し，三部会の召集を要求したことがきっかけになった。第三身分による国民議会が力を得て，バスティーユ牢獄（ろうごく）襲撃が起こると，議会は［Ⓓ　　　　　］を採択，憲法を制定して立法議会を召集した。ジロンド派が主導した対外戦争が劣勢に陥り，民衆の圧力に屈した議会は王権を停止した。1792 年，普通選挙により，［Ⓔ　　　　　］が成立した。この後，ルイ 16 世の処刑，ロベスピエールの恐怖政治と続く。

D 正しい。1917 年にロシアの国会（ドゥーマ）が臨時政府を成立させ，皇帝ニコライ 2 世が退位したことを［Ⓕ　　　　　］と呼ぶ。同じ年に，レーニン，トロツキーらが臨時政府を倒し，ソヴィエト政権を樹立した革命を［Ⓖ　　　　　］と呼ぶ。

よって，**B**，**D** が正しいので，**4** が正答となる。

- □ 17 世紀イギリスでは，ピューリタン革命（清教徒革命），名誉革命により，議会中心の立憲君主政が確立した。
- □ 植民地であったアメリカに対し，イギリス本国は砂糖法や印紙法などで課税を強化した。アメリカは本国に代表を送っておらず，「代表なくして課税なし」として反対した。
- □ フランス革命前の社会はアンシャン＝レジーム（旧制度）と呼ばれる。その第一身分が聖職者，第二身分が貴族，第三身分が平民であった。
- □ ロシア革命後，ボリシェヴィキは共産党となり一党独裁体制を築いた。

Ⓐ：王制復古，Ⓑ：権利の章典，Ⓒ：イギリス東インド会社，Ⓓ：人権宣言，Ⓔ：国民公会，
Ⓕ：二月革命（三月革命），Ⓖ：十月革命（十一月革命）

欧米の民主主義や自由主義の歴史

欧米における民主主義や自由主義の歴史に関する次の記述のうち，最も妥当なものはどれか。

平成17年度
国税専門官

1 イギリスでは，17 世紀半ば，~~ジョン王~~（チャールズ１世）が権利の~~章典~~（請願）に反して議会の同意なしに課税を行い，さらに議会を解散して専制を強化した。国王の政策に反対する議会派のクロムウェルらは武力で~~ジョン王を追放~~（チャールズ１世を処刑）し，共和政を実現したが，これはピューリタン革命と呼ばれ，ルソーはこの革命から社会契約説の理論的裏づけを得たといわれている。

2 イギリスでは，17 世紀後半，ジェームズ２世が~~国教徒~~（カトリック教徒）ではない者の公職就任を禁じると，信教の自由を守る立場から，~~独立派~~（トーリー党）と~~長老派~~（ホイッグ党）は協力してオランダ総督のウィレム（後のウィリアム３世）をイギリスに招いた。ウィレムが軍を率いてイギリスに上陸すると，国王派の軍隊との間に~~武力衝突が起こり，敗れた~~ジェームズ２世は国外に亡命した。これを名誉革命という。
➲ 武力衝突は起こっていない

3 イギリスのアメリカ植民地では，18 世紀後半，印紙法導入やボストン茶会事件などを背景にイギリス本国への反抗が高まり，独立戦争が起きた。ジェファソンらが起草した独立宣言が発表されたが，これは，ロックの思想の影響を受けているといわれている。その後，パリ条約によってイギリスは 13 の植民地がアメリカ合衆国として独立することを承認した。
➲ 1783 年に締結

4 フランスでは，18 世紀後半，第三身分（平民）が公式に国政に関与することが初めて認められ，~~三部会~~（国民議会）が召集された。~~三部会~~（国民議会）は権利の平等をうたった人権宣言を発表し，国民を身分によって差別しないことを国王ルイ 16 世に要求したが，~~ルイ 16 世はこれを拒み処刑された。その後，弟のルイ 18 世が即位し，立憲王政が樹立された。~~
➲ ルイ 16 世は逃亡，幽閉後，国民公会時に処刑された。ルイ 18 世はナポレオン失脚の後に即位

5 フランスでは，19 世紀~~前半，七月革命~~（半ば，二月革命）によってルイ＝フィリップが退位し，共和政となったが，この共和政自体は，国民投票によって大統領になったルイ＝ナポレオンが~~二月革命~~（クーデタ）で帝位に就いたために終わった。ナポレオン（3世）の率いるフランスが普仏戦争でプロイセンに~~勝利すると~~，~~フランスの自由主義思想がドイツに普及し，ドイツ連邦解体の原因となった。~~
➲ 敗北して帝政は崩壊
➲ 普仏戦争に勝利したプロイセン王ヴィルヘルム１世を皇帝とするドイツ帝国が成立した

難易度 ★★ 重要度 ★★

1 権利の請願と権利の章典を区別して覚えよう。権利の請願は1628年，チャールズ1世に対して，議会の同意のない［Ⓐ　　　　］や法に基づかない逮捕などを行わないことを約束させたもの。権利の章典は，1689年，王が議会提出の［Ⓑ　　　　］を認め，「権利の章典」として発布したもの。

2 ジェームズ2世を追放し，議会は王女メアリの夫であるウィレム（ウィリアム3世）をメアリの共同統治者として迎えた。権利の章典を発布し，ここに［Ⓒ　　　　］が終わった。無血革命であったことから名誉革命と呼ばれている。

3 正しい。ジョン＝ロックは，『統治論二篇』で［Ⓓ　　　　］を展開し，君主が自然権を侵すなら，人民は契約を解消できるとし，アメリカ独立やフランス革命に影響を与えた。

4 国民議会が採択した人権宣言は，人間の自由・［Ⓔ　　　　］の権利，［Ⓕ　　　　］，言論の自由，私有財産の不可侵などをうたった。ルイ16世は一家ともども逃亡したが，パリに連れ戻された。

5 フランスのルイ＝ナポレオン（ナポレオン3世）とプロイセンの首相で「鉄血政策」をとった［Ⓖ　　　　］が対立し，普仏戦争（プロイセン＝フランス戦争）に発展した。フランスは破れ，フランス第二帝政は終わった。

Point

- □ 1642年，イギリスは王党派と議会派とで内乱状態となる。議会派の中心となった独立派を率いたクロムウェルが勝ち，共和政を立てた。
- □ クロムウェルが厳格なピューリタニズムに基づく独裁政治を行った結果，民衆が離反し，王政復古につながった。
- □ 1783年，アメリカはイギリス本国との間でパリ条約を結び，独立が承認された。同時に，ミシシッピ川以東の土地が割譲された。
- □ フランスは，第一共和政後，ロベスピエールの恐怖政治を経て，ブリュメール18日のクーデタでナポレオンが独裁的権力を握った。
- □ 1848年二月革命で第二共和政となったフランスでは，その後ナポレオン3世の第二帝政となり，1870年普仏戦争に敗北した。

Ⓐ：課税，Ⓑ：権利の宣言，Ⓒ：絶対王政，Ⓓ：社会契約説，Ⓔ：平等，Ⓕ：国民主権（主権在民），Ⓖ：ビスマルク

各国で起きた革命および戦争

各国で起きた革命および戦争に関する記述として，最も妥当なものはどれか。

平成19年度 国家Ⅱ種

1 英国では，議会を解散したうえで増税を強行しようとするチャールズ1世に対し，議会派が「代表なくして課税なし」と主張してピューリタン革命を起こした。議会派のクロムウェルは王党派の軍隊を破るとチャールズ1世をオランダへ追放し，護民官に就任して共和政を敷いた。

➲ アメリカ独立の指導者パトリク=ヘンリの言葉
処刑
護国卿

2 英国によって重税を課せられるなどの圧迫を受けていたアメリカ植民地では，トマス＝ジェファソンが自著『コモン＝センス』の中で「万機公論に決すべし」と唱えて独立の気運を高めた。植民地で反乱が起こると英国はフランスと結んで鎮圧を試みたが失敗し，アメリカ合衆国が建国された。

ペイン
➲ これは明治維新の「五箇条の御誓文」の一節
➲ フランスはアメリカを支援した

3 フランスでは，絶対王政に対する民衆の不満からフランス革命が勃発し，ルイ16世は革命勢力によって幽閉された。ロベスピエールは「国王は君臨すれども統治せず」であるべきだと主張してテルミドールの反動（クーデタ）を起こし，ルイ16世を形式的元首とする統領政府を樹立した。

処刑
➲ イギリスの立憲君主政を表す言葉
で処刑された

4 アメリカ合衆国では，奴隷制の拡大に反対し，自由貿易を推進するリンカンが大統領に就任したことで南北戦争が勃発した。リンカンはこの戦争に勝利すると，フィラデルフィアでの勝利式典で奴隷解放宣言を発表し，その中で「人民の，人民による，人民のための政治」を掲げた。

保護
➲ 戦争中に発表した
ゲティスバーグでの演説

5 プロイセンでは，ビスマルクが首相に就任すると「鉄と血によってのみ問題は解決される」と主張して軍備拡張を図り，普墺戦争でオーストリアを破った。さらに普仏戦争でフランスを破ると，プロイセン王のヴィルヘルム1世はヴェルサイユ宮殿でドイツ帝国の成立を宣言した。

➲ 鉄血政策と呼ばれる

難易度★★ 重要度★★

1 イギリスでは17世紀半ば，チャールズ1世が議会の承認なしに課税を行ったので，クロムウェルらの独立派（議会派の中で中心となった派）は武力で国王を処刑，共和政を敷いた。これがピューリタン革命（清教徒(せいきょうと)革命）。終身の護国卿(ごこくきょう)となったクロムウェルの死後，その子供が継ぐと独裁政治への反省が高まり，王政に戻る［Ⓐ　　　　］がなされた。護民官は，古代ローマの官職である。

2 イギリスの強大化を歓迎しない［Ⓑ　　　　］やスペイン，オランダがアメリカ側を援助した。また，ロシアやデンマーク，スウェーデン，プロイセンなどは，好意的な中立の立場をとった。

3 テルミドールの反動でロベスピエールが処刑されたが，革命政府は安定を欠いた。翌1795年，新憲法を制定し，［Ⓒ　　　　］が作られたが，これも不安定であった。

4 南北戦争は1861～65年。奴隷解放宣言とゲティスバーグの演説は1863年である。［Ⓓ　　　　］諸州は奴隷制度の存続と自由貿易を，［Ⓔ　　　　］諸州は資本主義工業に立脚していたので自由労働を必要として，奴隷制の廃止とイギリス工業に対抗するための保護貿易を主張した。

5 正しい。プロイセンではビスマルクが首相になると，［Ⓕ　　　　］により軍備拡張を図り，普墺(ふおう)戦争でオーストリアを，普仏戦争でフランスを破り，ヴィルヘルム1世のドイツ帝国が成立した。

Point

- □ イギリスでは，エリザベス1世の後，ジェームズ1世が着位。その後がピューリタン革命で処刑されたチャールズ1世である。
- □ トマス＝ペインは，『コモン＝センス』で，独立によってこそ自由で民主的な国家を作ることができると主張した。
- □ フランスとドイツは普仏戦争（プロイセン＝フランス戦争）を戦い，勝ったドイツはアルザス・ロレーヌ地方を割譲させた。鉄血政策を推進したビスマルクだったが，フランスを警戒し，イギリスと協調し，イギリスとフランスの接近を防いだ。

Ⓐ：王政復古，Ⓑ：フランス，Ⓒ：総裁政府，Ⓓ：南部，Ⓔ：北部，Ⓕ：鉄血政策

市民革命

市民革命に関する次の記述のうち，妥当なものはどれか。

平成２年度
国税専門官

1 イギリスでは，ピューリタン革命により絶対王政が倒れて共和政が樹立されたが，クロムウェルの独裁に国民の不満が高まり，彼の死後王政が復古した。
➡ チャールズ２世が即位

2 ピューリタン革命後，イギリスでは名誉革命が起こり国王が処刑されたので，全ヨーロッパの支配層は衝撃を受けイギリス包囲の大同盟が結成された。
追放
➡ 大同盟はフランスに対するもの

3 フランスでは，七月革命でルイ16世が処刑され，政権を握ったロベスピエールがウィーン議定書に調印することにより各国との和解に成功した。
シャルル10世が追放
ルイ＝フィリップが七月王政を開始する

4 フランスでは，フランス革命により経済活動の自由が認められ，市民階級の手によって世界で最初の産業革命が開始された。
➡ 世界最初の産業革命はイギリスで始まった

5 フランス革命に刺激を受けて勃発したアメリカの独立戦争では，フランス，ロシアがイギリス側に参戦したため，アメリカは国際的に孤立し苦戦を強いられた。
➡ アメリカ独立戦争はフランス革命の前
フランスはアメリカを支援し、ロシアは中立であった
孤立していない

難易度 ★★　重要度 ★★★

1 正しい。17 世紀半ばのイギリスのピューリタン革命（清教徒革命）のきっかけは，チャールズ 1 世が議会の承認なしに課税を行ったことである。クロムウェル率いる独立派が 1645 年，[Ⓐ　　　　　] で王党派を破り，共和政を打ち立てた。

2 大同盟はイギリスの呼びかけでフランスに対して行ったもの。第 1 回対仏大同盟は，[Ⓑ　　　　　] が処刑された 1793 年，1799 年の第 2 回対仏大同盟は，ナポレオンの [Ⓒ　　　　　] 遠征のとき，第 3 回対仏大同盟は，ナポレオンが第一帝政を開いた翌年の 1805 年。

3 1793 年にルイ 16 世が処刑された。その後，[Ⓓ　　　　　] で恐怖政治を行ったロベスピエールが処刑（1794 年）された。ナポレオンの起こした戦争の戦後処置を討議した [Ⓔ　　　　　] は 1814 年（議定書は 1815 年），七月革命は 1830 年のことである。

4 世界で最初に産業革命が始まったのは 18 世紀半ばの [Ⓕ　　　　　] で，フランスでの産業革命は，19 世紀初めから始まったが，軽工業が中心で歩みは遅かった。フランスの産業革命の本格化は，イギリスが機械類の輸出を解禁した 1825 年以降である。

5 フランス革命に刺激を与えたアメリカ独立戦争では，イギリスの強大化を望まないフランス，スペイン，オランダが [Ⓖ　　　　　] を支援，その他のヨーロッパ諸国は中立の立場を保った。

Point

- □ クロムウェルはアイルランドを征服した。これ以降近年まで，イギリスに対するカトリック教徒の抵抗運動や独立運動が続いた。
- □ フランス革命でルイ 16 世が処刑されると，革命の波及への警戒心が強まった。イギリスのピット首相の呼びかけで第 1 回対仏大同盟が結成され，オーストリア，プロイセン，スペインなどが参加した。
- □ ウィーン会議後の七月革命でウィーン体制の一部が崩れた。
- □ フランスが産業革命で隆盛期を迎えたのは，1825 年のイギリスの機械類輸出解禁後である。

Ⓐ：ネイズビーの戦い，Ⓑ：ルイ 16 世，Ⓒ：エジプト，Ⓓ：テルミドールの反動，
Ⓔ：ウィーン会議，Ⓕ：イギリス，Ⓖ：アメリカ

世界史044

フランス革命

フランス革命に関する記述として，妥当なのはどれか。

平成14年度 地方上級

1 革命前のフランスの政治・社会制度は，アンシャン＝レジームと呼ばれ，その身分制の下では，第一身分は聖職者~~と貴族~~，第二身分は~~商工業者~~（貴族），第三身分は~~都市民衆や農民~~（平民）からなっていた。

2 テュルゴーとネッケルは，それぞれ~~重商主義者~~として知られ，宮廷の浪費で窮乏した国家財政を建て直すため，国王ルイ16世によって財務総監に登用されたが，~~農民~~（貴族）らの反対にあって改革は進まなかった。
➲ テュルゴーは重農主義経済学者，ネッケルは銀行家

3 ルイ16世は，~~商工業者~~（聖職者や貴族などの特権身分）の要求に応じて~~国民公会~~（三部会）を召集したが，会議が分裂したため，第三身分の代表は別に国民議会を結成し，憲法が制定されるまで解散しないことを誓い合った。

4 国民議会が封建的特権の廃止を宣言して，~~人権宣言を採択~~すると，ルイ16世は国民議会を武力で弾圧しようとしたため，これを知ったパリの民衆は，バスティーユ牢獄を襲撃した。
➲ 人権宣言の採択はバスティーユ牢獄襲撃の後

5 バスティーユ牢獄の襲撃から2年後，国民議会は憲法を制定して解散し，この憲法に基づいて新たに召集された立法議会では，初めフイヤン派が優勢であったが，やがて穏健共和派のジロンド派が主導権を握った。
➲ 1791年憲法と呼ばれるフランスで最初の憲法

難易度★★　重要度★★

1 フランス革命前の制度は，アンシャン＝レジーム（旧制度）と呼ばれる。第三身分は非特権階層であり，人口の9割以上を占め，貧富の差も大きかった。第三身分のうちの［Ⓐ　　　　］は富を蓄え，［Ⓑ　　　　］と呼ばれた。ブルジョワジーは自由を望み，アメリカ独立革命の成功に大きな刺激を受けた。

2 テュルゴーは［Ⓒ　　　　］経済学者。重商主義（絶対王政を維持するためにとった社会政策，経済政策）を批判し，生産の基礎を農業に求め，農産物の自由取引や自由経済を主張した。ネッケルは銀行家で，ルイ16世の下で財務総監となったが，特権身分への課税という改革案は，聖職者や貴族の抵抗で失敗した。

3 第三身分は，聖職者（僧侶）・貴族と分離して球戯場（きゅうぎ）に集まり，真の国民の代表と称して国民議会を宣言，憲法が制定されるまで解散しないことを誓った。これを［Ⓓ　　　　］と呼ぶ。

4 民衆がバスティーユ牢獄を襲撃すると，蜂起（ほうき）は全国に広まった。国民議会は［Ⓔ　　　　］を採択し，人間の自由・平等など，近代市民社会の基本原則を宣言した。

5 正しい。憲法を制定して国民議会が解散，立法議会が召集された。立法議会で初め優勢だったのは，ジャコバン党から分離し，人権宣言の起草者の一人［Ⓕ　　　　］が中心であったフイヤン派であった。

Point

- □ フランスのアンシャン＝レジームの下での第三身分は均質な層ではなかった。第三身分の中でも経済的に恵まれない都市の手工業者，職人，労働者などの下層市民はサンキュロットと呼ばれ，フランス革命で最も急進的な行動をとった。
- □ ルイ16世が召集した三部会の混乱から，第三身分が国民議会を宣言，バスティーユ牢獄の襲撃の後，国民議会が人権宣言を採択した。
- □ フランス革命が起こると，各国の君主は危機感を募らせ，プロイセンとオーストリア皇帝はピルニッツ宣言を出して牽制した。

Ⓐ：商工業者，Ⓑ：ブルジョワジー，Ⓒ：重農主義，Ⓓ：テニスコートの誓い（球戯場の誓い），Ⓔ：人権宣言，Ⓕ：ラ＝ファイエット

フランス革命とナポレオン

フランス革命とナポレオンに関する次の記述のうち，妥当なものはどれか。

平成15年度 地方上級

1 フランス革命で，国民議会は封建的特権を廃止することを決定し，自由・平等に基づくフランス人権宣言を採択した。1791年には国民議会に代わって，立法議会が召集され，~~憲法が制定~~された。

➲ 憲法の制定は国民議会が行った

2 1792年に男子普通選挙によって国民公会が召集されると，王政が廃止され，第一共和政が成立した。その翌年にルイ16世が処刑された。

➲ 1792年9月のこと

3 立法議会の召集後，反革命を掲げたオーストリア・プロイセンの連合軍がフランスに侵入し，フランス側の義勇軍とヴァルミーで戦ったが，この戦いでフランス側は~~敗れた~~。

勝利した

4 ナポレオンがイギリスに対して発した大陸封鎖令は，ヨーロッパ市場からのイギリス締め出しとヨーロッパ市場での自国産業の独占をめざしたものであったが，~~オーストリア~~がイギリスに穀物輸出を行うなど，徹底されない面があった。

➲ 大陸封鎖令はベルリン勅令とも呼ばれる

ロシア

5 ナポレオンによって~~大陸封鎖令~~が出されると，イギリス首相ピットがヨーロッパ諸国とともにフランスに対する第~~1~~回対仏大同盟を結成し，これに対抗した。

エジプト遠征

2

難易度★　重要度★★

1 フランス革命の「〜会」の順番と性格を押さえよう。フランス革命では，順に，[Ⓐ　　　　　]，[Ⓑ　　　　　]，[Ⓒ　　　　　]，国民公会がある。国民議会は，1791 年に新憲法を発布。発布と同時に解散し，憲法に基づいて立法議会を召集した。

2 正しい。国民公会では急進共和主義の [Ⓓ　　　　　] が勢力を増して，1793 年 1 月にルイ 16 世を革命広場（後のコンコルド広場）で処刑した。

3 このときパリに入ったマルセイユからの義勇軍兵士の歌っていた歌が後に [Ⓔ　　　　　] として，フランス国歌となった。

4 ヨーロッパ大陸を支配下に置いたナポレオンは，イギリスに対して大陸封鎖令を出した。これはイギリス経済に打撃を与え，フランスの大資本にヨーロッパ大陸の市場を確保させるねらいがあった。しかし，ロシアから穀物輸出が行われるなど，失敗に終わった。ロシアの穀物輸出は, 後のナポレオンの [Ⓕ　　　　　] の理由となった。

5 フランス革命によるルイ 16 世の処刑に危機感を持ったイギリス首相ピットは，他国に呼びかけ，第 1 回対仏大同盟が結成された。第 2 回対仏大同盟は，イギリスと [Ⓖ　　　　　] の連絡を断つためのナポレオンのエジプト遠征の際に出された。

Point

- □ 国民議会は憲法を制定して解散，立法議会が召集された。
- □ 立法議会は革命に敵対的なオーストリアに宣戦，プロイセンも参戦しフランス内に侵入したが，義勇軍がヴァルミーの戦いで勝利する。
- □ 国民公会は，国王ルイ 16 世を処刑した。これに危機感を抱いたヨーロッパ諸国は，イギリスの提案により第 1 回対仏大同盟を結成した。
- □ 第 1 回対仏大同盟はルイ 16 世処刑，第 2 回はナポレオンのエジプト出征, 第 3 回はナポレオンが世襲の皇帝になったのがきっかけである。

Ⓐ：三部会，Ⓑ：国民議会，Ⓒ：立法議会，Ⓓ：ジャコバン派，Ⓔ：ラ＝マルセイエーズ，Ⓕ：ロシア遠征，Ⓖ：インド

18〜19世紀にかけてのヨーロッパ

18世紀から19世紀にかけてのヨーロッパに関する記述として最も妥当なのはどれか。

令和2年度
国家一般職

1 18世紀半ば，プロイセンのフリードリヒ二世は，~~長年敵対関係にあったイタリア~~と同盟してオーストリアに侵攻し，資源の豊富な~~アルザス・ロレーヌ~~を奪って領土とした。その後，オーストリアは~~英国~~と同盟して七年戦争を起こし，~~アルザス・ロレーヌを取り戻した~~。

（注：フリードリヒ二世 ➡ 啓蒙専制君主／長年敵対関係にあったイタリア → フランス・スペイン／アルザス・ロレーヌ → シュレジェン／英国 → フランスなど／アルザス・ロレーヌを取り戻した → シュレジェンは取り戻せなかった）

2 ~~19世紀初頭~~，クーデタによって権力を握ったナポレオンは，ナポレオン法典を制定して~~地方分権や封建制を強化したほか~~，~~トラファルガーの海戦でプロイセンに勝利し~~，皇帝に即位した。しかし，その後~~自らもロベスピエールらのクーデタにより失脚し，処刑された~~。

（注：19世紀初頭 → 18世紀末／クーデタ ➡ ブリュメール18日のクーデタ／ナポレオン法典 ➡ 民法典である／地方分権や封建制を強化したほか → 私有財産の不可侵等を明文化し／トラファルガーの海戦でプロイセンに勝利し → 国民投票の結果／自らもロベスピエールらのクーデタにより失脚し，処刑された → ロシア遠征やライプツィヒの戦い，ワーテルローの戦いで敗れ，セントヘレナ島に流された）

3 19世紀前半，ヨーロッパの秩序再建を討議するために，メッテルニヒの主催の下，諸国の代表が参加したウィーン会議が開催された。この会議ではフランス革命以前の諸君主の統治権の回復を目指す正統主義が原則とされ，革命や政治変革を防止するためのウィーン体制が成立した。

（注：メッテルニヒ ➡ オーストリアの外相，のち宰相／ウィーン会議 ➡ 領土問題を巡って難航し「会議は踊る，されど進まず」といわれた／ウィーン体制 ➡ 19世紀前半の欧州の国際秩序）

4 19世紀半ば，~~ロシア~~は~~領土拡大を狙うオスマン帝国~~によって侵攻され，クリミア戦争が始まった。この戦争では，~~ウィーン体制の維持~~のため~~プロイセンとフランスがロシア~~を支援したことから，ロシアは~~勝利~~して~~オスマン帝国から不凍港を手に入れた~~。

（注：ロシア → オスマン帝国／領土拡大を狙うオスマン帝国 → 南下政策をとるロシア／クリミア戦争 ➡ 1853〜56年／ウィーン体制の維持 → ロシアの南下政策阻止／プロイセンとフランスがロシア → イギリス・フランス・サルデーニャがオスマン帝国／勝利 → 敗北／オスマン帝国から不凍港を手に入れた → 南下政策は阻止された）

5 19世紀には，自然科学分野においては，~~メンデル~~が進化論を，コントが~~史的唯物論~~を唱えるなど，科学的考察への志向が強まった。一方，芸術分野においては，ルノワールなどの印象派画家が生まれるなど，~~個人の自然な感情などを重視する~~自然主義が台頭し，~~科学的視点はあまり重視されなかった~~。

（注：メンデル → ダーウィン／史的唯物論 → 実証主義／個人の自然な感情などを重視する → 19世紀後半には自然や生活を客観的に描く／科学的視点はあまり重視されなかった → ありのままの自然の姿を描こうとした）

難易度 ★★ 重要度 ★★★

1 18世紀には，プロイセン・オーストリア間で2度の戦争が行われた。まずハプスブルク家のマリア＝テレジアの［Ⓐ　　　］権を巡って［Ⓐ　　　］戦争が起き，プロイセンはシュレジエンを奪った。次にマリア＝テレジアがシュレジエン奪回を狙い，長年の宿敵ブルボン家と組みフランスと結んで七年戦争を戦ったが，シュレジエン奪回はならなかった。アルザス・ロレーヌは仏独の国境地帯にある。

2 ［Ⓑ　　　］は私有財産の不可侵など，革命の成果を結実させた民法典である。トラファルガーの海戦はナポレオンの皇帝即位後であり，イギリス海軍に敗れた戦いである。ロベスピエールはナポレオンが実権を握る前にテルミドール9日のクーデタで処刑されている。

3 ナポレオン没落後の19世紀前半のヨーロッパは，反動的な［Ⓒ　　　］体制となり，自由主義や民族主義の運動は抑圧された。

4 18～19世紀に，ロシアは，不凍港の確保などのために黒海を経て地中海に進出するというピョートル大帝以来の南下政策を度々展開したが，全てイギリスに阻まれた。［Ⓓ　　　］（1853～56）もその一つで，1877年には露土戦争を起こしたが，ベルリン条約で挫折した。

5 進化論を唱えたのは［Ⓔ　　　］，メンデルは遺伝の法則を発見した。史的唯物論を唱えたのはマルクス，コントは実証主義を展開した。

- □ 18世紀にプロイセンはドイツの中心国家となった。
- □ ナポレオンはまずクーデタで実権を握り，次に人民投票の圧倒的支持で皇帝となった。フランス革命はナポレオンの登場で終了したが，彼の政治はフランス革命の継承者として，ナポレオン法典を発布するなど革命の成果を定着させるものだった。そして征服を通じて自由主義をヨーロッパに広めたが，やがてその自由主義から各国民の民族主義を生まれ，ナポレオンは没落した。その後の19世紀前半のヨーロッパは，ウィーン反動体制が支配した。
- □ ロシアはクリミア戦争でオスマン帝国に敗れ，南下政策に失敗した。
- □ 19世紀は自然科学が進歩して科学の世紀といわれ，芸術分野では，前半はロマン主義，後半は写実主義・自然主義の風潮が生まれた。

Ⓐ：オーストリア継承，Ⓑ：ナポレオン法典，Ⓒ：ウィーン，Ⓓ：クリミア戦争，Ⓔ：ダーウィン

世界史047

ウィーン体制のヨーロッパ

ウィーン体制下のヨーロッパに関する記述として，最も妥当なのはどれか。

平成21年度
国家Ⅰ種

1 ナポレオン戦争後に，ヨーロッパの秩序回復をめざして開かれたウィーン会議では，~~フランス~~の外相メッテルニヒの主宰の下，フランス革命前の君主の支配
オーストリア
を正統とみなす正統主義を基調として各国の利害調整が進められ，フランスではブルボン朝~~，ドイツでは神聖ローマ帝国が復活した~~。
➲ 神聖ローマ帝国は復活していない

2 復古的な風潮が強まっていたウィーン体制下において，自由主義や国民主義の理念に基づき，ドイツの大学生を中心とするブルシェンシャフト運動，ロシア
（ドイツ学生連盟）
の青年士官を中心とするデカブリストの乱，イタリアの秘密結社であるカルボ
（十二月党）（炭焼党）
ナリによる乱が起こったが，いずれも鎮圧された。

3 産業革命を世界で初めて達成したイギリスでは，労働運動も最も早く始まり，~~児童の労働時間の制限~~を求めるチャーティスト運動が展開された。また，社会
普通選挙の実現
主義思想家の~~サン＝シモン~~と~~フーリエ~~は，共同で著した~~『国富論』~~の中で資本
マルクス　エンゲルス　『共産党宣言』
主義の自由放任の競争こそが社会悪の原因であるとして，労働運動を擁護した。

4 王政復古の下でのフランスでは立憲王政がとられていたが，ルイ＝フィリップ
➲ 七月王政の王
が即位すると，~~選挙資格制限や出版統制などを強行しようと~~したため，パリの
選挙権の拡大を要求する政治運動を弾圧
民衆が蜂起して~~七月革命~~が起こり，王政が廃止され臨時政府が樹立された。
二月革命

5 人間の理性を重視する啓蒙（けいもう）思想が広まり，~~モンテスキュー~~は~~『法の精神』~~にお
ヴォルテール　『哲学書簡』
いて表現の自由や信仰の自由を主張し，カトリック教会を厳しく批判した。これに対し，~~ヴォルテール~~は~~『哲学書簡』~~において君主の専制を防ぐものとして
モンテスキュー　『法の精神』
の教会の権威を擁護した。

難易度 ★★　重要度 ★★

1 メッテルニヒはオーストリアの外相だとわかっていれば，すぐに間違いだと判断できるはず。正統主義を唱えたフランスの政治家は［Ⓐ　　　　］である。また，ドイツにおいては神聖ローマ帝国が復活することはなく，ドイツ連邦が形成された。

2 正しい。「ブルシェンシャフト」とはドイツ学生連盟，「デカブリスト」とは十二月党，「カルボナリ」とは［Ⓑ　　　　］のことである。

3 サン＝シモンとフーリエは［Ⓒ　　　　］の社会主義思想家である。イギリスでは低賃金や劣悪な環境に苦しむ労働者が機械の打ち壊し運動（ラダイト運動）を行い，労働組合を結成するなど労働運動が行われ，それが政治運動とも結び付いてチャーティスト運動へと発展していった。アダム・スミスは著書『国富論』（諸国民の富）の中で，重商主義，経済活動への国家の干渉を批判し，自由放任主義に代表される，個人の経済的自由を重視した。

4 二月革命と七月革命の説明が混じっている。ブルボン復古王政が倒された革命が七月革命で，これにより即位したルイ＝フィリップによる七月王政下において，政治運動が弾圧されたことを契機にパリ民衆が蜂起して臨時政府が樹立された。これが二月革命で，［Ⓓ　　　　］が敷かれた。

5 モンテスキューとヴォルテールに関する記述が逆になっている。モンテスキューは『法の精神』の中で立法権・行政権・司法権の［Ⓔ　　　　］を説いた。

Point

- ☐ ウィーン体制では正統主義が基調とされたが，これに対して自由や平等を求める集会や反乱が相次いだ。
- ☐ マルクスはエンゲルスと『共産党宣言』を著し，「万国のプロレタリアよ，団結せよ」と述べて労働運動を擁護した。
- ☐ フランスでは七月革命に続いて二月革命が起きた。

Ⓐ：タレーラン，Ⓑ：炭焼党，Ⓒ：フランス，Ⓓ：第二共和政，Ⓔ：三権分立

ローマ帝国

ローマ帝国に関する記述として，妥当なのはどれか。

令和3年度 地方上級

1 オクタウィアヌスは，アントニウス，レピドゥスと第２回三頭政治を行い，紀元前 31 年にはアクティウムの海戦でエジプトのクレオパトラと結んだアントニウスを破り，前 27 年に元老院からアウグストゥスの称号を与えられた。
➲ カエサルの養子
➲ プトレマイオス朝エジプト末期の女王
➲ 尊厳者という意味のラテン語

2 ３世紀末，~~テオドシウス~~帝は，２人の正帝と２人の副帝が帝国統治にあたる四分統治制を敷き，皇帝権力を強化し，以後の帝政はドミナトゥスと呼ばれた。
ディオクレティアヌス
➲ 専制君主政

3 コンスタンティヌス帝は，313 年にミラノ勅令でキリスト教を公認し，また，325 年にはニケーア公会議を開催し，~~アリウス派~~を正統教義とした。
➲ 宗教会議
三位一体説（アタナシウス派）

4 ローマ帝国は，395 年，テオドシウス帝の死後に分裂し，その後，~~西~~ローマ帝国は１千年以上続いたが，~~東~~ローマ帝国は 476 年に滅亡した。
東
➲ ビザンツ帝国ともいう
西

5 ローマ法は，はじめローマ市民だけに適用される市民法だったが，やがて全ての市民に適用される万民法としての性格を強め，６世紀には，ユスティニアヌス帝の命令で，法学者~~キケロ~~らによってローマ法大全として集大成された。
➲ ローマ人が作成した法の総称
➲ 東ローマ帝国（ビザンツ帝国）盛期の皇帝
トリボニアヌス
➲ 後世の法律に大きな影響を残した

難易度 ★★ 重要度 ★★

1 第2回三頭政治の3人のうちの[Ⓐ　　　　　]が地中海域を平定し，元老院からアウグストゥスの称号を得て事実上の帝政を始めた。彼は元老院を尊重したため，その帝政は元首政と呼ばれる。

2 帝国最盛期（五賢帝時代）の後の軍人皇帝時代の混乱を収めたのは[Ⓑ　　　　　]である。彼が始めた巨大な軍隊と官僚制による帝政は，帝国前期の元首制に対し専制君主政（ドミナトゥス）と呼ぶ。

3 キリスト教を公認したコンスタンティヌス帝は，教義の対立が国家統一の障害となることを防ぐためにニケーア公会議を開き，神とイエスと聖霊は同一であるとする[Ⓒ　　　　　]を正統教義とし，神とイエスは同一ではないとするアリウス派は異端とされた。

4 テオドシウス帝はコンスタンティヌス帝以後の内乱と分裂を統一し，キリスト教を国教とした。帝の死後帝国は分裂し（395年），476年，[Ⓓ　　　　　]による混乱の中で，西ローマ帝国は滅んだ。

5 分裂後も東ローマ（ビザンツ）帝国は繁栄を続け，6世紀のユスティニアヌス大帝は遠征軍を送って地中海世界を再統一し，[Ⓔ　　　　　]に命じて『ローマ法大全』を編纂させた。

Point

- □ 前1世紀，第2回三頭政治の後，全地中海域を手中に収めたオクタウィアヌスは，元老院からアウグストゥス（尊厳者）の称号を贈られ，元首政と呼ばれる事実上の帝政を開始した。
- □ 「ローマの平和」（アウグストゥス～五賢帝時代）に続く軍人皇帝時代の混乱を収めたディオクレティアヌス帝は専制君主政（4世紀）を行った。しかし，彼の死後ローマ帝国は再び内乱に陥った。
- □ 4世紀，内乱を平定したコンスタンティヌス帝は官僚制と専制君主政を確立して東方遷都し，ミラノ勅令でキリスト教を公認した。
- □ 4世紀末，テオドシウス帝の死後ローマ帝国は分裂したが，東ローマ帝国は長らく繁栄を続け，「ローマ法大全」が編纂された。

Ⓐ：オクタウィアヌス，Ⓑ：ディオクレティアヌス帝，Ⓒ：三位一体説（アタナシウス派），Ⓓ：ゲルマン人の大移動，Ⓔ：トリボニアヌス

税制史

税の歴史に関する記述として最も妥当なのはどれか。

平成22年度
国税専門官

1 西ヨーロッパでは，中世の封建社会の成立により~~国王の権力は絶大なものとなり~~，国王と封建的主従関係を結んだ諸侯や騎士たちは，~~有していた独自の課税権を国王によって剥奪され，荘園においては，農民は保有地での生産の一部を直接国へ納めることが義務づけられた~~。

➲ 大諸侯は国王と並ぶ権力を持つようになった

荘園において不輸・不入の権を保障され，荘園領主として直接領民を支配した

2 唐においては，安史の乱以後，地方の節度使が台頭し，中央政府の統制力が弱まっていたが，皇帝の~~玄宗~~は中央集権化とともに財政再建を図り，~~隋から続いていた~~両税法を~~廃止して~~，~~里甲制を実施し，租税台帳（賦役黄冊）や土地台帳（魚鱗図冊）を整備した~~。

徳宗　唐で開始された　施行して　➲ 明の税制に関する説明

3 ウマイヤ朝においては，アラブ人以外の者だけに地租と人頭税の両方が課せられていたが，後のアッバース朝においては，アラブ人の特権は次第に失われ，イスラーム教徒であればアラブ人以外の者であっても人頭税は課せられないことになった。

➲ ハラージュ　➲ ジズヤ

➲ アラブ帝国からイスラーム帝国へと変容した

4 絶対王政下のフランスでは，財政危機に陥った~~国王ルイ16世が自ら三部会の開催を要求し，免税特権を有していた第一身分の聖職者，第二身分の貴族からも徴税を行おうとしたが，テュルゴー，ネッケルら貴族からの激しい抵抗にあい，三部会の開催を断念した~~。

➲ 三部会についての説明がまったく異なっている

5 明治初期の日本では，それまで物納であった年貢に代わり，金納による全国一律の地租が導入されたが，~~その後の政府の財政悪化に伴い，税率が地価の2.5%から3%に引き上げられたため~~，地租の負担の軽減を求めた農民による~~血税一揆~~が各地で起きた。

➲ 税率はもともと３％であった　地租改正反対一揆

難易度 ★★　重要度 ★★

1 中世ヨーロッパの封建制度は，法制的にはゲルマン的従士制度とローマの恩貸地(おんたいち)制度が合わさって成立した封土をなかだちとした主従関係である。荘園においては荘園領主が［Ⓐ　　　　］の権により自領のほとんどの支配権を持ち，領民を支配する構造であった。

2 隋(ずい)の内政は均田制，租庸調(そようちょう)制，府兵制が柱。唐において，安史(あんし)の乱後均田制は崩れ，両税法が施行されると均田法は完全に放棄された。里甲制は明(みん)の［Ⓑ　　　　］により施行された農民に連帯責任を課す制度である。

3 正しい。ウマイヤ朝は［Ⓒ　　　　］を強調，アラブ人に特権を与えた。このアラブ主義に対する不満が建国の一因であるアッバース朝はアラブ主義を一掃，イスラーム教徒間での平等を実現した。

4 事実関係がまったく異なっている。三部会は免税特権の廃止を求める［Ⓓ　　　　］に対し聖職者，貴族が召集を求め，1789 年に開催された。テュルゴーは経済学者，ネッケルは銀行家であり，どちらも貴族ではない。

5 1873 年の地租改正により地租は 3%と定められたが，地租軽減を求める大規模な農民一揆により 2.5%に軽減された。血税一揆は 1873 年に出された［Ⓔ　　　　］に反抗して起きた一揆のことである。

Point

- ☐ 中世ヨーロッパの封建制度は法制上は国王を頂点とするピラミッド構造であったが，実際は荘園領主が自領の領民を直接支配していた。
- ☐ 北魏に始まった均田制に基づく租庸調制が唐でも用いられた。雑徭と呼ばれる労役義務もあり税負担は重く，経済の混乱もあり制度は崩壊，780 年に両税法が施行された。
- ☐ アッバース朝はアラブ主義を排除し，イスラーム帝国としての性格を強化した。
- ☐ 三部会はフランスの第一身分である聖職者，第二身分である貴族，第三身分である平民による身分制議会。1302 年に始まり，ルイ 13 世の 1614 年を最後に召集されていなかったが，1789 年に 175 年ぶりに開催された。

Ⓐ：不輸・不入，Ⓑ：洪武帝，Ⓒ：アラブ主義，Ⓓ：ネッケル，Ⓔ：徴兵令

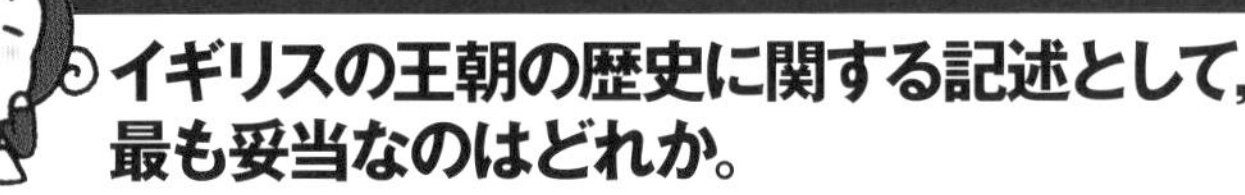

イギリス王朝の歴史

イギリスの王朝の歴史に関する記述として，最も妥当なのはどれか。

平成21年度
国家Ⅰ種

1 ノルマン朝のウィリアム１世は，~~ケルト人~~（アングロ=サクソン人）の王国を平定しイングランドを統一した。また，同王は，~~フランス王家の血を引いていたため自らフランスの~~（ウェセックス王家のエドワード王が死去すると）王位継承権を主張し，~~フランスのノルマンディ地方~~（イングランド南岸）に侵攻するなど，~~百年戦争~~（ヘースティングズの戦い）を引き起こした。

2 プランタジネット朝の国王ジョンは，所有していたフランス領をめぐりフランス王フィリップ２世と抗争した結果，その大部分を喪失した。また，同王は，失地による減収を補うため国民に重税を課したことから貴族の反発を招き，~~「権利の請願」~~（「大憲章（マグナ・カルタ）」）を認めさせられ，王権の制約を受けた。

➲ 国王ジョンの父，ヘンリ２世より始まる

3 テューダー朝のエリザベス１世は，首長令を発してイギリス国教会を創設し，ローマ教皇に代わって自らが首長になるなど絶対王政を確立した。また，同女王の治世下で，~~レパント~~（アルマダ）の海戦に勝利しスペインの海上覇権を打倒するとともに，東インド会社を設立するなどの海外進出がなされた。

➲ ヘンリ８世に関する記述

4 スチュアート朝の~~ジェームズ１世~~（チャールズ１世）は王権神授説を唱え，議会を無視して課税し，ピューリタンを弾圧したため，ピューリタン革命が勃発した。~~王党軍に勝利した議会軍は~~（その後名誉革命へと発展し），~~同王~~（ウィリアム３世とメアリ２世）に「権利の章典」を承認させ，国王に対する議会の優越や議会多数党の内閣の組閣を認めさせた。

5 ハノーヴァー朝は，ドイツのハノーヴァー選帝侯が国王ジョージ１世として迎えられ始まった。英語を解さない同王が政治を内閣に委任したことなどにより，首相となったウィッグ党のウォルポールの下で，内閣が国王ではなく議会に対して責任を負う責任内閣制が成立した。

➲「王は君臨すれども統治せず」

難易度 ★★ 重要度 ★★

1 フランスの王位継承権を主張し，百年戦争を引き起こしたのはイギリス王［Ⓐ　　　　　］である。ウィリアム1世は1066年のヘースティングズの戦いでイングランドを征服してノルマン朝を建てた。中，西欧一帯に居住していたケルト人は，大部分がローマ・ゲルマン人に国を征服された。

2「権利の請願」はチャールズ1世に対して出されもので，国王ジョンに対して出されたのは「大憲章（［Ⓑ　　　　　］）」である。「権利の請願」「権利の章典」「大憲章」と似た言葉が多く登場するが，いつ，だれに対して出されたものなのかをしっかり覚えておこう。

3 首長令（首長法・国王至上法）を発したのはエリザベス1世の父ヘンリ8世である。エリザベス1世は1559年にイギリス国教会の礼拝・祈祷の統一を図る目的で［Ⓒ　　　　　］を発してイギリス国教会の地位を確立した。また，スペイン艦隊がオスマン帝国の海軍を破って無敵艦隊と呼ばれるようになった戦いがレパントの海戦である。

4 王権神授説を唱えて暴政を行ったのは［Ⓓ　　　　　］である。「権利の章典」は1689年に議会で可決された「権利の宣言」を法文化したもので，名誉革命で即位したウィリアム3世とメアリ2世がこれを承認した。ジェームズ1世は王権神授説を信奉，ピューリタン弾圧策をとった。それを継承したチャールズ1世への反発としてピューリタン革命が起こった。

5 正しい。責任内閣制などの［Ⓔ　　　　　］が発達したイギリスでは，「王は君臨すれども統治せず」の言葉が表しているように，王の地位は象徴的なものになった。

- □ ノルマンディー公ウィリアムはイングランドを征服（ノルマン＝コンクェスト）し，ウィリアム1世としてノルマン朝を開いた。
- □ 国王ジョンに対して出されたのが「大憲章（マグナ・カルタ）」，チャールズ1世に対して出されたのが「権利の請願」，ウィリアム3世とメアリ2世に出されたのが「権利の章典」である。
- □ イギリス国教会に関して，ヘンリ8世は首長令，エリザベス1世は統一法を発した。

Ⓐ：エドワード3世，Ⓑ：マグナ・カルタ，Ⓒ：統一法（信仰統一法），Ⓓ：チャールズ1世，Ⓔ：議会政治

イギリスの対外関係

イギリスの対外関係に関する記述として，最も妥当なのはどれか。

平成17年度 国家Ⅱ種

1 イギリスでは，13 世紀に諸侯が王にマグナ＝カルタ（大憲章）を承認させるなど他のヨーロッパ諸国に比べて王権が弱かった。さらに 15 世紀，百年戦争でフランスに敗れると，バラ戦争と呼ばれる王位をめぐる大内乱が起こり，~~王は諸侯・騎士勢力に依存したので，王権はますます弱体化した~~。
諸侯・騎士が没落し，テューダー朝のときに絶対王政が成立した

2 16 世紀，英国国教会を確立させたイギリス女王エリザベス 1 世は，~~ポルトガル~~（オランダ）のスペインからの独立を援助し，スペインの無敵艦隊を~~レパント沖海戦~~（アルマダ戦争）で撃滅した。さらに，東インド会社を設立させて，毛織物貿易を保護するなど重商主義政策によってイギリス絶対主義の全盛期を築き上げた。

3 17 世紀，西欧列強の植民地抗争においては，イギリスは，モルッカ諸島の香辛料貿易をめぐる争いでオランダに敗れた後，インド経営に重点を置いた。オランダとの対立が激しくなる中で，イギリスは航海法が引き起した英蘭戦争でオランダを破り，さらに，18 世紀の半ばには，フランス，ベンガル王侯軍に勝利して，インド植民地化の足場を固めた。
➲ クロムウェルが指導する共和政政府が制定

4 20 世紀初頭，イギリスは，ベルリン，~~ベオグラード~~（ビザンティウム（イスタンブル））, バグダードを結ぶ 3B 政策を推し進めるドイツに，3C 政策で対抗した。第一次世界大戦に突入すると，イギリスはフランスとともに，オーストリア領~~ボスニア・ヘルツェゴヴィナ~~（「未回収のイタリア」）割譲をイタリアに約束して，ドイツ・~~ロシア~~（オーストリア）との三国同盟から脱退させ，三国同盟を崩壊させた。

5 第二次世界大戦後の数年間に，イギリスは，~~アイルランド，カナダなどの独立を認めるとともに，独立した諸国とイギリス連邦を結成した~~。また，~~ヤルタ協定~~（フセイン=マクマホン協定）に基づいてアラブ諸国の独立を承認する一方，パレスチナ在住のユダヤ人の独立国家構想を支持したが，これが後のパレスチナ問題を生む原因となった。
➲ 第二次世界大戦の前のこと
➲ 第二次世界大戦の前のこと

難易度 ★★★ 重要度 ★★★

1 バラ戦争は［Ⓐ　　　　　］とヨーク家による王位継承戦争であり，戦後，ランカスター系のテューダー朝が開かれた。

2 スペインとイギリスの争いの経緯には，オランダのスペインからの独立がある。スペインを破ったイギリスは制海権を得て積極的な海外進出を果たすが，［Ⓑ　　　　　］の治世がイギリス絶対王政の最盛期である。レパント沖海戦はスペインがオスマン帝国を破った海戦である。

3 正しい。英蘭（えいらん）戦争後，17 世紀末から百年以上，イギリスとフランスは植民地戦争を世界各地で展開した。インドではデュプレクスがフランスの勢力を拡大していたが，クライヴが 1757 年の［Ⓒ　　　　　］で勝利して，イギリスのインド支配の基礎を築いた。

4 3Bと3Cの示す地名は要チェック。なお3Cとはケープタウン，［Ⓓ　　　　　］，カルカッタの3つの都市をさす。

5 第一次世界大戦中の秘密外交を問う問題。イギリスはフセイン＝マクマホン協定でアラブ人の独立を認め，［Ⓔ　　　　　］ではユダヤ人の独立国家構想を支持した。またイギリス，フランス，ロシアは戦後のオスマン帝国分割とパレスチナを国際管理地域とするサイクス＝ピコ協定を結んでいる。ヤルタ協定は，米・英・ソが結んだ第二次世界大戦の戦後処理協定である。

Point

- □ テューダー朝の成立により，イギリスは中世から近代の絶対王政の時代に移行することになった。
- □ エリザベス1世の時代は，イギリス＝ルネサンスともいわれ，シェークスピア，フランシス＝ベーコンなどの文人や学者を輩出した。
- □ スペイン衰退後の植民地争奪戦は，オランダが東洋貿易で優位に立ったが，英蘭戦争後はフランスとイギリスの争いになった。
- □ パリ講和会議の基本原則になったウィルソンの十四カ条には，秘密外交の廃止が盛り込まれた。

Ⓐ：ランカスター家，Ⓑ：エリザベス1世，Ⓒ：プラッシーの戦い，Ⓓ：カイロ，Ⓔ：バルフォア宣言

フランスの歴史

フランスの歴史に関する次の記述のうち，妥当なものはどれか。

平成10年度
地方上級

1 中世末期，国王による中央集権が進み封建貴族は次第に弱体化していった。農村では領主の封建的特権が廃止され，~~農奴が解放されて独立自営農民が多数誕生した~~。
➡ これはイギリスのことである

2 フランス絶対王政はルイ14世の時代に全盛期を迎えた。ルイ14世は~~信教の自由を認めた~~（ナントの勅令を廃止した）ため，新教徒の商工業者が~~ヨーロッパ各地から移住して産業革命が進展し~~（イギリスなどに亡命し，フランス経済は打撃を受けた），フランスはヨーロッパ第一の強国となった。

3 フランス革命とナポレオンの時代を経験したフランスでは，19世紀以降，ナポレオン失脚後の王政復古期を除いて~~一貫して共和政体が維持~~された。特に~~二月革命では~~（普仏戦争後には），パリ＝コミューンと呼ばれる史上初の労働者による自治政府が短期間ながら成立した。
➡ 七月王政，第二帝政がある

4 帝国主義時代，アジア・アフリカの植民地拡大をめぐりフランスはイギリスとことごとく衝突した（がその後両国は接近した）。そのため外交の基本方針を~~イギリス孤立化政策~~（イギリスとの提携政策）に置き，ドイツの中近東・バルカン半島における3B政策~~を支持した~~（に対抗した）。

5 第二次世界大戦後政局の混乱が続く中で，ド＝ゴールが大統領権限を強化した第五共和国憲法を成立させた。彼はアルジェリアの独立を承認し，またフランスの威信の発揚に努め，アメリカ主導による自由主義陣営内部で独自の路線を推進した。
➡ 第五共和政は1958年10月に発足
➡「フランスの栄光」と呼ばれる

難易度 ★★　重要度 ★★

1 独立自営農民（ヨーマン）が誕生したのはイギリスである。フランスでは生産物地代を負担する小規模経営農民が出現した。14～15世紀に行われた農奴解放の原因は，百年戦争，バラ戦争などの戦乱と［Ⓐ　　　　］の大流行で農村人口が減少したことによる。イギリスは地代の金納化が進んでいたのでヨーマンが多く誕生した。

2 ルイ14世のナントの勅令廃止とその結果を問う問題である。フランスが経済発展でイギリスに遅れをとる原因となった。ルイ14世の治世では，マザランがフロンドの乱を鎮圧して王権を強化し，重商主義者の［Ⓑ　　　　］が商工業の育成を図った。

3 ウィーン会議後のフランスの政治体制は，王政復古，七月革命での七月王政，二月革命での第二共和政，ナポレオン3世の第二帝政，第三共和政と変遷する。［Ⓒ　　　　］の結果，フランスではパリ＝コミューンが起こり，プロイセンはドイツを統一してドイツ帝国が成立した。

4 フランスは1898年のファショダ事件後はドイツを警戒して，1904年に［Ⓓ　　　　］を結んだことがポイント。イギリスはフランスのモロッコの支配権を，フランスはイギリスのエジプトの支配権を認めた。

5 正しい。ド＝ゴールは「フランスの栄光」を掲げ，中華人民共和国を承認し，NATOから脱退するなど，独自路線を求めたが，学生・労働者による［Ⓔ　　　　］が起こり，国民投票に失敗して退陣した。

Point

- ☐ 領主の封建的支配の復活に対し，フランスでは1358年にジャックリーの乱，イギリスでは1381年にワット＝タイラーの乱が起こった。
- ☐ 王権神授説を唱え，「太陽王」と呼ばれたルイ14世はフランス絶対王政の最盛期を現出し，ヴェルサイユ宮殿を造営した。
- ☐ フランスの外相タレーランが主張した正統主義のウィーン体制は，フランスの七月革命により崩れ始めた。
- ☐ 帝国主義の背景には第2次産業革命による工業生産力の向上がある。欧米列強は資源と市場の獲得をめざしアジア，アフリカに進出した。

Ⓐ：ペスト（黒死病），Ⓑ：コルベール，Ⓒ：普仏戦争（プロイセン＝フランス戦争），Ⓓ：英仏協商，Ⓔ：五月革命

北アメリカ，ラテンアメリカ諸国の独立

北アメリア及びラテンアメリカ諸国の独立に関する記述として最も妥当なのはどれか。

平成28年度
国家専門職

1 18世紀半ばまでに，北アメリカの東海岸には，イギリスによって~~20以上~~の植民地が成立していた。~~しかし，イギリス領カナダが独立を果たしたことをきっかけに，北アメリカの植民地においても独立運動が本格化し~~，アメリカ独立運動の起点となった。

13

イギリスが植民地政策を強化する中でボストン茶会事件がおこった

2 植民地軍総司令官に任命された~~ジェファソン~~は，~~大陸会議においてアメリカ独立宣言を採択した。それに対し，イギリス本国が東インド会社による植民地への茶や綿の販売を厳しく制限したため~~，植民地側は~~ボストン茶会事件を起こし~~て反発し，独立戦争へと発展していった。

ワシントン

➲独立宣言はジェファソンが起草し，大陸会議において13植民地の全会一致で採択

➲ボストン茶会事件の原因はイギリスが茶法で東インド会社に茶の独占販売権を認めたこと

➲ボストン茶会事件の方が独立宣言発表より先

3 ヨーロッパにおける~~三十年戦争の激化~~により，戦局はしだいに植民地側に有利になり，18世紀末，イギリスは~~ウェストファリア~~条約でアメリカ合衆国の独立を承認した。その後，人民主権，三権分立を基本理念とする合衆国憲法が制定され，初代大統領にワシントンが就任した。

➲フランス等の参戦や武装中立同盟の支援

パリ

➲1787年制定の世界最初の民主的な成文憲法

4 フランス革命の影響を受けたトゥサン＝ルヴェルテュールらの指導により，~~カリブ海フランス領~~で反乱が起こった。植民地側はこれに勝利し，~~キューバ~~共和国がラテンアメリカ初の独立国として~~フランス，アメリカ合衆国から正式に承認され，あわせて奴隷制が廃止された~~。

➲奴隷出身のハイチ独立運動の指導者

フランス領ハイチ

ハイチ

➲奴隷制廃止宣言1794年，独立達成1804年，フランスの承認1825年，アメリカの承認1862年

5 16世紀以降の南アメリカ大陸は，多くがスペインの植民地であったが，ナポレオンによるスペイン占領の影響をきっかに，独立運動が本格化した。植民地側は次々と勝利を収め，19世紀前半には，南アメリカ大陸のほとんどの植民地が独立を達成した。

➲ブラジルはポルトガルが領有，それ以外のほとんどの地域はスペイン領

➲シモン＝ボリバルやサン＝マルティンの指導による

難易度★★　重要度★★★

1 七年戦争で財政の窮迫したイギリスが，植民地に対し砂糖法，印紙法，タウンゼント諸法等で重商主義政策を強化すると，植民地側は「[Ⓐ　　　　　]」をスローガンに抵抗し，1773 年，茶法制定に反発しておきたボストン茶会事件はアメリカ独立革命の発端となった。

2 1775 年に独立戦争が始まると，植民地側はワシントンを総司令官として戦いをすすめ，76 年にはジェファソンの起草による独立宣言が発表された。この独立宣言は [Ⓑ　　　　　] の政治思想を継承し，国民主権・抵抗権等を説き，独立運動の正当性を内外に表明した。

3 独立宣言は植民地内の中立派を味方に引き入れ，外国の援助を要請するもので，植民地政策におけるイギリスと欧州諸国の対立が植民地側に幸いした。[Ⓒ　　　　　] の努力でフランスが参戦し，スペイン・オランダもイギリスに宣戦，武装中立同盟も結成され，イギリスは拠点ヨークタウンが陥落してパリ条約でアメリカの独立を認めた。ウェストファリア条約は三十年戦争の講和条約である。

4 フランス領ハイチでは 1791 年に [Ⓓ　　　　　] の反乱がおこり，本国の国民公会は 94 年に奴隷制廃止を宣言した。指導者トゥサン＝ルヴェルチュールはナポレオン軍を撃退し 1804 年にハイチ共和国として独立した。フランスはこれを 25 年に承認したが，[Ⓓ　　　　　] を多く抱えるアメリカは南北戦争中まで承認しなかった。キューバは米西戦争により 1901 年アメリカの保護国として独立。

5 1810 年代からは [Ⓔ　　　　　] によるコロンビアの独立等独立運動が盛んになり 20 年代にはキューバを除くほとんどの国が独立した。

- □ アメリカ独立戦争の原因は，イギリスが七年戦争後の財政窮迫から重商主義政策を強化したことで，ボストン茶会事件が発端となった。
- □ フランス等の参戦や武装中立同盟によってアメリカは独立を達成した。合衆国憲法は世界初の民主的憲法で三権分立や連邦主義が特徴。
- □ 19 世紀ラテンアメリカのスペイン・ポルトガルの植民地ではアメリカ独立戦争やフランス革命の影響で独立の機運が高まった。ハイチの独立が先駆となり，1820 年代にはほとんどの国が独立を達成した。

Ⓐ：代表なくして課税なし，Ⓑ：ロック，Ⓒ：フランクリン，Ⓓ：黒人奴隷，Ⓔ：シモン＝ボリバル

20世紀以降のアメリカ合衆国

20 世紀以降のアメリカ合衆国に関する記述として最も妥当なのはどれか。

平成30年度
国家一般職

1 トルーマン大統領は，~~ソ連と対立していたイラン~~に援助を与えるなど，ソ連の拡大を封じ込める政策（トルーマン＝ドクトリン）を宣言した。また，マーシャル国務長官は，~~ヨーロッパ経済共同体（EEC）の設立~~を発表した。

➲ 在任 1945～53　共産化阻止のためにギリシア・トルコ
ヨーロッパ経済復興援助計画（マーシャル＝プラン）

2 ジョンソン大統領は，~~北~~ベトナムを支援するため，ソ連や~~インド~~が援助する~~南~~ベトナムへの爆撃を開始し，ベトナム戦争が起こった。その後，ニクソン大統領は，~~国内~~で反戦運動が高まったことから，~~インド~~を訪問して新しい外交を展開し，ベトナム（パリ）和平協定に調印してベトナムから軍隊を撤退させた。

➲ 在任 1963～69　南　中国　北
➲ 開始時期については諸説あり　➲ 在任 1969～74
国内外　中国
➲1973 年，停戦とアメリカの撤退を決定

3 アメリカ合衆国の財政は，ベトナム戦争の戦費や社会保障費の増大によって悪化し，ニクソン大統領は，金とドルとの交換停止を宣言して世界に衝撃を与えた。これにより，国際通貨制度は~~ドルを基軸通貨とした変動相場制とするブレトン＝ウッズ体制に移行~~した。

➲ ニクソン・ショック（ドル・ショック）1971 年
変動相場制に移行し，ドルを基軸通貨とする固定相場制のブレトン＝ウッズ体制は崩壊

4 レーガン大統領は，ソ連のゴルバチョフ書記長と米ソ首脳会談を行い，中距離核戦力（INF）の全廃などに合意し，米ソ間の緊張緩和を進めた。その後，ジョージ・H・W・ブッシュ大統領は，ゴルバチョフ書記長と地中海のマルタ島で首脳会談を行い，冷戦の終結を宣言した。

➲ 在任 1981～89　➲ ペレストロイカ（改革）とグラスノスチ（情報公開）を進めた
➲1987 年，中距離核戦力（INF）全廃条約調印
➲ 在任 1989～93　➲ マルタ会談（1989）
➲ 冷戦終結宣言（1989）

5 ニューヨークの世界貿易センタービルなどが，ハイジャックされた航空機に直撃される同時多発テロ事件が起きると，ジョージ・W・ブッシュ大統領は~~多国籍軍を組織し，アフガニスタンに侵攻していたイラクに報復し，イラク戦争が起こった~~。同~~戦争~~により，~~イラク~~のタリバーン政権は崩壊した。

➲2001 年 9 月 11 日　➲ 在任 2001～09　テロを指示したとされるビン＝ラーディンをかくまうタリバーン政権を崩壊させるため，英軍とともにアフガニスタン空爆を行った
攻撃　アフガニスタン　➲ イスラーム原理主義組織による政権

難易度★★★ 重要度★★

1 トルーマン=ドクトリンの内容はギリシアとトルコの共産主義化阻止のための軍事支出，マーシャル=プランの内容はアメリカの援助によるヨーロッパの経済復興計画で，この2つを機に東西の［Ⓐ　　］が開始された。

2 第一次インドシナ戦争により南北に分断されたベトナムで，アメリカは敗北したフランスに代わって南ベトナムを支援した。1965年からは［Ⓑ　　］を開始して本格的に介入したが戦局は泥沼化した。反戦運動が盛り上がる中，ニクソン大統領は北ベトナムを支援する中国を訪問し，73年にベトナム和平協定を結んで全面撤退を行った。

3 第二次世界大戦後の国際通貨体制は，ドルを基軸通貨としてドルと金との兌換を保障し，固定相場制をとるブレトン=ウッズ体制であった。しかし，ベトナム戦争の出費等によりアメリカの国際収支は大幅赤字を続け，ドルの信用が低下し，ニクソン大統領は1971年，金・ドルの交換を停止した。これによる世界経済の混乱は［Ⓒ　　］と呼ばれ，73年に各国は固定相場制から変動相場制に移行した。

4 正しい。ゴルバチョフの「新思考外交」は，当初「強いアメリカ」を志向して軍拡を行い，財政赤字と貿易赤字の「［Ⓓ　　］」を深刻化させていたレーガン大統領の政策転換を促し，INF全廃条約が結ばれた。

5 G.W. ブッシュ大統領は2001年，同時多発テロへの報復としてアフガニスタンへの空爆を行い，2003年には大量破壊兵器を隠し持っているとして［Ⓔ　　］攻撃を行った。しかし，大量破壊兵器は発見されなかった。

Point

- ☐ アメリカは1947年，トルーマン=ドクトリンとマーシャル=プランを発表して「封じ込め政策」を進め，冷戦が開始された。
- ☐ ベトナム戦争への介入と失敗で「封じ込め政策」は打撃を受け，アメリカは国際的非難を浴び，ドル危機に陥ってその威信は低下した。
- ☐ ソ連経済が行き詰まる中，ゴルバチョフが新思考外交を進め，ブッシュ（父）大統領とゴルバチョフは1989年に冷戦終結宣言を出した。
- ☐ 同時多発テロ事件を受け，アメリカはアフガニスタンへの空爆（2001）を行い，大量破壊兵器の所持を疑ってイラクを攻撃（2003）した。

Ⓐ：冷戦，Ⓑ：北爆，Ⓒ：ニクソン・ショック（ドル・ショック），Ⓓ：双子の赤字，Ⓔ：イラク

17世紀から19世紀にかけてのインド

17 世紀から 19 世紀にかけてのインドに関する記述として最も妥当なのはどれか。

令和元年度
国家一般職

1 17 世紀初頭，~~ポルトガル~~，~~オランダ~~，英国，~~ドイツ~~が相次いでインドに進出し，
➲スペインに併合　➲東南アジアに進出　フランス
ポルトガルと~~ドイツ~~は交易を王室の独占下に置いた一方，オランダと英国は政
フランス
府がそれぞれ東インド会社を設立して交易を行った。
➲アジアとの貿易や植民地経営に従事した会社

2 18 世紀に入ると，英国と~~オランダ~~の対立が激しくなり，~~両国はそれぞれインド~~
フランス　英国東インド会社軍がフ
~~の地方勢力を味方につけて争ったが，英蘭戦争でオランダが英国に敗れると，~~
ランス・ベンガル地方王侯連合軍をプラッシーの戦いで破り，英国のインド支配権を確立
~~オランダはインドから撤退し，英国はその勢力をインド全土に拡大~~した。

3 19 世紀半ば，英国の支配に対するインド人の不満の高まりを背景に，英国東インド会社のインド人傭兵（シパーピー）の反乱が起こった。反乱軍は，デリ
➲弾薬包事件を契機としたインド最初の民族的大反乱（1857 ～ 59）
ーを占拠してムガル皇帝を盟主として擁立したが，英国軍によって鎮圧され，ムガル帝国は滅亡した。
➲インド最後のイスラム王朝（1526 ～ 1858）

4 ムガル帝国の滅亡後，英国は，東インド会社を解散させ，旧会社領を英国政府の直轄領に移行させるとともに地方の藩王国も併合して，~~エリザベス女王（1~~
➲従来の支配者に内政権を認めた地方政権　ヴィクトリア女王
~~世）~~を皇帝とし，インド全土を政府直轄領とするインド帝国を成立させた。
➲1877 ～ 1947

5 インド帝国成立後，国内の民族資本家の成長や西洋教育を受けた知識人の増加を背景に高まってきた，植民地支配に対するインド人の不満を和らげるため，英国は，ヒンドゥー教徒から成るインド国民会議とイスラム教徒から成る全イ
➲商人・地主・知識人らの親英的エリート層が発足，のち反英化　➲イスラム教徒の政治団体
ンド＝ムスリム連盟を同時に設立した。
➲インド国民会議は 1885 年に発足。その後，1906 年に全インド＝ムスリム連盟を結成させ，国民会議派と対立させた

難易度★★ 重要度★★

1 ポルトガルとスペインが海外発展の主役だったのは，大航海時代以降の16世紀である。17世紀初頭，ポルトガルはスペインに併合されており，ドイツは統一されておらず，[Ⓐ　　　] を設立して海外進出したのはオランダ，英国，フランスである。そのうち，オランダが東南アジアの香辛料産地を独占して英国を排除したため，英国はインドに進出し，フランスも英国に対抗してインドに進出した。

2 英蘭戦争は，17世紀後半，先に海上権を握っていたオランダと，1588年にスペイン無敵艦隊を破って海外に進出してきた英国との3回にわたる戦争。全般的に英国が優勢で，英国に海上覇権が移る契機となった。18世紀のインドにおいて，英国がフランスを破り，支配権を確立した戦争は，[Ⓑ　　　]（1757年）である。

3 19世紀半ば，[Ⓒ　　　] の反乱がインド全域に広がったが，乱は鎮圧され，名目的に残っていたムガル帝国は滅亡した。

4 エリザベス1世は，16～17世紀初頭の英国女王。統一法で国教会を確立し，救貧法で国内を安定させ，スペイン無敵艦隊を撃退して [Ⓐ　　　] を設立し，海洋大国発展の基礎を築いた。大英帝国最盛期の19世紀にインド皇帝も兼任した女王は [Ⓓ　　　] である。

5 インド国民会議派が反英色を強め，[Ⓔ　　　] 分割令に反対して，スワラージ（自治獲得），スワデーシ（国産品愛用）などの分割令反対闘争を行うと，英国は全インド＝ムスリム連盟をつくらせて対立させた。

Point

- □ 1600年に東インド会社を設立した英国はインドに進出し，1757年にプラッシーの戦いでフランス勢力を排除してインドの支配権を確立した。
- □ 英国の侵略が本格化すると，インドではシパーヒーの反乱が起こり，インド最初の民族運動に発展した。しかし反乱は鎮圧され，ムガル帝国は滅亡して，英国はインドを本国政府の直接統治とした。
- □ 英国は，宗教やカーストの違いなどによる対立を，植民地支配に巧みに利用した。ヒンドゥー教徒中心のインド国民会議とイスラム教徒による全インド＝ムスリム連盟の設立がその例である。

Ⓐ：東インド会社，Ⓑ：プラッシーの戦い，Ⓒ：シパーヒー，Ⓓ：ヴィクトリア女王，Ⓔ：ベンガル

18世紀から19世紀までの西アジア周辺

18世紀から19世紀までの西アジア周辺に関する記述として最も妥当なのはどれか。

令和元年度
国家専門職

1 アラビア半島では，イブン＝アブドゥル＝ワッハーブがイスラームの改革を唱えるワッハーブ運動を興した。この運動は，中部アラビアの豪族サウード家の支持を得て広がり，メッカやメディナもその支配下に入った。

➲1703～92
➲厳格な唯一神信仰，神秘主義・聖者崇拝の否定などイスラーム教の原点回帰を目指す運動
➲オスマン帝国からの分離を図り，アラビア半島を支配下に入れるワッハーブ王国（現在のサウジアラビア王国の前身）を建国

2 エジプトでは，ムハンマド＝アリーが，ナポレオンの率いるフランス軍の~~支援を得てカイロを占領し~~，実権を握った。その後，~~フランス~~からエジプト総督に任命されたムハンマド＝アリーは，富国強兵策を推進し，スエズ運河を開削した。

➲オスマン帝国のエジプト総督でムハンマド＝アリー朝の創始者（1769～1849）
エジプト遠征による混乱に乗じて
➲事実上は半独立政権
➲フランス人のレセップスが1858年にスエズ運河会社を設立し，1869年に完成させた

3 オスマン帝国では，19世紀半ばに即位したアブデュル＝メジト1世が~~ナント~~勅令を出し，タンジマートと呼ばれる行政や司法などの西欧化を目指す改革に着手した。しかし，この改革は，~~ムスリムと非ムスリムとを差別し，スルタンの権力を絶対視するものだったため~~，失敗に終わった。

➲トルコ系の人々が中心のイスラーム帝国（1299～1922）➲在位1839～61
ギュルハネ
➲恩恵改革ともいわれる（1839～76）
宗教を問わずオスマン臣民に法の下での平等などを保障するものだったため，保守勢力の反発を受けた

4 オスマン帝国では，クリミア戦争後にロシア・~~プロイセン~~の干渉が激しくなる中，若手官僚を中心に立憲運動が興り，改革派の大宰相~~ケマル＝パシャ~~が起草した憲法がオスマン帝国憲法として発布され，~~大日本帝国憲法に次ぐアジアで2番目~~の憲法となった。

➲ロシアとオスマン帝国及びその同盟国との戦争でロシアが敗北（1853～56）
ビスマルクは平和外交
ミドハト＝パシャ（在任1872，76～77）
➲ミドハト憲法といわれる（1876）
➲アジア地域で初

5 イランでは，~~カージャール~~朝滅亡以来，軍事勢力間の争いが続いていたが，これを収拾した~~サファヴィー~~朝が18世紀末に~~バグダード~~を首都として成立した。インドを支配する英国は，ロシアの南下に対抗し，二度にわたってイランに侵攻したが，~~サファヴィー~~朝は独立を維持した。

サファヴィー
カージャール
テヘラン
➲英国とロシアの侵略を受けたが，二度にわたって侵攻したのはロシア
カージャール

難易度★★★ 重要度★

1 イスラームの改革を唱える［Ⓐ　　　］派はサウード家と結んで［Ⓐ　　　］王国を建設し，アラブ民衆に受け入れられた。

2 オスマン帝国の属州だったエジプトでは，ナポレオン軍掃討のためオスマン帝国に派遣された［Ⓑ　　　］が混乱に乗じて台頭し，エジプト総督として実質的な独立政権を立て，近代化策を推進した。

3 ナント勅令（16世紀）はフランスのアンリ4世が出した新教徒に信仰の自由を保障する王令。1839年，アブデュル＝メジト1世は，宗教を問わずオスマン臣民に法の下での平等や，平等な税制と徴兵などを約束する［Ⓒ　　　］勅令を出し，それに基づくタンジマートと呼ばれる西欧化改革を行ったが，保守勢力の反対により成果は少なかった。

4 ケマル＝パシャ（ムスタファ＝ケマル，ケマル＝アタテュルク）は第一次世界大戦後にトルコ革命を起こしてトルコ共和国を樹立，初代大統領となった人物。そのときに制定されたのが，トルコ共和国憲法。クリミア戦争後は，大宰相［Ⓓ　　　］の下で近代的なオスマン帝国憲法（ミドハト憲法）が制定され，アジア地域初の憲法となった。大日本帝国憲法のほうがアジア地域で2番目の憲法。

5 サファヴィー朝（1502～1736）は，アッバース1世の時代にイスファハーンを首都として栄えた近世イラン民族国家。滅亡後短命な王朝の交替を経て［Ⓔ　　　］（1796～1925）が成立したが，英国とロシアの侵略に苦しみ，ロシアとは二度戦って敗れた。帝国主義的侵略の餌食となりながらも民族主義を高揚し，20世紀前半まで存続した。

Point

- □ 18世紀以降，かつてオスマン帝国やイランのサファヴィー朝が栄えた西アジアに，産業革命を背景としたヨーロッパ勢力が進出し，各国の反抗もむなしく植民地化が進んだ。
- □ ワッハーブ派の運動は，オスマン帝国の支配に対して，アラブ人の民族的自覚を促す契機となった。
- □ エジプトもムハンマド＝アリー朝のもと事実上独立し，オスマン帝国は西欧化改革に力を注いだにもかかわらず衰退を続けた。
- □ イランも英国やロシアなどの侵略に苦しんだ。

Ⓐ：ワッハーブ，Ⓑ：ムハンマド＝アリー，Ⓒ：ギュルハネ，Ⓓ：ミドハト＝パシャ，Ⓔ：カージャール朝

第一次世界大戦後のヨーロッパの歴史

第一次世界大戦後のヨーロッパの歴史に関する記述として，妥当なのはどれか。

令和元年度
地方上級

1 1919年の国民議会でヴァイマル憲法が制定されたドイツでは，この後，猛烈なインフレーションに見舞われた。
➲社会権を最初に規定したことで有名な，当時最も民主的とされた憲法
➲1914年からの9年間で1ドル＝4マルクが1ドル＝4兆マルクに

2 イタリアでは，ムッソリーニが率いるファシスト党が勢力を拡大し，1922年にミラノに進軍した結果，ムッソリーニが政権を獲得し，独裁体制を固めた。
➲1883～1945　➲1919年にムッソリーニが創設
ミラノ→ローマ

3 1923年にフランスは，ドイツの賠償金支払いの遅れを口実にボストン地方を占領しようとしたが，得ることなく撤兵した。
ボストン→ルール
➲ベルギーとともに鉱工業地域ルールを武力占領

4 1925年にドイツではロカルノ条約の締結後，同年にドイツの国際連合への加盟を実現した。
➲欧州7カ国で結んだ欧州安全保障条約
同→翌　連合→連盟

5 イギリスでは大戦後，労働党が勢力を失った結果，新たにイギリス連邦が誕生した。
➲労働党が伸長し，1924年に初の労働党政権誕生
➲イギリス本国と旧イギリス領から独立した国家の緩やかな結合体。イギリス帝国会議で規定され，1931年のウェストミンスター憲章で法律化

難易度 ★★ 重要度 ★★★

1 敗戦国ドイツでは，巨額の賠償金などで経済が破綻したが，[Ⓐ　　　] が新紙幣レンテンマルクを発行してインフレを抑え，アメリカのドーズ案によりアメリカ資本を導入して産業を復興した。

2 イタリアは，戦勝国にもかかわらず「未回収のイタリア」のうちの一部の領有を認められず，[Ⓑ　　　] 体制に強い不満を持った。ファシスト党のムッソリーニは，[Ⓑ　　　] 体制に不満な国民感情と社会主義革命に対する資本家の恐怖心を利用して支持を集め，ローマ進軍を行って国王に組閣を命ぜられた。

3 フランスは，戦勝国ではあったが，経済の混乱から戦後復興が困難となり，その打開をドイツの賠償金に求めた。ドイツの支払い不履行を口実に [Ⓒ　　　] を行ったが失敗し，後に協調外交に転じた。

4 ドーズ案が示されてフランスがルールから撤退すると，[Ⓐ　　　] の提唱でヨーロッパの安全保障条約である [Ⓓ　　　] が結ばれ，ドイツの国際連盟加盟が了承された。

5 大戦後のイギリスでは，労働運動が高揚して労働党が支持を集めた。[Ⓔ　　　] は初の労働党内閣を組閣し，その後は保守党とともにイギリスの二大政党となった。英帝国会議は自治領に本国と同等の地位を与え，イギリス帝国に代わってイギリス連邦が成立した。

Point

- □ 敗戦国のドイツでは，敗戦の翌 1919 年に，当時最も民主的な憲法とされたヴァイマル憲法が制定され，ヴァイマル共和国が発足した。
- □ ヴァイマル共和国は，巨額の賠償金やフランスのルール占領に苦しんだが，シュトレーゼマンらの努力で復興し，ロカルノ条約を締結して国際連盟加盟を果たした。
- □ イギリスでは，大戦後の経済不振から労働運動が高揚し，労働党が伸長して初の労働党政権が誕生した。また，自治領に本国と同等の地位を与え，イギリス帝国はイギリス連邦と呼ばれるようになった。
- □ 戦勝国でありながらヴェルサイユ体制に強い不満をもっていたイタリアでは，ファシスト党を結成したムッソリーニがローマ進軍を行い，初の全体主義政権であるファシスト党政権を成立させた。

Ⓐ：シュトレーゼマン，Ⓑ：ヴェルサイユ，Ⓒ：ルール占領，Ⓓ：ロカルノ条約，Ⓔ：マクドナルド

ロシア革命

ロシア革命に関する次の記述のうち，妥当なものはどれか。

平成11年度
地方上級

1 プレハーノフやレーニンはロシア社会民主労働党を結成したが，後にボリシェヴィキとメンシェヴィキに分裂し，~~ボリシェヴィキ~~はブルジョワ民主主義革命
メンシェヴィキ
を当面の目標とし，~~メンシェヴィキ~~は社会主義革命をめざした。
ボリシェヴィキ

2「血の日曜日事件」を契機として第１次ロシア革命が起きると，ニコライ２世は交戦中の日本と講和を図り，国会の開設を約束し，~~自ら退位して~~事態の収拾
➲ 退位したのは二月革命の 1917 年
に努めた。

3 第一次世界大戦が長期化する中で，首都のペトログラードで労働者のゼネストが発生し，兵士も合流してソヴィエトが組織され，ソヴィエトの多数派の支持
➲ 評議会という意味
を得て，立憲民主党を主体とする臨時政府が樹立された。
➲ 1917 年 3 月から十月革命で倒される 11 月まで続く

4 レーニンは「一切の権力をソヴィエトへ」のスローガンを掲げ，臨時政府を倒して新政権の樹立を果たし，ドイツとの間で自国に~~有利な条件で講和条約を結~~
不利な条件で講和条約を結んだ
~~ぶことに成功した~~。

5 革命後，ソヴィエト政府は，戦時共産主義への国民の不満をなだめるため，~~第1次五カ年計画~~を策定して経済政策を変更し，一定の範囲の穀物の自由販売や
新経済政策（ネップ）
中小企業の個人経営を許した。

難易度 ★★ 重要度 ★★

1 レーニンのボリシェヴィキ（多数派）とプレハーノフのメンシェヴィキ（少数派）の路線を問うもの。十月革命を成し遂げたレーニンは，1918年，ボリシェヴィキを［Ⓐ　　　　］と改称し，一党独裁体制を確立した。

2 第1次ロシア革命は日露戦争中の1905年である。ニコライ2世は1917年の二月革命で退位して，翌年処刑されている。第1次ロシア革命後に首相になった［Ⓑ　　　　］は，帝政の基盤を強化するために，国会を解散し，革命運動を弾圧した。

3 正しい。この二月革命後，リヴォフに代わって臨時政府の首相になった社会革命党の［Ⓒ　　　　］はボリシェヴィキを弾圧したが，レーニン，トロツキーらの武装蜂起によって倒された。この十月革命でソヴィエト政権が樹立された。

4 1918年，レーニンがドイツと結んだブレスト＝リトフスク条約は，ソヴィエト政権側が領土の割譲と賠償金の支払いを負う不利な条件であったが，レーニンは革命政権を存続させることを優先した。レーニンは内戦や対ソ干渉戦争に対抗するために，赤軍を組織し，反革命を取り締まる［Ⓓ　　　　］を設置した。

5 ソヴィエト政権の経済政策の問題。第1次五カ年計画はスターリン時代の1928年。［Ⓔ　　　　］（集団農場）・ソフホーズ（国営農場）を建設した。

Point

- □ 20世紀初頭のロシアは，マルクス主義のロシア社会民主労働党，ナロードニキ系の社会革命党，自由主義者などによる運動が展開された。
- □ ストルイピンはロシアの伝統的な農村共同体（ミール）を解体し，農地改革で自作農を育成しようとしたが，失敗した。
- □ 二月革命から十月革命の間は，臨時政府とソヴィエトが並存した二重権力構造の時期であった。
- □ レーニンは1919年，世界革命を推進するために，モスクワでコミンテルン（第3インターナショナル）を創設した。

Ⓐ：共産党，Ⓑ：ストルイピン，Ⓒ：ケレンスキー，Ⓓ：チェカ，Ⓔ：コルホーズ

世界恐慌

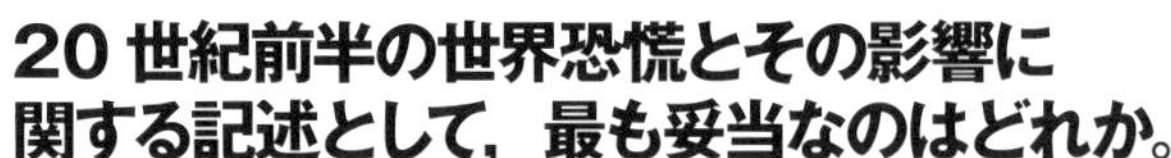

20世紀前半の世界恐慌とその影響に関する記述として，最も妥当なのはどれか。

平成21年度
国家Ⅱ種

1 アメリカ合衆国は，1929年のニューヨーク株式市場での株価の暴落から，深刻
（ウォール街）
な不況に襲われた。この間，企業の倒産が一挙に進んで工業生産は急落したが，
農業生産~~は堅調に拡大し~~，金融機関の~~経営の健全性も確保されていた~~。
も不況が続き　倒産が相次いだ

2 英国では世界恐慌の影響で失業者が大量に発生したため，ワグナー法によって労働者の権利を保護し，労働組合の発展を促すことで社会の混乱を収拾しようとした。外交面では，ラテンアメリカ諸国をスターリング＝ブロックに組み入れる外交政策を行って経済の回復を図った。
➲ アメリカのニューディール政策の一環

3 ドイツでは，ナチ党が第一次世界大戦後に結成された。結党時には，ヴェルサ
（国民社会主義ドイツ労働者党）
イユ条約破棄や人種差別主義などの同党の過激な主張が国民の圧倒的な支持を獲得した。~~しかし~~，世界恐慌によって社会不安が広がると，~~国民は政治の安定~~
政治体制の流れは共和制から独裁制へと向かい
~~を求めるようになり~~，ナチ党は~~解党の危機に瀕した~~。
勢力を拡大していった

4 フランスは，植民地や友好国とフラン通貨圏を築いて経済を安定させようとし
➲ フラン＝ブロック
た。国内の政局は不安定であったが，極右勢力の活動などで危機感を持った中道・左翼が結束して，1936年にはブルムを首相とした反ファシズムを掲げる人民戦線内閣が成立した。

5 ソビエト連邦では，世界恐慌の影響~~により工業生産が恐慌前の約半分の水準ま~~
を受けることなく，工業生産はアメリカに次いで世界第2位となった
~~で低下した~~。この危機を乗り切るため，~~レーニン~~は~~国有化政策~~を~~緩め~~，~~中小企~~
スターリン　五カ年計画　進め
~~業に私的営業を許すとともに，農民には余剰生産物の自由販売を認める新経済~~
重工業の発展をめざして農業の機械化・集団化政策
~~政策（ネップ）~~を行った。

難易度 ★　重要度 ★★★

1 1929年のニューヨーク株式市場での株価大暴落によって，アメリカ国内では会社や銀行の倒産が相次いだので，選択肢は間違いであるとわかる。アメリカでは世界恐慌による深刻な経済危機を克服するため，フランクリン＝ローズヴェルトの主導で［Ⓐ　　　　］がとられた。

2 ワグナー法は，アメリカで実施された政策である。世界恐慌のあおりを受けたイギリスは，［Ⓑ　　　　］を開いてスターリング＝ブロックによる外交政策を決定し，経済の回復を図ろうとした。

3 ヒトラーを党首とするナチ党（ナチス）は1923年に政権獲得をめざしてクーデターである［Ⓒ　　　　］を起こして失敗するものの，その後，ヴェルサイユ条約の破棄や人種差別政策などをうたってドイツ国民の心を次第に掌握していった。

4 正しい。フランスでは［Ⓓ　　　　］と呼ばれるブロック経済政策がとられた。

5 戦時共産主義の断行で民衆の不満が高まっていたロシアでは，1921年から新経済政策（ネップ）がとられるようになった。1924年のレーニンの死後，［Ⓔ　　　　］論を唱えるスターリンによって五カ年計画が進められていたため，世界恐慌の影響をほとんど受けることがなかった。

Point

- □ アメリカは株価大暴落による経済危機に対し，ニューディール政策を実施して生産力の回復を図ろうとした。
- □ 海外に植民地を持っていたイギリス，フランスでは，世界恐慌に対してブロック経済政策がとられた。
- □ ドイツではナチスの台頭により，ファシズムへ傾斜していった。
- □ ソビエトではスターリンによる五カ年計画が進められた。

Ⓐ：ニューディール政策，Ⓑ：オタワ連邦会議（イギリス連邦経済会議），Ⓒ：ミュンヘン一揆，Ⓓ：フラン＝ブロック，Ⓔ：一国社会主義

世界史060

両大戦間の世界

第一次世界大戦から第二次世界大戦にかけての世界各国の記述として，正しいものはどれか。

平成元年度 国家Ⅰ種

1 イギリスは，ドイツの戦後復興には協力的であったが，オーストリア併合などの領土要求に対してはフランスとともに~~拒否~~（黙認）し，ミュンヘン会談では~~対独強硬策~~（対独宥和策）をとるに至った。

2 イタリアでは，第一次世界大戦の~~敗戦による国内の荒廃に加えて~~世界恐慌による経済混乱の中で，~~ムッソリーニはファシスト党を使って軍事クーデタを起こし，政権を握るとすぐ一党独裁体制を敷いた~~。

➲ イタリアは第一次世界大戦の戦勝国である

➲ ムッソリーニの政権獲得は世界恐慌の前の1922年で，一党独裁体制を敷いたのは1926年

3 フランスは，~~世界恐慌が起こると対独復讐心も手伝ってルール地帯を占領し~~，さらにソ連と軍事同盟を結んでドイツに備え，第二次世界大戦が始まると（ドイツの侵攻を受けて降伏するも）ド＝ゴールが~~政府をヴィシーに移し~~（ロンドンに亡命政府を組織し）ドイツに抵抗した。

➲ フランスのルール占領は世界恐慌前の1923～25年

4 ドイツでは，ナチスが政権をとって，~~ポーランド侵攻を謀ったが，国際的非難を浴びると国際連盟を脱退し~~，さらにスペインのフランコ将軍の率いる~~政府軍を援助して革命軍の鎮圧に協力した~~（反乱軍を援助した）。

➲ ポーランド侵攻は国際連盟を脱退した後

5 中国では，盧溝橋事件を機に日本と戦争状態に入り，それまで対立していた国民政府と共産党とは再合作を成立させて，根強く抗戦し，国民党政府はついに首都を重慶にまで移した。

➲ 抗日民族統一戦線を組織して日本に抵抗

難易度 ★★★ 重要度 ★★

1 ミュンヘン会談は対独宥和政策の頂点をなす。ミュンヘン会談は1938年，ドイツのヒトラー，イタリアのムッソリーニ，フランスのダラディエ，イギリスの［Ⓐ　　　　］の4首脳で行われ，チェコスロヴァキアのズデーテン地方をドイツに割譲することが認められた。

2 第一次世界大戦では，イタリアは連合国側で戦勝国である。パリ講和会議でイタリアが得たのは［Ⓑ　　　　］だけで，その他の希望していた領土拡大が認められず，ヴェルサイユ体制に不満を持った。

3 フランスのルール占領は，第一次世界大戦後のドイツの賠償金支払い遅延が原因で起きたのである。第二次世界大戦では，フランスはドイツに降伏して，［Ⓒ　　　　］が率いるヴィシー政府ができたが，ド＝ゴールは降伏を拒否して自由フランスを組織した。

4 ドイツの国際連盟脱退は再軍備のためである。第一次世界大戦の敗戦で，ドイツは徴兵制度廃止，兵力の限定，軍用航空機保有禁止などの厳しい軍備制限が課せられていた。ヒトラーはナチ党（国民社会主義ドイツ労働者党）の結党以来の目標である［Ⓓ　　　　］の打破のため，再軍備を宣言した。

5 正しい。日中戦争が拡大する中で，日本は重慶政府に対抗するために［Ⓔ　　　　］首班の親日政府を樹立したが，戦争は長期化した。

Point

- □ ミュンヘン会談の翌年，ドイツはチェコスロヴァキアを解体。ベーメン，メーレンを保護領にし，スロヴァキアを保護国とした。
- □ ヴェルサイユ体制に不満を持つ状況の中で，イタリアはムッソリーニのファシスト党（ファシスタ党）が急速に台頭して，政権を獲得した。
- □ スペインでは人民戦線政府に対しフランコ将軍が反乱を起こし，これをドイツ，イタリアが援助してフランコ政権が誕生した。
- □ 満州事変後，中国共産党は八・一宣言で民族統一戦線の結成を呼びかけ，日中戦争勃発で1937年に第2次国共合作が成立した。

Ⓐ：チェンバレン，Ⓑ：未回収のイタリア，Ⓒ：ペタン，Ⓓ：ヴェルサイユ体制，Ⓔ：汪兆銘

第一次大戦後～第二次大戦前までの各国

第一次世界大戦後から第二次世界大戦前までの各国に関する記述として最も妥当なのはどれか。

平成29年度
国家専門職

1 アメリカ合衆国は，ウィルソン大統領が提案した~~国際連盟の常任理事国となり，~~
⊃平和十四か条を発表した第28代大統領 ⊃アメリカは国際連盟に不参加
軍縮や国際協調を進める上で指導的な役割を果たした。世界恐慌が始まると，
~~フーヴァー~~大統領がニューディールと呼ばれる政策を行い，恐慌からの立ち直
フランクリン＝ローズヴェルト
りを図ろうとした。

2 ドイツは，巨額の賠償金の支払などに苦しみ，政治・経済は安定せず，~~ソ連~~に
フランス，ベルギー
よるルール地方の占領によって激しいインフレーションに襲われた。この危機
に，シュトレーゼマン~~外相は，ヴェルサイユ条約の破棄，ドイツ民族の結束な~~
⊃首相・外相は経済を安定させ，平和協調外交を行った
~~どを主張し，ドイツは国際連盟を脱退した~~。

3 イタリアは，第一次世界大戦の戦勝国であったが，領土の拡大が実現できず，
⊃「未回収のイタリア」のうち
国民の間で不満が高まった。世界恐慌で経済が行き詰まると，ムッソリーニ政
フィウメの領有が認められなかった ⊃1922年に首相と
権は，対外膨張政策を推し進めようと~~オーストリア~~全土を併合したが，国際連
なり43年まで独裁を行った エチオピア
盟による経済制裁の~~決議の影響を受けて，更に経済は困窮した~~。
効果は上がらなかった

4 イギリスでは，マクドナルド挙国一致内閣が金本位制の停止などを行ったほか，
オタワ連邦会議を開き，イギリス連邦内で排他的な特恵関税制度を作り，それ
⊃イギリス・カナダ・オーストラリア・南アフリカ連邦・インドなどが参加 ⊃連邦内の関税を引き下げる
以外の国には高率の保護関税をかけるスターリング（ポンド）＝ブロックを結
成した。

5 ソ連では，レーニンの死後，スターリンがコミンテルン~~を組織して~~，~~世界革命~~
⊃の主導権を握り 一国社会主義論
を主張した。スターリンは，五カ年計画による社会主義建設を指示し，工業の
近代化と農業の集団化を目指し~~たが，世界恐慌の影響を大きく受けて，経済は~~
⊃世界恐慌の影響はほとんど受けなかった
~~混乱した~~。

難易度 ★★　重要度 ★★★

1 アメリカは孤立主義をとる議会の反対で国際連盟に不参加だった。世界恐慌発生時のフーヴァー政権は景気回復に失敗し，次の［Ⓐ　　　］大統領が，全国産業復興法，農業調整法，テネシー川流域開発公社（TVA）などの公共事業，ワグナー法などを内容とするニューディールと呼ばれる恐慌克服政策を実施した。

2 ドイツが巨額な賠償金の支払い延期を求めると，フランスはベルギーとともにルール地方の占領を行い，ドイツ経済は破綻した。シュトレーゼマン首相・外相は，新紙幣［Ⓑ　　　］の発行でインフレを抑え，ドイツ救済に乗り出したアメリカのドーズ案により産業を復興し，ヴェルサイユ条約の履行に努めて協調外交を展開した。

3［Ⓒ　　　］党を結成したムッソリーニは一党独裁体制を確立し，対外侵略を進め，1936 年には経済危機打開のためにエチオピアを併合したが，国際連盟の経済制裁の効果は上がらなかった。

4 正しい。ブロック経済とは，本国と植民地などが特恵関税制度などによる排他的経済圏を形成すること。イギリスはスターリング＝ブロック，フランスは［Ⓓ　　　］，アメリカはドル＝ブロックを形成し，‘持たざる国’独・伊・日の経済を圧迫し，第二次世界大戦の遠因となった。

5 レーニン死後の後継者争いで，一国社会主義論を掲げるスターリンが世界革命を主張する［Ⓔ　　　］を追放して独裁権力を握った。

- ☐ 敗戦国ドイツは賠償問題などで苦しんだが，シュトレーゼマン首相・外相がアメリカのドーズ案により経済を安定させ，ロカルノ条約締結・国際連盟加盟など平和協調外交を展開した。
- ☐ 世界恐慌が発生すると，アメリカではローズヴェルト大統領がニューディール政策を行い，英・仏はブロック経済政策を行った。
- ☐ 米・英・仏などの‘持てる国’に対し，‘持たざる国’では全体主義が台頭し，ドイツはナチス政権，イタリアではファシスト党政権が恐慌克服策を対外侵略に求めていった。
- ☐ ソ連では社会主義計画経済に基づく五カ年計画が進展しており，世界恐慌の影響をほとんど受けずに発展した。

Ⓐ：フランクリン＝ローズヴェルト，Ⓑ：レンテンマルク，Ⓒ：ファシスト，Ⓓ：フラン＝ブロック，Ⓔ：トロツキー

世界史062

ヴェルサイユ体制とワシントン体制

ヴェルサイユ体制またはワシントン体制に関する記述として，妥当なのはどれか。

平成29年度 地方上級

1 パリ講和会議は，1919年1月から開かれ，アメリカ大統領~~セオドア＝ローズヴェルト~~（ウィルソン）が1918年1月に発表した十四か条の平和原則が基礎とされたが，第一次世界大戦の敗戦国は参加できなかった。
➲第一次世界大戦の講和会議
➲ドイツなどの同盟国側やソヴィエト政権下のロシアは参加できなかった

2 ヴェルサイユ条約は，1919年6月に調印されたが，この条約で，ドイツは全ての植民地を失い，アルザス・ロレーヌのフランスへの返還，軍備の制限，ラインラントの非武装化，巨額の賠償金が課された。
➲ドイツと連合国の間の講和条約
➲古くからのドイツとフランスの係争地
➲徴兵制の廃止など
➲ライン川両岸地域

3 国際連盟は，1920年に成立した史上初の本格的な国際平和維持機構であったが，~~イギリス~~（アメリカ）は孤立主義をとる議会の反対で参加せず，ドイツとソヴィエト政権下のロシアは除外された。
➲西欧諸国との相互不介入を原則とするアメリカ外交の伝統的立場
➲ドイツは1926年，ソ連は1934年に加盟した

4 ワシントン海軍軍縮条約では，アメリカ，イギリス，日本，フランス，イタリアの主力艦保有トン数の比率~~及びアメリカ，イギリス，日本の補助艦保有トン数の比率~~について決定された。
➲ワシントン会議（1921～22）で締結された海軍軍縮条約
➲海軍補助艦の保有比率は1930年のロンドン軍縮会議で合意された

5 四か国条約では，~~中国の主権尊重，門戸開放，機会均等が決められ~~，太平洋諸島の現状維持や日英同盟の廃棄が約束されたほか，~~日本は山東半島の旧ドイツ権益を返還することとなった~~。
➲ワシントン会議で締結
➲九か国条約で約束された原則
➲1902年に結ばれた同盟
➲九か国条約によるものである

難易度★★　重要度★★★

1 第一次世界大戦中の1918年，アメリカ大統領ウィルソンは，ソヴィエト政府が即時終戦を訴える「平和に関する布告」を発表したのに対抗し，秘密外交の廃止，[Ⓐ　　　]自決などを内容とする講和のための原則，「十四か条の平和原則」を発表した。

2 正しい。パリ講和会議では，ウィルソンの十四か条が講和の原則とされはしたが，実際は[Ⓑ　　　]の利害が優先して国際連盟の設立以外は実現せず，ヴェルサイユ条約は極めて対独報復的な性格のものとなった。

3 国際連盟は，アメリカが孤立主義の復活による上院のヴェルサイユ条約批准拒否で参加せず，ドイツとソ連が除外され，侵略行為に対して[Ⓒ　　　]制裁以上の制裁を加えられない，などの欠陥があった。

4 ワシントン海軍軍縮条約（1922年）で海軍主力艦保有トン数比率を米5：英5：日[Ⓓ　　　]：仏1.67：伊1.67と定め，ロンドン軍縮会議（1930年）で補助艦保有トン数比率を米10：英10：日7弱と定めた。

5 九か国条約は中国の主権尊重，領土の保全，門戸開放，機会均等などを約して日本の中国政策を後退させ，日本は山東省と膠州湾（こうしゅう）の利権を中国に返還し，[Ⓔ　　　]要求の一部を放棄した。

Point

☐ ウィルソンの十四か条を原則としたパリ講和会議であったが，結局列強の利害が優先されて十四か条は歪曲され，ヴェルサイユ条約はドイツにとって過酷なものとなり，第二次世界大戦の原因となった。

☐ 世界最初の本格的な国際平和維持機構として国際連盟が設立されたが，米・ソ・独の不参加（ソ・独はのちに加盟），制裁手段が経済制裁のみであるなどの欠陥があり，結果として第二次世界大戦を防げなかった。

☐ 第一次大戦後は軍縮や集団安全保障が進展し，東アジアではワシントン体制が成立した。ワシントン会議ではワシントン海軍軍縮条約・四か国条約・九か国条約が結ばれ，極東・太平洋地域での日本の勢力が抑えられ，ロンドン会議では補助艦の保有比率が定められた。

Ⓐ：民族，Ⓑ：列強（戦勝国），Ⓒ：経済，Ⓓ：3，Ⓔ：二十一か条

第二次世界大戦

第二次世界大戦に関する次の記述のうち，下線部分が正しいものはどれか。

平成7年度
地方上級

1 ドイツとソ連は不可侵条約を結び，ソ連は中立の立場からドイツ軍の東欧諸国への侵入を黙認し，ドイツ軍とソ連軍は大戦中直接対戦することなく終戦となった。
➲1941 年にドイツは独ソ不可侵条約を破棄してソ連を攻撃した

2 アメリカは当初，中立を宣言したが，後に大量の軍需品をイギリスに送り，大西洋憲章によって戦後の基本構想を示した。しかし，軍事介入はアジアに限り，ヨーロッパの戦闘には参加しなかった。
➲ヨーロッパの戦闘にも参加した

3 1930 年代後半，スペインではファシズムと反ファシズム勢力の対立で内乱となったが，最終的に反ファシズム勢力が勝利し，フランスでも大戦中レジスタンス運動が起こり，ドイツ軍のフランス国内への侵入を防いだ。
➲ファシズム勢力のフランコ将軍が勝利した
➲1940 年，ドイツ軍はフランスへ侵入してパリを占領した

4 大戦中，ドイツ占領下でとらえられたユダヤ人はアウシュヴィッツをはじめとする収容所に連行されたが，迫害を免れたユダヤ人は大戦直前にアメリカの援助で建国したイスラエル共和国に受け入れられた。
➲イスラエルの建国は第二次世界大戦後の 1948 年である

5 1945 年 2 月のヤルタ会議で対独作戦，ドイツの処理，ソ連の対日参戦が決まり，ドイツ降伏後，日本に無条件降伏を要求するポツダム宣言が発表された。他方，同年 4 月～6 月のサンフランシスコ会議で国際連合憲章が採択された。
➲ローズヴェルト・チャーチル・スターリンによる会議
➲これにより，国際連合が発足

解説

難易度 ★★　重要度 ★★

1 1941年のドイツのソ連侵攻以来，終戦まで両軍は激烈な戦闘を繰り広げている。ロシア戦線は，最初はドイツ軍が優位であったが，1943年にドイツ軍は［Ⓐ　　　　　］でソ連軍に敗北し，その後ソ連軍はドイツへと進撃した。

2 アメリカは1943年にイタリアに進攻，1944年にはフランスのノルマンディーに上陸し，パリを解放している。戦争中の1943年，カイロでローズヴェルト，チャーチル，［Ⓑ　　　　　］が対日諸条件について会談，テヘランではローズヴェルト，チャーチル，スターリンが対ドイツ作戦について会談している。

3 スペイン内乱で勝利したのはフランコ将軍，またドイツ軍はパリを占領している。フランス降伏後，［Ⓒ　　　　　］がロンドンに亡命政府を組織して，ドイツへの抗戦を訴え，フランス国内にレジスタンスが起こった。

4 19世紀末，ヨーロッパのユダヤ人社会において，パレスチナにユダヤ人国家を建設しようとする［Ⓓ　　　　　］の運動が生まれ，第二次世界大戦後，国際連合のパレスチナをユダヤとアラブの両民族に分割する案をユダヤ人側が受け入れて，イスラエル共和国が建設された。

5 正しい。国際連合への最初の動きは，戦争中の1941年，ローズヴェルトとチャーチルが発表した［Ⓔ　　　　　］が最初である。

Point

- □ ヒトラーは，東方にドイツの勢力圏を拡大することが当初からの大方針であったので，ドイツとソ連の戦争は不可避なことであった。
- □ ドイツのソ連攻撃後，イギリスとソ連の間に相互援助条約が結ばれ，アメリカもソ連を援助，3国の協力関係が築かれたので，ソ連はコミンテルンを解散した。
- □ パレスチナ問題の原因は，第一世界大戦中のイギリスの矛盾外交である，アラブ人の独立を支持したフセイン＝マクマホン協定，パレスチナのユダヤ人国家を認めたバルフォア宣言が端緒である。

Ⓐ：スターリングラードの戦い，Ⓑ：蔣介石，Ⓒ：ド＝ゴール，Ⓓ：シオニズム，Ⓔ：大西洋憲章

大航海時代

ヨーロッパ諸国に関する記述A～Dと，これらの国々が植民地とした国（地域）の組合せとして最も妥当なのはどれか。

平成22年度
国税専門官

ポルトガル
A 「航海王子」エンリケの指揮の下，アフリカ大陸西側に沿って拠点を築きながら南下した。王子の死後，バルトロメウ＝ディアスの艦隊は，アフリカ大陸南端の喜望峰に到達した。さらにヴァスコ＝ダ＝ガマの艦隊がアフリカ東岸を北上し，インドのカリカットに到着した。

➡ ポルトガルの海外発展の基礎を築いた
➡ ジョアン２世の命を受けて出発
➡ 以降，インド航路として開拓された

スペイン
B 女王や国王がコロンブスの新大陸発見やマゼランの世界周航を支援し，後には海外の鉱山から大量の銀を入手して，莫大な利益を得た。フェリペ２世の時代に最盛期を迎え，彼の領土は世界中に広がったため，「太陽の沈まぬ国」といわれた。

➡ 女王イサベルが支援
➡ カルロス１世が支援

イギリス
C アルマダ海戦で無敵艦隊を破る一方で，経済を支える商工業者を育成し，海運力を増強した。17世紀後半以降，ヨーロッパ，アフリカ，南北アメリカとの三角貿易の成立によって，大きな利益を得た。

➡ スペイン衰退のきっかけとなった
➡ イギリスからアフリカに工業製品，アフリカから南北アメリカに黒人奴隷，南北アメリカからイギリスにタバコや砂糖がそれぞれ輸出された

オランダ
D 16世紀に独立を宣言した後，強力な海運業に支えられて，その首都は世界の貿易と金融の中心となった。19世紀には，植民地の住民にコーヒー，サトウキビなどの商品作物を強制的に栽培させて，大きな利益を得た。

➡1581年の独立宣言でスペインより独立，1648年ウェストファリア条約で正式に承認された
➡ プランテーション（大農園）を経営した

	A	B	C	D
1	ブラジル	インド	ヴェトナム	カンボジア
2	ブラジル	メキシコ	インド	インドネシア
3	ブラジル	メキシコ	ヴェトナム	カンボジア
4	アルゼンチン	メキシコ	ヴェトナム	インドネシア
5	アルゼンチン	メキシコ	インド	カンボジア

難易度 ★★　重要度 ★★

A ポルトガルについての記述。1500年にポルトガルのカブラルが現在のブラジルに漂着し，領有を宣言した。ブラジルは中南米唯一のポルトガル領であり，1822年に独立するまでポルトガル領とされた。アルゼンチンは［Ⓐ　　　　　］の植民地である。

B スペインについての記述。1519～1521年にコルテスが［Ⓑ　　　　　］を滅ぼし，メキシコを支配した。インドはイギリスの植民地である。

C イギリスについての記述。1600年に東インド会社を設立，インド経営を重点に置き植民地化を進めた。1757年［Ⓒ　　　　　］の戦いにおいてベンガル地方の豪族と結んだフランスを破り，インド支配を決定づけた。ヴェトナムはフランスの植民地である。

D オランダについての記述。17世紀にはオランダ東インド会社によりインドネシア支配が進められ，1800年にはほぼ現在のインドネシア全体がオランダの支配下となった。カンボジアは［Ⓓ　　　　　］の植民地である。

よって，**2** が正答となる。

Point

- □ 15～16世紀に大航海時代の先駆となったスペイン，ポルトガルがまず海上の覇権を握り，その後1588年アルマダ海戦でスペインを破ったイギリス，1609年にスペインから事実上の独立を果たしたオランダが台頭し，各地で両国の争いが繰り広げられた。
- □ イギリスは17世紀後半にオランダをおさえた後，フランスと争うようになった。イギリスとフランスは，本国での争いが植民地争奪戦に持ち込まれた形となった。
- □ オランダ東インド会社は1602年に設立され，アジアでの香辛料貿易を独占した。
- □ 17世紀後半には主要な貿易品が香辛料から綿織物，茶，コーヒーなどにかわり，当時繊維産業が発展していたイギリスに貿易の主導権は移っていった。

Ⓐ：スペイン，Ⓑ：アステカ帝国，Ⓒ：プラッシー，Ⓓ：フランス

ルネサンス

ルネサンスに関する次の記述のうち，妥当なものはどれか。

平成10年度
国家Ⅱ種

1 ギリシア・ローマの古代文化を理想とし，それを復興し新しい文化を作り出そうという運動で，~~フランスに始まり，その後ネーデルラント~~，ドイツなどヨーロッパに伝播し，~~15世紀になって~~イタリアのフィレンツェで最も隆盛を見た。
14世紀のイタリアやネーデルラントに始まり
16世紀初めに

2 都市の繁栄により巨富を得た大商人によって支えられたルネサンス運動は，~~宗教を否定して~~人間の尊厳を説き，個性の自由な発揮を重んじたため，ローマ教皇や貴族はこれを~~厳しく弾圧~~した。
➲ 否定してはいない
保護

3 科学技術では，自然科学の各分野で技術の開発や発明が盛んに行われた。なかでも三大発明といわれる~~製紙法~~・羅針盤・火薬は~~イタリア~~で生まれたもので，イスラーム世界を通じて~~中国~~に伝えられた。
活版印刷
中国
ヨーロッパ

4 美術では，~~現実をありのままに直視しようとする写実表現~~に代わって，ものの本質や人間の内面の傾向に重きを置く抽象的表現方法が広まり，ボッティチェリは「ヴィーナスの誕生」や「春」を~~躍動感豊か~~に描いている。
➲ これは19世紀の半ばから後半の主義（写実主義，自然主義）
優美・繊細

5 文学では，ボッカチオが『デカメロン』を著して人間の現実の姿をえぐり出し，近代小説の先駆者となり，トマス＝モアが『ユートピア』を著して，空想の理想的社会を描きながら現実を風刺した。
➲ 1348～53年の作
➲ 1516年の作

難易度 ★ 重要度 ★★★

1 イタリアのルネサンスは，都市国家の富裕層の保護の下に発展した。ルネサンスは，まずイタリアのフィレンツェで開花した。銀行家であった［Ⓐ　　　　］は，多くの学者・文人・芸術家を保護した。ほぼ同時期，毛織物工業で発展したネーデルラントにも起こった。またドイツ・フランス・スペイン・イギリスにも波及した。

2 イタリアにおいては，ルネサンス運動を，教皇や貴族が保護している。［Ⓑ　　　　］を改修した教皇ユリウス2世は，ミケランジェロにシスティナ礼拝堂の天井画を依頼している。

3 活版印刷・羅針盤・火薬の起源は中国で，これらの技術を大きく改良発展させたのがルネサンス期のヨーロッパである。製紙業は13世紀にイタリアですでに始まっていたが，ドイツの［Ⓒ　　　　］は，金属活字や加圧式の印刷機を発明した。

4 ルネサンスの代表的な人物と作品は要暗記。イタリアの画家ボッティチェリが，「春」や「ヴィーナスの誕生」で，優美で繊細な女性像を描いた。また，ルネサンスの三大巨匠［Ⓓ　　　　］の「最後の晩餐（ばんさん）」や「モナ＝リザ」，［Ⓔ　　　　］の彫刻「ダヴィデ」や「最後の審判」，［Ⓕ　　　　］の多くの聖母画が代表的な作品。

5 正しい。文学者・哲学者では，イタリアの［Ⓖ　　　　］（『神曲』），ペトラルカ，ボッカチオ，ネーデルラントの［Ⓗ　　　　］（『愚（ぐ）神礼賛（しんらいさん）』），フランスのラブレー，モンテーニュ（『随想録』），イギリスの［Ⓘ　　　　］（『ハムレット』），トマス＝モア，スペインのセルバンテス（『ドン＝キホーテ』）など。

Point

- ☐ ルネサンスは，イタリアのフィレンツェから始まりヨーロッパに広まった，古代ギリシア・ローマ時代の芸術の復興・再生の運動。
- ☐ ルネサンスは，メディチ家に代表される都市の富豪が支えた。
- ☐ 火薬・羅針盤・活版印刷術はルネサンスの三大発明とされる。なかでも活版印刷術は，製紙法の普及とともに新しい思想の普及に大きな貢献をした。

Ⓐ：メディチ家，Ⓑ：サン＝ピエトロ大聖堂，Ⓒ：グーテンベルク，Ⓓ：レオナルド＝ダ＝ヴィンチ，Ⓔ：ミケランジェロ，Ⓕ：ラファエロ，Ⓖ：ダンテ，Ⓗ：エラスムス，Ⓘ：シェークスピア

17~18世紀の近代ヨーロッパ世界の出来事

17~18世紀の近代ヨーロッパ世界の出来事に関する記述のうち，最も妥当なのはどれか。

平成30年度
消防官

1 17 世紀のイギリスでは，国王の専制政治を批判した議会派と王党派のあいだ
➲チャールズ１世
で内戦が勃発した。議会派を勝利に導いたピューリタンのクロムウェルは，
➲のちに護国卿とな
1649 年に国王ヘンリ８世を処刑して共和政をうちたてた。
って軍事独裁を行う　チャールズ１世　➲清教徒（ピューリタン）革命である

2 強大な権力をふるったフランスのルイ 14 世は，スペイン継承戦争で結ばれた
➲在位1643～1715　➲スペイン王位の継承権をめぐる
ユトレヒト条約によって，ブルボン家のスペイン王位継承を認めさせた。国内
国際戦争　➲1713
ではヴェルサイユ宮殿を建設し，国王の権威を高めた。
➲当時の芸術様式の粋を示すバロック式宮殿

3 西欧諸国を視察したエカチェリーナ２世は，軍備の拡大をもってロシアの改革
ピョートル１世（在位 1682 ～ 1725）　➲西欧文明の導
をすすめた。北方戦争ではポーランド・デンマークと連合してスウェーデンを
入による近代化や西欧化　➲1700～21
破り，東欧における大国としての地位を固めた。
➲ニスタット条約でバルト海沿岸を獲得

4 ルネサンス期に登場した合理的な知の尊重と社会の偏見を批判する立場は，17
世紀の科学革命を経て，啓蒙思想となりヨーロッパを席巻した。アダム＝スミ
➲ニュートン，ボイルらが活躍　ディドロ・ダランベールら監修
スの「百科全書」が発表されたフランスでは，とくにその影響が強かった。
➲1751 ～ 72 年に刊行。啓蒙思想に基づき科学・技術や哲学・思想等を紹介

5 ポーランドはスペイン継承戦争後に王国に昇格し，フリードリヒ＝ヴィルヘル
プロイセン　➲1701 ～ 13（14）　➲ 在位 1713 ～ 40。「兵隊王」と
ム１世の時代に軍備増強と財政・行政を整備することで絶対王政の基礎を築い
呼ばれた
た。他の西欧諸国と異なり，市民層でなく国王主導の改革をもってヨーロッパ
の強国の地位についた。これを啓蒙専制主義という。
➲ 啓蒙専制主義は啓蒙的君主が上から国民を指導しながら近代化を進めていく体制。息子のフリードリヒ２世がその代表例

難易度 ★　重要度 ★★

1 イギリスの絶対王政は，ヘンリ7世が開いたテューダー朝に始まり，ヘンリ8世が創立したイギリス国教会の発展とともに確立され，エリザベス1世のときにその絶頂期を迎えた。彼女の死後開かれたステュアート朝のジェームズ1世・チャールズ1世の絶対王政は，課税の強化や国教の強制などを進めたため［Ⓐ　　　］が勃発し，クロムウェルはチャールズ1世を処刑し，共和政を樹立した。

2 正しい。フランスでは，「朕は国家なり」の言葉で有名なルイ14世が絶対王政の絶頂期を現出し，ヴェルサイユ宮殿を造営して宮廷文化が栄えた。財務総監［Ⓑ　　　］は重商主義政策を推進した。

3 ロシアでは，ピョートル1世が絶対王政を確立してロシアの西欧化・近代化に努め，外政面では，シベリア経営を進めて清とネルチンスク条約を結び，南下政策でオスマン帝国を圧迫し，北方戦争に勝ってバルト海へ進出した。彼の事業を受け継いだ［Ⓒ　　　］はロシアの絶頂期を現出し，領土を拡大してポーランド分割を強行した。

4 ディドロとダランベールが編集した『百科全書』には，ヴォルテール，『法の精神』の［Ⓓ　　　］，ルソーらフランスの啓蒙思想家のほとんどが執筆に参加し，啓蒙思想の普及に大きな役割を果たした。

5 プロイセンでは，［Ⓔ　　　］が絶対王政を確立し，啓蒙専制君主だったフリードリヒ2世はポーランド分割にも参加して領土を拡げた。

Point

- □ イギリスでは，テューダー朝の下で絶対王政が展開されたが，17世紀後半には清教徒（ピューリタン）革命・名誉革命と，不完全ではあるが世界に先駆けて市民革命が成し遂げられた。
- □ フランスでは，ルイ14世の時代に，典型的な絶対王政が成立した。
- □ ロシアでは，ピョートル1世が絶対王政を確立し，エカチェリーナ2世がその絶頂期を現出し，啓蒙専制君主として開明的な政策を進めたが，のちに反動化した。プロイセンでは，フリードリヒ＝ヴィルヘルム1世が絶対王政を確立し，その子フリードリヒ2世が典型的な啓蒙専制君主として国内の近代化に成果を出した。
- □ 18世紀のフランスで発展した啓蒙思想は，フランス革命の思想的根拠となっていった。

Ⓐ：清教徒（ピューリタン）革命，Ⓑ：コルベール，Ⓒ：エカチェリーナ2世，Ⓓ：モンテスキュー，Ⓔ：フリードリヒ＝ヴィルヘルム1世

ルネサンス

ルネサンスに関する記述として，最も妥当なのはどれか。

平成14年度 国税専門官

1 教皇の力が衰え，封建社会もまた揺らいでくると，西ヨーロッパでは都市の市民層を中心に人間を封建的な束縛から解放しようとする~~政治・社会~~（文化）革新運動が起こった。この運動は，彼らが最も人間らしく生きていた時代と考えられる~~ローマ共和政~~（古代ギリシア・ローマの文化）を再生させようという形で始まったところからルネサンスと呼ばれ，社会に変革をもたらし，近代化につながった。

2 ルネサンスは最初に~~ヴェネツィア~~（フィレンツェ）で起こった。その理由として，~~東方貿易に有利な海港都市~~（➲ フィレンツェは内陸の商業都市）であり経済的に繁栄したこと，東方貿易で高度なイスラーム文化が流入したこと，ビザンツ帝国から学者が亡命してきて古代ギリシア文化を伝えたことなどが挙げられる。~~ヴェネツィア~~（フィレンツェ）の大富豪で市政に君臨した~~サヴォナローラ~~（コジモ=デ=メディチ）は自邸内にプラトン学院を設け，多くの学者や芸術家を養成した。

3 ルネサンス期には，階級的な制約の打破，人間疎外からの解放をめざすヒューマニズム運動が起こり，人間追求の手がかりを古典古代に求め，ラテン語・ギリシア語の研究と古典の収集に努力する文学者が多く輩出された。代表的な文学者であるダンテは~~ギリシア語~~（トスカナ語）で『神曲』を著し，~~ラブレー~~（モンテーニュ）はラテン語で『随想録』を著した。

4 ルネサンスの合理的な考え方は，自然科学や技術を進歩させた。コペルニクスは天動説に疑いを抱き地動説を唱え（➲『天球回転論』を著した），ガリレオ＝ガリレイは望遠鏡による観測によって地動説の正しさを主張した。またルネサンスの三大発明の一つである活版印刷はドイツ人グーテンベルクが発明したといわれ（➲『四十二行聖書』などを発行），製紙法と相まって新しい思想の速やかな普及に影響を与えた。

5 ~~壮大な規模と豪華絢爛たる装飾が特徴的な~~（➲ バロック様式の特徴）中世後期のゴシック様式に代わり，高い天井と屋根，ステンドグラスをはめた大きな窓を持つ~~ルネサンス様式が起こった~~（➲ これらもゴシック様式の特徴）。~~ピサの大聖堂~~（サン=ピエトロ大聖堂）はルネサンス期の代表的な建築物である。しかし建物内を飾る彫刻や絵画は~~科学万能~~（古典文化の再生）の精神を反映してギリシア神話やキリスト教に題材を求めたものは~~少なかった~~（多かった）。

解説

難易度 ★★　重要度 ★★★

1 ルネサンスとは「再生」の意味である。[Ⓐ　　　　　] 時代の文化を高く評価し，人間性の自由と解放を求めた。ルネサンスはイタリアで始まり，ヨーロッパ各地に広まった。

2 フィレンツェは，内陸部の都市で毛織物業が栄え，銀行業を営むメディチ家は莫大な富を蓄えた。フィレンツェ全盛の中，コジモとその孫の [Ⓑ　　　　　] は文化・芸術の保護者として名高い。メディチ家の別荘プラトン学院（プラトン＝アカデメイア〔プラトン＝アカデミー〕）には，多くの哲学者・画家・芸術家が集った。サヴォナローラはフィレンツェの宗教指導者である。

3 ビザンツ帝国が [Ⓒ　　　　　] に滅ぼされ，多くの学者がイタリアに移住したことも，古典研究が盛んになるきっかけとなった。ルネサンスの先駆者ダンテは，長編叙事詩の『神曲』をトスカナ語（イタリア語）で書いた。

4 正しい。科学では，地動説のコペルニクス，地動説を認めたガリレオ＝ガリレイ，惑星運行の法則を発見した [Ⓓ　　　　　]，活版印刷のグーテンベルクらがいる。ほか，[Ⓔ　　　　　] が航海に用いられ大航海が可能になったことも，その後の時代を動かすきっかけになった。

5 ゴシック様式は，大きな窓，[Ⓕ　　　　　] と呼ばれる色ガラス，明るい室内，高い尖塔（せんとう），曲面天井が特徴。ルネサンス様式は調和と均整のとれた様式で，円屋根と列柱に特徴がある。ピサ大聖堂は半円アーチを特徴とする重厚なロマネスク様式である。

Point

- ☐ 人間精神の革新運動ともいわれるルネサンスは14～16世紀にヨーロッパで起こった。ギリシア・ローマの文芸の復興をめざした。イタリアのフィレンツェで始まり，ヨーロッパ各地に広まった。
- ☐ フィレンツェのメディチ家のコジモらは学者・芸術家を保護した。
- ☐ コペルニクスが地動説を唱え，ガリレオ＝ガリレイがそれを認めた。
- ☐ ルネサンス様式はサン＝ピエトロ大聖堂に代表される。

Ⓐ：古代ギリシア・ローマ，Ⓑ：ロレンツォ，Ⓒ：オスマン帝国，Ⓓ：ケプラー，Ⓔ：羅針盤，Ⓕ：ステンドグラス

世界史068

宗教改革

宗教改革に関する次の記述のうち，妥当なものはどれか。

平成16年度
地方上級

1 ~~ルター~~は農奴制廃止を求めて自ら農民を指導し，ドイツ農民戦争を起こした。
ミュンツァー

2 ユグノー戦争が起こったことにより，アンリ4世はナントの勅令を発し，ユグノーを~~徹底的に弾圧した~~結果，戦争は終結した。ユグノーらは~~海外へ流出し，フランスの経済に打撃を与えた。~~
➲ 信教の自由を与えた
➲ これはその後のナントの勅令廃止の影響

3 非宗教的な動機から始まったイギリスの宗教改革の結果，イギリス国教会が創設された。~~エリザベス1世~~が初代の国教会首長となったが，儀式などはカトリック色が強い。
ヘンリ8世

4 スペインは旧教の復活をめざし，イエズス会を創設した。その結果，旧教が再び大きな影響を与えることになった。
➲ イグナティウス=ロヨラを中心に創設

5 ネーデルラントはスペインの旧教政策に反発し，ユトレヒト同盟を結んで，オランダとして独立した。しかし，その後，~~国内の産業は疲弊してしまい，オランダは衰退していった。~~
➲ オランダは東洋貿易によって発展し，17世紀前半に最盛期を迎えた

難易度 ★★　重要度 ★★★

1 ルターが戦争の首謀者？ と疑問を持とう。急進的な改革者ミュンツァーの指導で貧農・鉱山労働者らが，「聖書」を根拠に農奴的負担（税や賦役（ふえき））の撤廃を求めて，1524年に［Ⓐ　　　　　］を起こした。ルターは，最終的には反乱を非難。翌年，武力で鎮圧された。

2 カルヴァン派の新教徒はイギリスではピューリタン，フランスではユグノーと呼ばれる。フランスでユグノーは弾圧され，［Ⓑ　　　　　］も起こったが，アンリ4世は，ナントの勅令で信教の自由を認め，内乱は収拾した。

3 ヘンリ8世は離婚問題で教皇と対立し，［Ⓒ　　　　　］を出して，自らが首長となるイギリス国教会を創立した。一時カトリックに復帰するなど混乱したが，1559年にエリザベス1世が［Ⓓ　　　　　］を出してイギリス国教会が確立した。

4 正しい。宗教改革によってカトリック内部も改革を迫られる。カトリック内部の改革を［Ⓔ　　　　　］と呼ぶ。スペインのイグナティウス＝ロヨラは，パリでイエズス会を設立し，新教徒に対抗し，布教に取り組んだ。日本に来たザビエル（シャヴィエル）は，会設立の際のメンバーの一人である。

5 ネーデルラントはスペイン領だったが，ホラント州などの北部7州は新教の［Ⓕ　　　　　］が多かった。スペイン王フェリペ2世がカトリック政策をとり，自治を奪おうとしたために独立戦争が起こり，北部7州はネーデルラント連邦共和国（オランダ）として独立した。

Point

- □ ドイツ農民戦争は，農奴制廃止，農奴的負担の撤廃を求めた反乱。ルターに影響されたミュンツァーらが指導したが，鎮圧された。
- □ イギリスのヘンリ8世は，ローマ教皇と断絶し，イギリス国教会を設立。メアリ1世がカトリックを復活させたが，エリザベス1世のときの信仰統一法でイギリス国教会が確立した。
- □ カトリック教会の内部改革や新教への対抗政策を対抗宗教改革と呼ぶ。スペインの軍人ロヨラは，イエズス会を創立し，布教に努めた。
- □ ネーデルラントが，スペインのフェリペ2世の旧教政策に反対し，ネーデルラント連邦共和国（オランダ）として独立した。

Ⓐ:ドイツ農民戦争，Ⓑ:サン＝バルテルミの虐殺，Ⓒ:国王至上法（首長法），Ⓓ:信仰統一法（統一法），Ⓔ:対抗宗教改革（反宗教改革），Ⓕ:カルヴァン派

宗教改革をめぐる動き

ヨーロッパにおける宗教改革をめぐる動きに関する次の記述のうち，妥当なものはどれか。

平成6年度
国税専門官

1 宗教改革は18世紀にドイツの修道士でヴィッテンベルク大学の神学教授であった~~カルヴァン~~（ルター）が，~~神聖ローマ帝国~~（教皇庁（カトリック教会））の収入増を図るという目的の下に~~皇帝~~（教皇）により行われた免罪符の乱売に反対し，「九十五カ条の論題」を公表したことにより端を発したものである。

2 カルヴァンは予定説を唱えたが，その精神は，勤労を尊びその結果としての蓄財を認めることにつながる。このためカルヴァン主義は，折から成長し始めた商工業者を中心とする市民階級に支持され，西ヨーロッパに広く展開していった。
➲ イングランドのカルヴァン派はピューリタン（清教徒）と呼ばれた

3 ルターは，キリスト教信仰者の自由は内面の自由のみならず，社会的にも実現されなければならないとして，ミュンツァーが指揮した革命的なドイツ農民戦争を支持し，~~後には諸侯に対し農民の主張を聞き入れるよう勧告を行った~~。
➲ 初めは支持したが，反乱が過激になると反乱側を非難し，諸侯に武力による鎮圧を呼びかけた

4 ~~カトリック（旧教）~~（ルター派）に対する~~ルター~~（カトリック）派の攻撃に対し，~~カトリック派~~（ルター派）の諸侯・都市が~~神聖同盟~~（シュマルカルデン同盟）を結んで対抗し内戦状態になった。この内戦は，ドイツ諸侯および~~その領地の住民たち~~（都市）に新教か旧教かの選択を認めたアウグスブルクの和議により収束した。

5 カトリック教会の内部に，自らの力だけでは教会改革が不可能と考え，~~一部の新教徒との協力の下に~~改革を進めようとする動きが出てきた。この~~協力の動き~~（カトリック教会内での改革の動き）は反宗教改革といわれ，その代表的組織が教皇への絶対服従，清貧，貞潔を旨とするイエズス会である。
➲ 新教徒と協力した改革はない

難易度 ★★ 重要度 ★★

1 免罪符（贖宥状）といえばルターである。ルターの「九十五カ条の論題」は，教皇が［Ⓐ　　　　］の改築費用のために免罪符販売を許可したことがきっかけとなった。ルターは，聖書に基づく信仰によってのみ救われると説いた。

2 正しい。スイスでの宗教改革は，フランスからの亡命者カルヴァンによって行われた。魂の救済は神によって予定されたもので，救済には神の意志以外にかかわることはできないという［Ⓑ　　　　］を唱え，神に与えられた職業に禁欲的に従事することを勧めた。この考えは中産市民・知識人に受け入れられ，西ヨーロッパに広まった。

3 農奴制廃止や賦役の軽減などの要求を掲げ，［Ⓒ　　　　］が起こった。この反乱を初め支持したルターは，過激な行動をとるようになると諸侯側に立った。

4 ドイツではカトリック教会を利用して権威を維持したい皇帝カール5世とルター派が対立し，［Ⓓ　　　　］(1546～47年)に発展した。1555年のアウグスブルクの和議でルター派の諸侯，都市にも旧教領主と同等の信教の自由が認められた。神聖同盟はナポレオン戦争後にロシア皇帝アレクサンドル1世によって提唱された君主間の精神的盟約である。

5 カトリックが改革に新教徒の力を借りることはない。カトリック教会内部の改革の動きが対抗宗教改革（反宗教改革）。［Ⓔ　　　　］が創設したイエズス会はその代表的な組織。

Point

- □ ルターは，ドイツで，免罪符（贖宥状）の乱売に反対して「九十五カ条の論題」を教会の扉に張り出した。この論題は，グーテンベルクの発明した新しい印刷術によって印刷されて広まり，大反響を生んだ。
- □ スイスではカルヴァンが「予定説」を唱え，商工業者や知識人に受け入れられ，ドイツ以北のヨーロッパに広まった。
- □ ドイツ国内の宗教対立は，アウグスブルクの和議によって収束した。このとき皇帝に抗議したルター派の諸侯や都市をプロテスタント（抗議する人）と呼んだが，これが後に新教徒全体をさすようになった。

Ⓐ：サン＝ピエトロ大聖堂，Ⓑ：予定説，Ⓒ：ドイツ農民戦争，Ⓓ：シュマルカルデン戦争，
Ⓔ：イグナティウス＝ロヨラ

世界史070

カルヴァンの宗教改革

カルヴァンの宗教改革に関する記述として，正しいものは次のうちどれか。

平成2年度 市役所

1 国王の悪政に対する抵抗権（革命権）を認めていた。
➲ 抵抗権（革命権）に理論的基礎を与えたのはロック

2 長老制の教会を中心とする共和制度を理想としていた。
➲ 司祭を置かず，牧師と長老とが教会の運営に当たるというもの

3 宗教と政治経済は完全に分離されるべきだと主張した。
一致

4 国王の権力は神の定めたものとみなす立場から，急進的な改革を戒めた。
➲ これはルターの主張

5 勤労は尊いが富の蓄積は心の平和を乱すものとして重要視しないことを主張した。
➲ カルヴァンは富の蓄積を認めた

解説

難易度 ★★　重要度 ★★

1 宗教革命は 16 世紀，名誉革命は 17 世紀（1688 年）である。イギリスの思想家［Ⓐ　　　　］は名誉革命を擁護し，君主が自然権を侵した場合は人民の側に契約を解消する権利があるとして，革命権を認めた。

2 正しい。宗教改革でカルヴァンといえば長老制の教会。カルヴァンはスイスの［Ⓑ　　　　］で教会の最高指導者として改革を進めた。カルヴァンは司祭制度を廃止し，教会に長老制を取り入れ，牧師や信者の中から選ばれた長老が教会の信仰指導・運営に当たった。

3 カルヴァンは，神の意志で与えられた職業には禁欲的に従事することを主張し，世俗的な職業にも宗教的な意味を与えた。また，魂の救済は，神によって定められており，教会や教皇も魂の救済にはかかわることはできないとする［Ⓒ　　　　］を主張した。

4 ルター派は，反カトリック・反教皇の諸侯が中心で，ルターは諸侯の権力を肯定しており，急進的な改革を戒めた。［Ⓓ　　　　］の指導したドイツ農民戦争に対して，最初は支持していたが，反乱が過激化し流血が大きくなると，領主に武力で反乱を鎮圧するよう要請した。

5 カルヴァンは，神から与えられた職業を天職として禁欲的に働くことが神の意志にかなうとし，その結果生まれる［Ⓔ　　　　］は肯定した。この考えは，力を蓄えた中産的な市民の支持を得た。

Point

- □ ドイツのルターと並んで，スイスのチューリッヒではツヴィングリが，スイスのジュネーヴではカルヴァンが宗教改革を進めた。
- □ カルヴァンは教会に長老制を取り入れた。長老は牧師や信徒から選ばれ，信仰に関する指導・管理・運営の中心となった。
- □ カルヴァンは予定説を主張した。また，神の意志で与えられた職業には，天職として禁欲的に従事するよう指導した。
- □ 勤労を重視したカルヴァンは，その結果として生まれる富の蓄積を肯定した。

Ⓐ：ジョン＝ロック，Ⓑ：ジュネーヴ，Ⓒ：予定説，Ⓓ：ミュンツァー，Ⓔ：富の蓄積（富／財産）

イスラーム世界

イスラーム世界に関する記述として最も適当なものはどれか。

平成28年度
裁判所

1 イランに成立したサファヴィー朝は，建国後にシーア派を国教とし，君主は~~スルタン~~を名乗るなどイラン人の民族意識を高揚した。アッバース１世は，かつてオスマン帝国やポルトガルに奪われた領土を回復し，新首都イスファハーンを建設して，サファヴィー朝は最盛期を迎えた。
➲1501～1736年
シャー
➲サファヴィー朝第５代の王(在位1587～1629)，中央集権体制を確立した

2 ~~アドリアノープル~~は陸路の東西交易の拠点として発展した中央アジアの中心都市で，チンギス＝ハンによって破壊されたが，西チャガタイ＝ハン国出身のティムールにより建てられたティムール朝では首都とされ，14～15世紀には商業・学芸の中心として繁栄した。
サマルカンド
➲モンゴル帝国を築いた建国者

3 13世紀にアナトリアの北西部に建国されたオスマン帝国は，セリム１世のもとでシリアへ進出し，さらに1517年にエジプトのマムルーク朝を滅ぼし，その管理下にあったメッカとメディナの保護権を手に入れ，~~シーア~~派イスラーム教の守護者の中心となった。
➲16世紀には西アジア・東地中海を統治する大帝国に発展
スンナ

4 広大な版図を有したオスマン帝国内には，イスラーム教徒だけでなく多くのキリスト教徒やユダヤ教徒などが暮らしていた。彼らはイスラームの伝統にならって人頭税（ジズヤ）を支払うことによって，ミッレトと呼ばれる宗教共同体を単位とした自治が認められていた。
➲ムスリム政権の下で異教徒が支払う人頭税

5 オスマン帝国のヨーロッパ・アジアへの征服活動を支えた軍事力は，軍事奉仕の代償として与えられた土地からの徴税権を保持する騎士軍団と，~~イクター制によって徴用されたキリスト教徒を~~編制した皇帝直属の歩兵軍団であるイェニチェリとからなっていた。
征服地のキリスト教徒の子弟を強制徴用して

難易度★★★ 重要度★★

1 サファヴィー朝はササン朝滅亡以来850年ぶりのイラン人国家である。スンナ派のオスマン帝国に対抗してシーア派を国教とし，皇帝の称号はアラビア風のスルタンからイラン風の尊称［Ⓐ　　　　］に改称して，イラン民族の民族意識を高揚した。

2 モンゴル民族の衰退後，西チャガタイ＝ハン国のティムールがティムール朝をおこし，領土を拡大して1402年にはオスマン帝国に［Ⓑ　　　　］で勝利した。東西貿易の利で首都サマルカンドは中央アジア最大の国際市場として栄え独自のイスラーム文化が繁栄した。アドリアノーブルはオスマン帝国のイスタンブールに遷都する前の都。

3 4代カリフ（ムハンマドの後継者）のアリーとその子孫のみを正統とする少数派のシーア派に対し，多数派のスンナ派は正統［Ⓒ　　　　］を正統とした。オスマン帝国はスンナ派ムスリムの政権である。マムルーク朝を滅ぼしてメッカとメディナの保護権も手に入れたのを機にセリム1世は［Ⓒ　　　　］政治の後継者を自任し，オスマン帝国はイスラーム帝国の後継者の性格を強めていった。

4 オスマン帝国は異教徒には比較的寛大で，異教徒の外国人に通商の自由，免税，治外法権などを認める［Ⓓ　　　　］という恩恵的特権を与えたが，のちに拡大解釈され，帝国主義時代には事実上の不平等条約となった。

5 イクター制は軍人や官僚に俸給の代わりに分与地（イクター）の徴税権を与えた制度。10世紀以降西アジア等で行われ，オスマン帝国の軍事的封土の制度はそれを発展させたものとされる。イェニチェリはキリスト教徒の子弟を［Ⓔ　　　　］に改宗させて編成した。

- □ モンゴル民族の衰退後中央アジアで成立したティムール朝は東西貿易で栄え，首都サマルカンドは文化の中心地となった。
- □ ティムール朝解体後に成立したサファヴィー朝はイラン人の民族国家で，シーア派を国教とし，アッバース1世のとき全盛となった。
- □ 小アジアのトルコ人の国オスマン帝国は，ビザンツ帝国を滅ぼしマムルーク朝も滅ぼしてスンナ派の盟主の地位を確立。スレイマン1世のときプレヴェザの海戦で地中海の制海権を握り最盛期を迎えた。

Ⓐ：シャー，Ⓑ：アンカラの戦い，Ⓒ：カリフ，Ⓓ：カピチュレーション，Ⓔ：イスラム教徒

世界史072

イスラーム諸国と周辺諸国

イスラーム諸国と周辺諸国の歴史に関する記述として，最も妥当なのはどれか。

平成15年度
国家Ⅱ種

1 ~~ムハンマド~~の死の直後，~~その子~~ムアーウィヤが~~初代の~~カリフとなり，~~メッカ~~を
アリー　シリア総督　ダマスクス
首都とするウマイヤ朝を建てた。ウマイヤ朝は~~ササン朝ペルシアを滅ぼし~~，
➲ 正統カリフ時代のこと
また，イベリア半島に進出しトゥール・ポワティエ間の戦いでフランク王国~~を~~
~~破った~~。
敗北した

2 ウマイヤ朝内において，スンナ派とシーア派の対立が激しくなると，多数派の
スンナ派は~~コンスタンティノープル~~を首都とする~~マムルーク朝~~を建てた。~~マム~~
バグダード　アッバース朝
~~ルーク朝~~はイベリア半島を初めて領土としたイスラーム帝国となった。
ウマイヤ朝

3 サラーフ＝アッディーン（サラディン）は，~~アッバース朝~~を建て，エジプト
アイユーブ朝
の~~セルジューク朝~~を倒した。また，サラディンは，~~9世紀~~に十字軍が建てたイ
ファーティマ朝　11世紀
ェルサレム王国を攻撃してイェルサレムの奪回に成功した。

4 ティムールは~~バグダード~~を首都としてティムール朝を開き，小アジアやインド
サマルカンド
にまで領土を拡大した。しかし，~~フラグに率いられたモンゴル軍の強大な軍事~~
ティムールの死後は衰退し，トルコ系のウズベク族に滅ぼされた
~~力に抗することができず，イル＝ハン朝に滅ぼされた~~。

5 ビザンツ帝国を滅ぼしたオスマン帝国は，スレイマン１世のときに最盛期を迎
➲ 在位 1520 ～ 1560 年
えた。イラクや北アフリカに領土を広げ，また，ハンガリーを征服し，ウィー
➲ モハーチの戦いでハンガリーに勝利
ンを包囲してヨーロッパ諸国に大きな脅威を与えた。

難易度 ★★ 重要度 ★

1 第4代カリフのアリーが暗殺されるとムアーウィヤがダマスクスにウマイヤ朝を建てた。イベリア半島に進出したウマイヤ朝は西ゴート王国を滅ぼしたが，トゥール・ポワティエ間の戦いで，フランク王国の［Ⓐ　　　　］に敗れた。

2 ウマイヤ朝後はアッバース朝で，首都はバグダードである。アッバース朝では，イスラーム教徒であれば，民族の差別はしないで，政治は［Ⓑ　　　　］に基づいて行われた。マムルーク朝は13世紀から16世紀にエジプト・シリアを支配したスンナ派の王朝で，首都はカイロである。

3 サラーフ＝アッディーン（サラディン）がエジプトに建国したのはアイユーブ朝である。サラディンは，1187年に十字軍を破り，イェルサレムを奪回し，さらに第3回十字軍も退けたが，アイユーブ朝は［Ⓒ　　　　］にとって代わられた。

4 ティムール朝の首都はサマルカンドである。ティムールはイル＝ハン国滅亡後にその領土を併合し，キプチャク＝ハン国やインドも攻撃，［Ⓓ　　　　］への遠征途中で病没した。

5 正しい。スレイマン1世はウィーン包囲後，1538年に［Ⓔ　　　　］でスペイン，ヴェネツィア，ローマ教皇の連合軍を破り，地中海の制海権を獲得した。

Point

☐ イスラーム世界の多数派は，4人の正統カリフを認めるスンナ派であり，イスラーム教徒の約9割を占めている。少数派のシーア派は，ムハンマドの従弟で，第4代カリフのアリーとその子孫のみが正統な後継者であるとしている。

☐ オスマン帝国のスレイマン1世は，1535年にフランスのフランソワ1世と同盟を結び，フランス人の帝国内での通商の自由を認めた。これはカピチュレーションといわれるが，オスマン帝国衰退期には，ヨーロッパ諸国のオスマン帝国侵略の手段にもなった。

Ⓐ：カール＝マルテル，Ⓑ：イスラーム法，Ⓒ：マムルーク朝，Ⓓ：明，Ⓔ：プレヴェザの海戦

オスマン帝国

オスマン帝国に関する記述として，妥当なのはどれか。

令和２年度
地方上級

1 ~~イェニチェリ~~は，キリスト教徒の子弟を徴用し，ムスリムに改宗させて官僚や
デヴシルメ　➲ 征服地のキリスト教徒の優秀な男子を強制的に徴用
軍人とする制度であり，これによって育成された兵士で，スルタン直属の常備
➲ イスラーム王朝の政治権力者の称号
歩兵軍団である~~デヴシルメ~~が組織された。
イェニチェリ

2 カピチュレーションは，オスマン帝国内での安全や通商の自由を保障する恩恵的特権であり，イギリスやオランダに対して与えられたが，フランスには~~与えられなかった~~。
最初に与えられた

3 ~~セリム~~１世は，13世紀末にアナトリア西北部でオスマン帝国を興し，~~バルカン半島へ進出してアドリアノープルを首都としたが~~，バヤジット１世は，1402
オスマン
➲ これは第３代ムラト１世の業績である　➲ 第４代スルタン
年のニコポリスの戦いでティムール軍に大敗を喫した。
➲ ハンガリー王率いる十字軍を破り，アンカラの戦いでティムール軍に大敗した

4 メフメト２世は，1453年にコンスタンティノープルを攻略し，~~サファヴィー~~
➲ 第７代スルタン。征服王　➲ 現在のトルコのイスタンブル　➲ ビザンツ帝国
朝を滅ぼして，その地に首都を移し，更には黒海北岸のクリム＝ハン国も服属
➲ クリミア半島に成立したムスリムの政権
させた。

5 スレイマン１世のときに，オスマン帝国は最盛期を迎え，ハンガリーを征服し
➲ 第10代スルタン
てウィーンを包囲し，1538年にプレヴェザの海戦でスペイン等の連合艦隊を
➲ 地中海の制海権を獲得
破った。

難易度 ★★★ 重要度 ★★

1 デヴシルメが征服地のキリスト教徒の少年を強制的に徴集する制度であり，それによって集めた少年を訓練して編成した強力な親衛隊が［Ⓐ　　　］である。最新式の武器を装備した［Ⓐ　　　］は征服活動の中心となり，ヨーロッパ諸国の脅威となった。

2［Ⓑ　　　］は，ハンガリーを攻めた際の同盟国であるフランスに最初に与えられた。オスマン帝国は異民族には寛大で，ヨーロッパ諸国に［Ⓑ　　　］を与えたが，帝国主義時代になると，ヨーロッパ諸国はオスマン帝国を侵略する手段として［Ⓑ　　　］を利用した。

3 建国者はオスマン1世，バルカンに進出しアドリアノープルに遷都したのはムラト1世，ニコポリスの戦いで対トルコ十字軍を破ったが，［Ⓒ　　　］でティムールに大敗し捕虜となって没したのはバヤジット1世。このときオスマン帝国は滅亡の危機に直面した。セリム1世は16世紀前半にマムルーク朝を滅ぼしてメッカ・メディナを支配し，カリフ政治の後継者を自任した第9代スルタン。

4［Ⓓ　　　］はビザンツ帝国の都だった。メフメト2世が陥落させて遷都し，トルコ風のイスタンブルの名称が一般化した。メフメト2世は征服王と呼ばれ帝国発展の基礎を確立した。

5［Ⓔ　　　］の時代に，オスマン帝国はアジア・アフリカ・ヨーロッパの3大陸にまたがる大帝国となり，東西貿易路をおさえてその利益を独占した。専制的支配体制を築いたが宗教政策は寛容だった。

Point

- □ オスマン帝国は，13世紀末にオスマン1世が小アジア西部に建てたイスラーム帝国である。デヴシルメ制で育成された強力な親衛隊イェニチェリを中心に征服活動を進めた。
- □ メフメト2世は，1453年，コンスタンティノープルを攻略し，ビザンツ帝国を滅ぼした。コンスタンティノープルはオスマン帝国の都となり，イスタンブルと改称された。
- □ オスマン帝国は16世紀半ばスレイマン1世のときに最盛期を迎えた。プレヴェザの海戦でスペイン・ローマ教皇などの連合艦隊を破って地中海の制海権を握り大帝国となった。異民族には寛大で，ヨーロッパ諸国にはカピチュレーションと呼ばれる特権を与えた。

Ⓐ：イェニチェリ，Ⓑ：カピチュレーション，Ⓒ：アンカラの戦い，Ⓓ：コンスタンティノープル，Ⓔ：スレイマン1世

イスラーム世界の発展

イスラーム世界の歴史に関する記述として最も妥当なのはどれか。

平成22年度
国家Ⅰ種

1 イスラーム教の創始者であるムハンマドは，一人の人間として唯一神アッラーに服従することを説いたが，メッカでは歓迎されず，彼の支持者とともにメディナに移住した。メディナの指導者となったムハンマドはイスラーム教徒の共同体を樹立し，630年に故郷メッカを征服し，カーバ神殿をイスラーム教の聖地に定めた。

➲622年
➲ウンマ

2 イスラーム教の創始者ムハンマドの死後，イスラーム教徒の間に動揺が広がり，教団は危機に直面した。しかし，ムハンマドの後継者を意味するカリフの称号を得たウマルは，混乱を収拾してイスラームを旗印に軍勢を整えて北方への征服を進めた。その後，ムスリム軍は，651年に~~アケメネス朝~~ペルシアを滅ぼすなどさらに領土を広げた。

ササン朝

3 第4代カリフのアリーの頃，カリフの座を巡って有力者間の争いが発生した。アリーは暗殺され，敵対していたウマイヤ家のムアーウィヤが新たにウマイヤ朝を建てた。アリーの支持者はウマイヤ家の支配を認めず，やがて~~スンナ派~~と呼ばれるグループを作りだした。一方，~~スンナ派~~以外の~~少数派~~の人々は~~シーア派~~と呼ばれるようになり，両派の対立は，イスラーム教徒を二分することとなった。

シーア派
シーア派
多数派
スンナ派

4 イスラーム法学者の研究により，ウマイヤ家の支配の正統性への疑問が生まれたことを利用し，750年，アッバース家がウマイヤ朝から政権を奪った。アッバース朝では，~~少数の特権的なアラブ支配層が被征服民を支配し~~，被征服地の住民は，イスラーム教に改宗後も地租（ハラージュ）と~~人頭税（ジズヤ）が課された~~。

➲アラブ人の特権は失われていった
➲イスラム教徒であれば人頭税（シズヤ）は課されなかった

5 アッバース朝の辺境に興ったシーア派軍事政権ブワイフ朝は，946年にバグダードを占領した。アッバース朝カリフの在位は続いたものの，政治の実権はブワイフ朝の君主が握った。ブワイフ朝は，~~イラン系の軍人~~であるマムルークに対し，~~農地等からの徴税権に代えて俸給を~~与えるイクター制を導入し，~~常備軍を整備して十字軍を撃退した~~。

トルコ人奴隷
俸給を与える代わりに，土地の管理・徴税権を
➲第１回十字軍はセルジューク朝の時代である

難易度 ★★★ 重要度 ★★

1 正しい。ムハンマドは610年頃アッラーの啓示を受けて預言者としての自覚をいだき，622年メディナに移住，信仰共同体（[Ⓐ　　　　]）を設けた。630年には信者とともにメッカを征服した。

2 第2代正統カリフのウマルは642年［Ⓑ　　　　］の戦いでササン朝ペルシアを破った。この敗北でササン朝ペルシアは事実上崩壊し，651年滅亡した。アケメネス朝は紀元前330年頃にアレクサンドロス大王の東方遠征によって滅亡している。

3 スンナ派とシーア派の説明が反対である。代々のカリフを正統とする多数派が［Ⓒ　　　　］，アリーとその子孫のみをカリフと認める少数派が［Ⓓ　　　　］である。

4 アッバース朝ではアラブ人の特権を排除し，イスラーム教徒間での平等を実現した。イスラーム教徒であれば［Ⓔ　　　　］は課されず，アラブ人であっても征服地に土地を持つ場合は地租（ハラージュ）が課せられた。

5 シーア派政権のブワイフ朝は，カリフから［Ⓕ　　　　］の称号を受け政治の実権を握った。アッバース朝の中にブワイフ朝が存在している状態である。軍人に俸給の代わりに特定の土地の徴税権を与えるイクター制を導入した。

Point

- [ ] ムハンマドは7世紀初めにイスラーム教を開いた。622年にメディナに移住，信仰共同体（ウンマ）を設け征服活動を行い，630年メッカを征服した。

- [ ] ウマイヤ朝ではウマイヤ家がカリフを世襲するようになったが，これを認めず，アリーとその子孫のみをカリフと認める一派がシーア派である。

- [ ] アッバース朝はイスラーム教徒間の平等を実現し，イスラーム帝国としての国家が確立した。

- [ ] ブワイフ朝はアッバース朝のカリフから大アミールの称号を受け，政治の実権を握った。カリフは在位はしているが政治的権力はなく，イスラーム教のシンボルとしての存在となった。

Ⓐ：ウンマ，Ⓑ：ニハーヴァンド，Ⓒ：スンナ派，Ⓓ：シーア派，Ⓔ：人頭税（ジズヤ），Ⓕ：大アミール

世界史075

第二次世界大戦後のイスラーム諸国

第二次世界大戦後のイスラーム諸国の歴史に関する記述として，妥当なものはどれか。

平成11年度
国家Ⅰ種

1 パキスタンは，第二次世界大戦後，インドでの国民会議派中心の独立運動に反発していたムスリムが，イスラーム国家の建国を主張して成立した。~~同国は~~（インドは），その後，ガンジス川東部地方のイスラーム教徒による~~インド~~（パキスタン）からの独立運動を支援し，バングラデシュの建国を助けた。

2 アフガニスタンでは，~~第二次世界大戦後~~（第一次世界大戦後）イギリスから独立し~~社会主義政権のアフガニスタン民主共和国~~（アフガニスタン王国）が成立したが，イスラーム教徒の強い反発から内戦が頻発し，ソ連が同国に軍事介入してさらに泥沼化した。ソ連は西側諸国から非難を浴びたが，ソヴィエト連邦が~~崩壊するまで介入を継続した~~（崩壊する前にアフガニスタンから撤兵した）。

3 イランでは，独裁君主であったパフレヴィー国王がアメリカ合衆国の援助を受けて近代化を推し進めていた。しかし，貧富の差の拡大に不満を強めた民衆がイスラーム原理主義の下に結集して革命を起こし，ホメイニ師を最高指導者とするイラン・イスラーム共和国が成立し，国王は国外に亡命した。

➲ イランのシーア派最高指導者

4 イラクは，イラン革命後のイランに侵攻してイラン＝イラク戦争を長期にわたって続ける~~一方で~~（その後），クウェートに侵攻し一方的に併合を宣言した。アメリカ合衆国を中心とする多国籍軍がイラクを空爆したことから湾岸戦争が勃発し，イラクは~~国連の決議を受け入れてようやくイランと~~（湾岸戦争に敗れて）クウェートから撤退した。

5 エジプトは，イスラエルが軍事占領していたスエズ運河（東岸地域）を~~サウジアラビアと~~（シリアはゴラン高原を）ともに襲い，第４次中東戦争が勃発した。この際イスラエルを支持する国々への石油の輸出を禁止し世界経済に大混乱を与えた。その後，国連の仲介でイスラエルと平和条約を結んだが，サダト大統領は，イスラーム原理主義者に暗殺された。

難易度 ★★★ 重要度 ★★

1 バングラデシュ独立の経緯が異なっている。1971年に[Ⓐ　　　　　] で独立を求めるアワミ連盟とパキスタン政府軍とが武力衝突を起こし，独立を支援するインドとパキスタンとの間に第3次印パ戦争（インド＝パキスタン戦争）が起こり，これにインドが勝利したことによって，バングラデシュの独立が達成された。

2 アフガニスタン王国の独立は第一次世界大戦後の1919年であること，ソ連のアフガニスタン撤退はソ連崩壊前であることがポイント。19世紀末からアフガニスタンを保護国としていたイギリスに対し，バーラクザーイ朝のアマーヌッラーは，[Ⓑ　　　　　] で独立を果たした。

3 正しい。イランの国王パフレヴィー2世は，1960年代以降，[Ⓒ　　　　　] といわれる近代化路線を進めたが，イスラーム勢力がイラン＝イスラーム革命を起こした。

4 湾岸戦争はイラン＝イラク戦争終結後に起こっている。1979年にイラクの大統領になった [Ⓓ　　　　　] は，翌年，国境紛争からイランと戦争を開始した。イラン＝イラク戦争は1988年に終結したが，1990年にイラクはクウェートに侵攻した。

5 第4次中東戦争は，エジプトとシリアによるイスラエル攻撃で始まった。第4次中東戦争後，サダト大統領はイスラエルと和解して，1979年に [Ⓔ　　　　　] を締結した。

Point

- □ 1947年の独立時から長期間，インドとパキスタンはカシミールの帰属問題などで敵対し，印パ戦争を起こしていた。
- □ 19世紀には，インドの権益を守ろうとするイギリスと，南下政策をとるロシアとの間に，アフガニスタンをめぐる争いが起こり，イギリスはアフガニスタンを保護国とした。1979年にソ連はアフガニスタンに侵攻したが，1989年に撤退している。
- □ 第4次中東戦争でアラブ産油国が発動した，生産量削減，敵性国家への禁輸措置などの石油戦略は，第1次石油危機を引き起こした。

Ⓐ：東パキスタン，Ⓑ：第3次アフガン戦争，Ⓒ：白色革命，Ⓓ：サダム＝フセイン，
Ⓔ：エジプト＝イスラエル平和条約

清朝末期

19世紀後半から20世紀前半にかけての中国での出来事に関する記述として，妥当なのはどれか。

平成23年度
地方上級

1 アヘン戦争は，~~イギリス~~（清）からの輸入の急増に苦しむ~~清~~（イギリス）が，外貨獲得手段としていたアヘンの取引を~~イギリス~~（清）に妨害されたことから始まった。

2 アロー戦争は，イギリス船籍の乗組員が海賊容疑で逮捕されたことから始まり，この戦争に敗れた清は~~南京条約~~（北京条約）により~~香港島を割譲した~~（➲南京条約の内容）。

3 太平天国の乱では，洪秀全を指導者とする太平天国が，「~~扶清滅洋~~（滅満興漢）」を掲げて鉄道や~~教会を破壊~~したが，~~ロシアを中心とする連合軍~~により鎮圧された。
➲キリスト教なので教会は破壊しない
➲アメリカ・イギリス人が指揮する常勝軍など

4 義和団事件では，宗教結社の義和団が，「~~滅満興漢~~（扶清滅洋）」を掲げて~~儒教を攻撃~~（排外運動）する活動を行ったが，~~曽（そう）国藩らの郷勇~~（八カ国連合軍）により鎮圧された。

5 辛亥（しんがい）革命は，四川における暴動をきっかけとして，武昌で軍隊が蜂起して起き，革命派は孫文を臨時大総統に選出して中華民国が成立した。

解説

難易度 ★★　重要度 ★★★

1 アヘン戦争は1840～1842年に清とイギリス間に起こった戦争である。1839年に［Ⓐ　　　　］がアヘン厳禁策を強行したことに対し，1840年にイギリスが自由貿易の実現を名目にして宣戦したもの。清はイギリス軍に降伏し，［Ⓑ　　　　］に調印した。

2 アロー号事件を口実にして起きた戦争である。イギリスとフランス両国に攻め入られた清は降伏し，1858年に［Ⓒ　　　　］を結んだ。内容は各国公使の北京駐在・キリスト教の信仰および布教の自由・開港場の増設などであった。

3 洪秀全がキリスト教的宗教結社である上帝会を結成。多くの信者を集め1851年に［Ⓓ　　　　］の建国を宣言。スローガンは「滅満興漢」。太平天国の乱は曾国藩や李鴻章などの率いる郷勇軍やアメリカ人・イギリス人が指揮をとる常勝軍により鎮圧された。

4 帝国主義諸国の中国進出に対する民衆の不満が高まり，「扶清滅洋」を掲げ大勢力となった。清朝も同調して外国公使館地区を包囲したが，八カ国連合軍が居留民の保護を名目に共同で出兵し北京を制圧した。これにより［Ⓔ　　　　］が結ばれ，中国の半植民地化が決定的となった。

5 正しい。1911～1912年で起きた，清朝を打破し［Ⓕ　　　　］を成立させた革命。清朝の民間鉄道国有化令をきっかけに四川暴動が起き，この鎮圧を命じられた武昌の西洋式の近代的な陸軍（新軍）が革命側に立って蜂起したことで広がった。

Point

- □ 19世紀の中国の歴史は帝国主義を進める欧米による支配の歴史であり，アヘン戦争→南京条約，アロー戦争→北京条約，義和団事件→北京議定書により，独立国としての地位をほぼ失った。
- □ アロー戦争後，清朝は従来の排外主義を転換して西欧の進んだ技術の摂取に努めた。このような試みを洋務運動という。

Ⓐ：林則徐，Ⓑ：南京条約，Ⓒ：天津条約，Ⓓ：太平天国，Ⓔ：北京議定書，Ⓕ：中華民国

19世紀の中国

19世紀の中国に関する記述として，正しいのはどれか。

平成14年度
国家Ⅰ種

1 アヘン戦争は，林則徐が英国商人所有のアヘンを没収・廃棄したことを契機に清国と英国との間で始まった戦争であるが，英国にとって主たる目的は，貿易制限の撤廃を認めさせることにあった。そのため，戦後の南京条約において，両国は英国に有利な貿易条件を認めると同時に，~~アヘン貿易を停止することに合意した~~。
➡ アヘン貿易については何も決められていない

2 アヘン戦争後に結ばれた南京条約に，~~キリスト教布教の自由が盛り込まれていたため~~，
➡ キリスト教の布教が認められたのは北京条約である
清国内ではキリスト教が急激に広まった。その中でキリスト教と中国古来の思想を結び付けた太平天国思想が起こり，~~満州~~において指導者洪秀全を中心に流民や農民が
中国南部
蜂起した。

3 太平天国の乱は，漢人官僚の曾国藩らに率いられた各地の義勇軍によって平定された。彼らは欧米諸国の技術を取り入れて，軍備の近代化，産業の育成を行うとともに，中国の伝統的な政治制度をも~~改革し，西洋流の立憲君主政を推し進めようとした~~ため，
➡ 中国の伝統的な制度は残して，西洋技術を利用しようとした
保守派の満人官僚と~~対立することとなった~~。
➡ 対立していない

4 日清戦争は，朝鮮の宗主権をめぐる対立を契機に起った。この戦争は，李鴻章率いる北洋軍と日本軍の争いとなったが，北洋軍は清国において最も近代化の進んだ軍であったにもかかわらず，日本軍により壊滅した。~~これを機に日本は韓国を併合し~~，一方，
➡ 韓国併合は日露戦争後の1910年である
敗戦によって近代化の遅れが明らかとなった清国は，列強国による半植民地化を招くこととなった。

5 日清戦争の敗北によって，技術導入に偏った近代化に限界を感じた光緒帝は，康有為らを中心に政治制度の面からも近代化を図ろうとした。これは西太后ら保守派との対
➡ 戊戌の変法と呼ばれる
立を生み，保守派のクーデタによって，皇帝の一派は逮捕，処刑され，皇帝も軟禁さ
➡ 戊戌の政変と呼ばれる
れることとなり，改革は失敗に終わった。

解説

×月○日

難易度 ★★★ 重要度 ★★★

1 南京条約では，アヘン貿易に関しては一切取り決めがなされず，その後もアヘンは中国に流入し，中国の銀は流失し続けた。その後，中国はアメリカと望厦(ぼうか)条約を，フランスとは黄埔(こうほ)条約を結んだが，いずれもイギリスと同じ［Ⓐ　　　　］である。

2 キリスト教の布教を認めたのは，アヘン戦争後の南京条約ではなく，アロー戦争後の北京条約である。また太平天国の乱は中国南部の金田村(きんでんそん)で起こっている。洪秀全(こうしゅうぜん)は科挙に失敗後，キリスト教の影響を受け，［Ⓑ　　　　］という秘密結社を組織した。

3 「中体西用」が基本的な方針なので，西洋の技術は導入するが，西洋の思想や制度を取り入れる考えはなかったのがポイントである。太平天国の乱を鎮圧した曾国藩(そうこくはん)や李鴻章は，西洋技術の導入により中国の富国強兵をめざす［Ⓒ　　　　］を推進した。

4 韓国併合の時期を問う問題は頻出。日清戦争直後ではなく，日露戦争後の1910年である。李鴻章が淮軍を基盤にして作った北洋軍はその後，［Ⓓ　　　　］に受け継がれている。

5 正しい。洋務運動も日清戦争の敗北で限界が見えたので，康有為や梁啓超(りょうけいちょう)らは日本の明治維新にならい，中国の政治制度をも変革しようとする［Ⓔ　　　　］を展開した。

Point

- □ 中国は，アヘン戦争後の南京条約，虎門寨追加条約で不平等条約を結ばされ，アロー戦争後の天津条約，北京条約で半植民地が確定的となり，義和団事件後の北京議定書で独立国としての面目を完全に失った。
- □ 太平天国は土地を均分する天朝田畝制度で郷村組織を改革し，アヘンの悪習などの廃止や男女平等，租税の軽減などを行い，農民の支持を得た。太平天国の乱は江西の金田村での挙兵から始まり，湖南から長江流域を経て南京を占領した。

Ⓐ：不平等条約，Ⓑ：拝上帝会，Ⓒ：洋務運動，Ⓓ：袁世凱，Ⓔ：変法自強運動

19～20世紀の中国

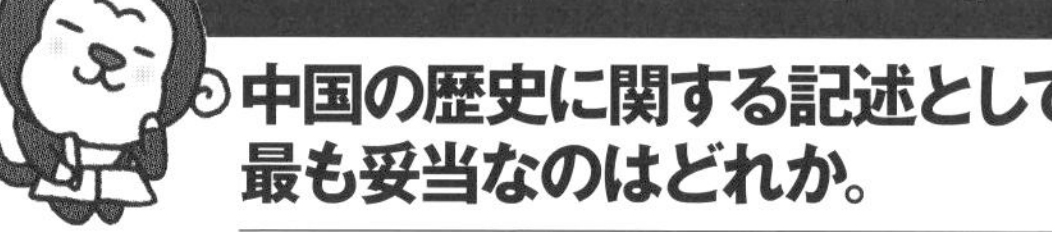

中国の歴史に関する記述として最も妥当なのはどれか。

1 ~~李鴻章~~（洪秀全）の指導する太平天国は，~~1901年~~（1851年）に「滅満興漢（めつまんこうかん）」を掲げて清朝に対し反乱を起こした。清朝は，~~日本やロシアの支援を受けて鎮圧に向かったが，敗北して，太平天国に巨額の賠償金を支払った~~（郷勇，常勝軍の支援により鎮圧，太平天国は滅亡した）。

2 1912年に孫文が南京で臨時大総統として中華民国の建国を宣言した。軍事力を握る袁世凱は，清朝最後の皇帝を退位させ，孫文から臨時大総統を引き継いで，独裁を進めた。

3 1920年代にコミンテルンの支援により中国共産党が結成された。中国共産党は国民党との間に国共合作を成立させたが，後に~~毛沢東~~（蔣介石）が上海クーデターを起こして~~国民党~~（共産党）を弾圧したため，~~1930年代に国民党は台湾に逃れた~~。
➲ 国民党が台湾に逃れたのは，1949年中華人民共和国建国による

4 1949年に中国共産党は中華人民共和国を成立させたが，~~この時~~（1956年～），政治路線の違いや領土問題を巡ってソ連と激しく対立した。当時，ソ連と対立していたアメリカ合衆国は，~~建国と同時に中華人民共和国を承認し~~（1972年まで，台湾の中華民国政府を），正式の中国代表とみなした。

5 1950年代に，毛沢東の指導により~~農業・工業・国防・科学技術の「4つの現代化」が進められ，人民公社の解体や外国資本・技術の導入など，経済の改革・開放政策が実施された~~（➲1970年代に鄧小平によって進められた政策）。この「大躍進」運動~~により中国の経済状況は好転し，国民の生活水準も向上した~~（は大失敗に終わった）。

難易度 ★★　重要度 ★★★

1 太平天国の乱に関する事実関係がまったく異なっている。重税や清朝に対する不安から 1851 年［Ⓐ　　　　　］を指導者とする太平天国の乱が起こった。清朝はこれに対し無力であったが，地主勢力の郷勇と呼ばれる義勇兵，アメリカ合衆国のウォード，イギリスのゴードン率いる常勝軍が清朝を支援し鎮圧，1864 年太平天国は滅亡した。

2 正しい。1911 年，「民族・民権・民生」の三民主義を旗印に，孫文を指導者とする［Ⓑ　　　　　］が起こった。1912 年，中華民国建国，北洋軍閥の袁世凱は革命政府と妥協策をとり，孫文に代わり臨時大総統になることと引き換えに宣統帝を退位させ，清朝は滅亡した。

3 1926 年，国民党の［Ⓒ　　　　　］が北伐を開始，1927 年に上海クーデターを起こして共産党を弾圧した。これにより第 1 次国共合作は崩壊した。1949 年共産党による中華人民共和国の建国により，国民党は台湾へ逃れた。

4 中国は 1956 年のフルシチョフによるスターリン批判，［Ⓓ　　　　　］路線への移行に激しく反発，対立が表面化した。

5 毛沢東による大躍進運動は約 2000 万人の餓死者を出し大失敗に終わった。1970 年代には経済を立て直すために［Ⓔ　　　　　］の指導のもとで「4 つの現代化」が進められた。

Point

- □ 洪秀全が指導者となって起こした太平天国の乱は郷勇，常勝軍が清を支援したことにより鎮圧され，太平天国は 1864 年に滅亡した。
- □ 孫文の後，臨時大総統になった袁世凱は独裁を進めるが失敗した。
- □ 蔣介石は北伐中の 1927 年に，反共クーデターである上海クーデターを起こした。
- □ アメリカは反共である国民党を支持した。
- □ 毛沢東による大躍進運動が大失敗に終わり，鄧小平は経済立て直しのために「4 つの現代化」，改革・開放政策を進めた。

Ⓐ：洪秀全，Ⓑ：辛亥革命，Ⓒ：蔣介石，Ⓓ：平和共存，Ⓔ：鄧小平

中国現代史

中国現代史に関する次の記述のうち，正しいものはどれか。

平成元年度
国税専門官

1 蒋介石は孫文の後を継いで中華民国の大総統に~~就任し~~，パリ講和会議に代表団
➡ 就任していない
を~~送って講和条約に調印し~~，中国の国際的地位の回復に努めた。
➡ 送ったのは段祺瑞内閣で，中国は講和条約に調印していない

2 ~~袁世凱~~は国民党を率いて三民主義の定着に努めたが，軍閥からの反発が強く，
孫文
第1次国共合作を成立させたものの政権掌握はできなかった。

3 毛沢東は農村を中心とする武装解放区闘争で中国の再生をめざし，1934年からは長征を実行，抗日民族統一戦線の組織に一役かった。
➡ 第2次国共合作によって成立

4 周恩来は~~第2次国共合作を成立させ~~新中国の建設に寄与したが，文化大革命の
➡ 張学良のこと
とき指導部と~~対立，台湾へ亡命し新民主主義に基づく政府を樹立した~~。
➡ 対立していないし台湾へも亡命していない

5 張学良は共産党と国民党の間の仲介者として活躍し，中華人民共和国誕生後は
~~毛沢東の後継者とされていたが，クーデタ未遂でソ連へ亡命した~~。
台湾で軟禁され，ハワイで死亡した

解説

難易度 ★★★　重要度 ★★

1 パリ講和会議は蔣介石（しょうかいせき）の登場前であり，また，条約反対と排日をめざす五・四運動のために，中国はヴェルサイユ条約の調印を拒否している。蔣介石は北伐後，上海クーデタで共産党を弾圧して，南京に［Ⓐ　　　　　］を樹立して，主席となった。

2 三民主義は孫文で，袁世凱は軍閥であり，事実関係がまったく異なっている。1921 年，中国共産党を組織した［Ⓑ　　　　　］は，1924 年に孫文の国民党と統一戦線を組んだ。孫文はこのとき，「連ソ・容共・扶助工農」を政策とした。

3 正しい。1931 年，毛沢東は瑞金（ずいきん）を首都とし，［Ⓒ　　　　　］を樹立したが，国民政府との包囲戦に敗れ，1934 年，1 万 2500km にも及ぶ長征を開始した。長征の途上で抗日民族統一戦線の結成を呼びかける八・一宣言を発表した。

4 周恩来は失脚せず，中華人民共和国建国時から死ぬまで首相を務めた。周恩来は 1954 年，インドのネルー首相とともに［Ⓓ　　　　　］を発表した。

5 張学良（ちょうがくりょう）は第 2 次国共合作の立役者であるが，戦後は蔣介石により，台湾に軟禁された。毛沢東の後継者とされた［Ⓔ　　　　　］は，文化大革命中の 1971 年，クーデタを企てて失敗し，ソ連に亡命しようとしたが，飛行機が墜落して死亡した。

Point

- ☐ 孫文は，民族の独立，民権の確立，民生の安定という三民主義を掲げ，清朝の打倒と国民国家の建設をめざした。
- ☐ 蔣介石は孫文死後，国民党の実権を握り，国民革命軍総司令官となった。1926 年，全国土統一のために，北方軍閥を打倒する北伐を開始した。
- ☐ 第 1 次国共合作は，共産党員が個人の資格で国民党に加入するのを認めたものであるが，1927 年，蔣介石が上海クーデタを起こしたことにより解体した。
- ☐ 八・一宣言を受けて，張学良は西安事件を起こした。蔣介石に抗日民族統一戦線の結成を迫り，第 2 次国共合作が成立した。

Ⓐ：国民政府，Ⓑ：陳独秀，Ⓒ：中華ソヴィエト共和国臨時政府，Ⓓ：平和五原則，Ⓔ：林彪

中国と関連諸国の関係

第二次世界大戦以降における中華人民共和国（中国）と関連諸国の関係に関する次の記述のうち，妥当なものはどれか。

平成10年度
国家Ⅰ種

1 わが国と中国の関係は，1970年代後半の日中平和友好条約締結以降，緊密な状況にあったが，近年，中国と台湾間の係争に基づく光華寮問題，天安門事件や核実験を契機とした円借款の凍結問題，尖閣諸島や竹島をめぐる領有権問題等の政治問題が浮上している。
➡ 韓国との間の領有権問題

2 中国とアメリカ合衆国は~~1960年代前半~~の国交樹立後，比較的良好な関係にあったが，1989年の天安門事件後に最恵国待遇が~~中止され，現在においても再会されるめどが立っていない~~。また中国の台湾への軍事威嚇に対してアメリカ合衆国が空母を派遣するなど，近年，両国は人権，軍事等の問題で~~対立を深めている~~。
1979年
➡ 中止されていない
➡ 特に対立を深めてはいない

3 中国とイギリスは，1980年代半ばの英中協定に基づき，1997年に香港がイギリスから中国に返還された。~~しかしイギリスのブレア政権が，いわゆる一国二制度を新たに主張する一方，返還直後から中国がそれに強く反対するなど，香港の民主化をめぐり両国は思惑を異にしている~~。
➡ 中国は返還直後から一国二制度を維持している

4 中国と旧ソ連は第二次世界大戦後，同じ共産主義陣営として特に対立がなかったが，1950年代後半の米ソ間の「雪どけ」を背景にその関係は悪化し，国境紛争にまで発展した。その後ゴルバチョフの時代に両国は再び歩み寄り，1990年に両国間の国境協定が成立するなど，その関係は改善された。
➡ ペレストロイカ（改革）とグラスノスチ（情報公開）を実行

5 中国と北朝鮮（朝鮮民主主義人民共和国）は朝鮮戦争以来同盟関係にあったが，中国と韓国との国交樹立を機に北朝鮮が国際連合を~~脱退して~~以来，両国の関係は急速に~~悪化した~~。その後，北朝鮮はアメリカ合衆国との関係改善に努めるとともに日本と国交を~~樹立する~~など，~~中国を牽制する外交戦略をとっている~~。
➡ 脱退していない
➡ 悪化していない
➡ 樹立していない　➡ とっていない

難易度 ★★★　重要度 ★

1 竹島の領有問題に中国は無関係である。尖閣(せんかく)諸島については中国と台湾が領有権を主張している。天安門事件後，中国では江沢民が共産党の総書記となり，その後，2002 年には［Ⓐ　　　　］が総書記となり，翌年，国家主席にもなった。光華寮問題は京都にある中国人留学生の寮の所有権が中国・台湾のどちらにあるかというもの。

2 米中の国交樹立の年代が違う。1971 年，アメリカのキッシンジャー国務長官の中国への電撃訪問の翌年，［Ⓑ　　　　］大統領が訪中して，中華人民共和国を中国と認めたことにより，アメリカと中国との関係が良好になっていった。

3 1984 年，イギリスのサッチャー首相が訪中し，中国の趙紫陽首相と［Ⓒ　　　　］を結んだ。そのとき，中国は香港の返還前の制度を返還後も 50 年間維持させることを認めている。

4 正しい。ソ連の［Ⓓ　　　　］首相が，スターリン批判を行った 1956 年のソ連共産党第 20 回大会の頃から中ソ対立が表面化した。1969 年には，両国がウスリー川のダマンスキー島（珍宝島）で軍事衝突している。

5 北朝鮮は 1991 年に韓国とともに国際連合に加盟して以来，国際連合を脱退していないので，誤りである。1998 年に韓国の大統領に就任した［Ⓔ　　　　］は，2000 年に北朝鮮の金正日(キムジョンイル)と南北首脳会談を行った。

Point

- □ 日本の領土問題は，ロシアとの間の北方領土，中国・台湾との間の尖閣諸島，韓国との間の竹島がある。また中国との間では，東シナ海の天然ガス田の権益をめぐる問題もある。
- □ アメリカの中国敵視政策から中国接近政策への転換によって，日本は 1972 年に田中角栄首相が訪中して，日中国交正常化を果たし，1978 年には日中平和友好条約を結んだ。

Ⓐ：胡錦濤，Ⓑ：ニクソン，Ⓒ：香港返還協定，Ⓓ：フルシチョフ，Ⓔ：金大中

アフリカ分割

帝国主義下のアフリカ分割に関する記述として，最も妥当なのはどれか。

1 ~~ドイツ~~ ベルギー のコンゴ進出を機に，ヨーロッパ列強が対立したためドイツのビスマルクが1884～1885年にベルリン会議を開催し，先に占領した国がその土地を領有できるというアフリカ植民地化の原則が定められた。

➲ アフリカを「無主の地」として先占権を承認

2 ~~イタリア~~ ドイツ は20世紀に入ると新たな植民地獲得をめざし，2度にわたり，フランスのモロッコ支配に挑戦するモロッコ事件を起こした。

3 19世紀半ば，リヴィングストンや ~~オランダ人のタスマン~~ アメリカ人のスタンリー が中央アフリカを探検して事情を紹介すると，列強は競ってアフリカへ進出した。

4 イギリスは，エジプトのカイロと ~~カメルーン~~ カルカッタ，さらにケープタウンを結ぼうとする縦断政策である3C政策を進めた。

➲ セシル＝ローズの指導のもとで縦断政策は進められた

5 フランスは，1881年にチュニジアを保護国にし，さらにサハラ砂漠地域を押さえ，アフリカ横断政策を進めた。この計画はイギリスの縦断政策と衝突し，1898年にファショダ事件が起こった。

難易度★★　重要度★★★

1 ベルリン会議はアフリカ分割を協定するための国際会議である。ベルギーがスタンリーの探検を援助し，コンゴの領有を巡る紛争が起きたためにドイツの［Ⓐ　　　　　］が 1884～1885 年に開いた。

2 二度に渡るモロッコを巡る国際紛争。1905 年の第一次モロッコ事件では，フランスがモロッコでの優越権を行使し進出をはかったことに対し，ドイツ皇帝［Ⓑ　　　　　］が突然タンジールを訪問してモロッコの領土保全・門戸開放を要求した。1911 年の第二次モロッコ事件では，モロッコで起きた先住民の抵抗の鎮圧のため［Ⓒ　　　　　］が出兵し，ドイツ軍と対立した。

3 イギリスの宣教師であり探検家の［Ⓓ　　　　　］が南アフリカ奥地に入りヴィクトリア瀑布を発見した。一時消息を絶つものの，アメリカ人探検家スタンリーにより救出される。スタンリーはスーダンも探検した。オランダ人のタスマンが探検したのはタスマニア島やニュージーランドである。

4 イギリスの植民地を結ぶ地域の確保をめざした縦断政策を，カイロ・カルカッタ・ケープタウンの頭文字を取って［Ⓔ　　　　　］と呼ぶ。フランスの横断政策と衝突した。

5 正しい。イギリスの縦断政策とフランスの横断政策の対立によって，両国がスーダンのファショダで衝突した事件である。フランスが譲歩し，イギリスとエジプトがスーダンを支配下に置いた。その後両国は，1904 年に［Ⓕ　　　　　］を結びドイツに対抗しようとした。

Point

- □ ベルリン会議により，先に占領した国が領有できるという原則（先占権）が確認され，アフリカ分割競争に拍車をかけることになった。
- □ ドイツはベルリン・ビザンティウム（イスタンブルの旧名）・バグダードを結ぶ鉄道建設で西アジア方面へ進出しようとした。これを三都市の頭文字を取って3B 政策と呼んだ。
- □ ファショダ事件はアフリカにおける帝国主義列強相互の最初の衝突であった。

Ⓐ：ビスマルク，Ⓑ：ヴィルヘルム２世，Ⓒ：フランス，Ⓓ：リヴィングストン，Ⓔ：3C 政策，Ⓕ：英仏協商

列強の帝国主義政策

帝国主義の時代に関する記述として最も妥当なのはどれか。

平成25年度
国家一般職

1 19世紀末になると，欧米先進諸国は，石炭と蒸気力を動力源に第二次産業革命と
➡第二次産業革命は重化学工業を中心に発展した
呼ばれる技術革新に成功し，巨大な生産力と軍事力の優勢を背景に，アジア・アフリカ，更には太平洋地域を次々と植民地に設定した。この植民地獲得の動きを帝国主義といい，植民地には工業製品の供給地として多くの工場が建設され，世界全体が資本主義体制に組み込まれた。
➡19世紀後半には既にマルクスらが社会主義思想を唱え，ドイツでは社会主義政党が成立した

2 欧米列強諸国は，帝国主義政策の競合から，ドイツなど古くからの植民地保有
➡英仏間の対立はファショダ事件(1898年)，英独間では3B政策と3C政策が激しく対立している　イギリス
国とイタリアなどの後発の植民地保有国に分かれて対立し，ドイツ・フランス・
ロシア
イギリスの間では三国協商が，イタリア・オーストリア・ロシアの間では三国
ドイツ
同盟が結ばれた。こうした列強の二極化は，小国が分立するバルカン半島の民族主義的対立を激化させ，同半島は「ヨーロッパの火薬庫」と呼ばれた。

3 イギリスは，アイルランドでの自治要求の高揚に直面した。20世紀初めに，ア
➡グラッドストン内閣がアイルランド自治法を提案したものの否決されるという経緯がある
イルランド独立を目指すシン＝フェイン党が結成され，その後，アイルランド
➡急進的な反英独立運動を展開したアイルランドの政党
自治法が成立したが，イギリス人の多い北アイルランドはこれに反対してシン＝フェイン党と対立し，政府は第一次世界大戦の勃発を理由に自治法の実施を延期した。

4 帝国主義の圧力にさらされた清朝支配下の中国では，日本の明治維新にならっ
➡清朝末期はアヘン戦争やアロー戦争で列強に侵略されていた
た根本的な制度改革を主張する意見が台頭した。その中心となった儒学者の康有為は，西太后と結んで宣統帝（溥儀）を動かし，科挙の廃止，立憲制に向け
光緒帝　➡ラストエンペラーで知られる溥儀は，後に日本の関東軍によって満州国皇帝となる
ての憲法大綱の発表と国会開設の公約などを実現させ，近代国家の建設に向け
➡戊戌の変法
ての改革に踏み切った。

5 イギリスの統治下にあったインドでは，近代的教育を受けた知識人が増加する
➡ガンジーとネルーは，ともにインドの上流階級の出身である
につれイギリス支配への不満が高まり，知識人の中でも英貨排斥，自治獲得な
➡1906年のカルカッタ大会4綱領には，英貨排斥，国産品愛用，独立，民族教育が掲げられた
どの急進的な主張をする人々の主導によってインド国民会議が創設された。こ
➡インド国民会議はイギリスが創設
れに対しイギリスは，ベンガル分割令を発表し，仏教徒とキリスト教徒の両教
ヒンドゥー教徒とイスラム教徒
徒を反目させて反英運動を分断することによって事態の沈静化を図った。

難易度 ★★ 重要度 ★★

1 19世紀末になると，欧米列強諸国は石油や電力を原動力とした第二次産業革命に成功し，巨大な生産力と軍事力を背景に［Ⓐ　　　　］・アフリカ等に勢力を拡大していった。植民地では過酷な搾取や不当な支配が行われた結果，現地住民による激しい抵抗や独立運動が展開された。

2 欧州列強諸国は，英仏などの古くからの植民地保有国と独伊など後発の植民地保有国に分かれて対立し，英仏露では三国協商が，独伊墺では三国同盟が結ばれた。一方でバルカン半島ではロシアの［Ⓑ　　　　］とドイツのパン＝ゲルマン主義が激突して“ヨーロッパの火薬庫”と呼ばれた。

3 正しい。イギリスでは19世紀後半からアイルランド自治が問題化しており，アイルランド独立を目指して1905年にシン＝フェイン党が結成され，1914年には第三次のアイルランド自治法が成立したものの，［Ⓒ　　　　］の勃発でその実施が延期された。

4 清朝の中国では，日本の［Ⓓ　　　　］に倣った根本的な制度改革を主張する勢力が台頭した。その中心人物である公羊学者の康有為は光緒帝に登用され改革を断行したものの，西太后らの保守勢力に一掃された。これを戊戌の政変という。

5 インド人の反発を回避するためにイギリスがインド国民会議を創設したが，その後もイギリス支配に不満を持つ者が増えた。これに対しイギリスは1905年にベンガル分割令を出し，ヒンドゥー教徒と［Ⓔ　　　　］の対立を利用して反英運動を沈静化しようとした

Point

- □ 産業革命によって国力を増強させた列強が，19世紀後半になって強大な軍事力を背景にアジア・アフリカ支配に乗り出した。
- □ アイルランドは17世紀のクロムウェルによる支配以来，植民地状態にあったが，アイルランドはカトリック教徒が多く，宗教面でもイギリスと対立していた。
- □ 清朝末期にはさまざまな改革が行われたが，保守派の勢力が強く，改革の多くは実施されないまま清朝は倒れた。

Ⓐ：アジア，Ⓑ：パン＝スラヴ主義，Ⓒ：第一次世界大戦，Ⓓ：明治維新，Ⓔ：イスラム教徒

第一次世界大戦の勃発

次の文の下線部A～Eの説明として正しいものはどれか。

平成4年度 国家Ⅱ種

1914年6月28日，サライェヴォで，オーストリアの皇太子夫妻が大セルビア主義に立つ一青年によって暗殺された。7月28日，Aオーストリアはドイツに支持されてセルビアに宣戦した。

Bセルビアを支援するロシアは直ちに総動員令を発してこれに対抗した。8月1日にドイツがロシアに宣戦し，3日後にはドイツの中立国ベルギーへの侵入を理由にイギリスがドイツに宣戦した。こうして，Cバルカンの紛争はD協商側とE同盟側に対峙する帝国主義戦争へと発展し，ここに第一次世界大戦が勃発した。

1 A：このときドイツを指導していたのは~~宰相ビスマルク~~（ヴィルヘルム2世）であり，オーストリアは国内の民族運動に悩まされ，帝国の統一維持のためドイツと軍事同盟を結んでいた。

2 B：当時のロシアはトルコ（オスマン帝国）と~~協調~~（敵対）して，スラヴ系民族国家をオーストリアや~~ドイツ~~（トルコ）の支配から引き離して，ロシアに併合しようとするパン＝スラヴ主義政策をとっていた。

3 C：~~スラヴ系民族国家であるセルビアとブルガリアが自国の領土を防衛するため，3B政策をとるドイツに対して引き起した2度の戦争をいう~~。

➡ 第1次バルカン戦争はバルカン同盟国とトルコの戦争で，第2次バルカン戦争はバルカン同盟国間の戦争である

4 D：協商側とはイギリス，フランス，ロシアの3国をさし，アメリカ合衆国はイギリスとの~~同盟上の義務~~（同盟関係はない）から，イギリスがドイツに宣戦すると~~直ちに，~~協商側に参加した。

➡ すぐには協商側に参加していない

5 E：同盟側とは，ドイツ，オーストリア，イタリアの3国をさす。イタリアはほかの2国と利害が一致せず，大戦中に協商側に参加したため，三国同盟は崩壊した。

➡「未回収のイタリア」をめぐって対立

難易度 ★★　重要度 ★★★

1 ビスマルクは1890年にすでに宰相を退き，当時はヴィルヘルム2世の親政であった。1908年，オーストリアは管理下の［Ⓐ　　　　］を併合した。これに対しセルビアは，オーストリアと対立した。

2 クリミア戦争以来，ロシアはトルコ（オスマン帝国）と敵対関係にあるので，誤りである。バルカン半島はロシアを中心とするパン＝スラヴ主義とドイツ，オーストリアの［Ⓑ　　　　］が対立して緊張関係にあり，「ヨーロッパの火薬庫」といわれた。

3 バルカン戦争にドイツは参加していない。第1次バルカン戦争は，ロシアが結束させたセルビア，［Ⓒ　　　　］，ブルガリア，モンテネグロのバルカン同盟国とトルコ（オスマン帝国）との戦争。第2次バルカン戦争は領土配分をめぐるバルカン同盟国間の戦争である。

4 第一次世界大戦勃発時，アメリカが中立であったのは基本的な史実である。参戦したのは1917年。ドイツの［Ⓓ　　　　］がアメリカ参戦の直接的な理由である。

5 正しい。イタリアは「未回収のイタリア」の領土割譲を約束した，1915年のイギリス，フランス，ロシアとの［Ⓔ　　　　］により，連合国側（協商側）に立って参戦した。

Point

- □ ドイツのヴィルヘルム2世は1888年に即位し，1890年にビスマルクを退けてから，1918年の第一次世界大戦の敗戦まで親政を行った。
- □ バルカン半島の危機は，オスマン帝国の衰退とセルビアなどのパン＝スラヴ主義勢力の伸張，そしてオスマン帝国を支援するドイツ，オーストリアとセルビアを支援するロシアとの対立によって起こっている。
- □ 第一次世界大戦の勝敗の大きなポイントになったのは，アメリカ参戦とロシア革命である。

Ⓐ：ボスニア・ヘルツェゴヴィナ，Ⓑ：パン＝ゲルマン主義，Ⓒ：ギリシア，Ⓓ：無制限潜水艦作戦，Ⓔ：ロンドン秘密条約

第一次世界大戦

第一次世界大戦に関する次の記述のうち，妥当なものはどれか。

平成10年度
地方上級

1 オーストリアは，トルコ（オスマン帝国）の混乱に乗じて~~セルビア~~を併合した後，パン＝ゲルマン主義を唱えるドイツと~~バルカン同盟を結成し~~，ロシアを中心としたパン＝スラヴ主義に対抗したので，バルカン半島の緊張が高まった。

ボスニア・ヘルツェゴヴィナ
➲ バルカン同盟はセルビア・ブルガリア・ギリシア・モンテネグロである

2 アメリカは，第一次世界大戦の~~開戦と同時に~~連合国側に加わりドイツに宣戦したが，~~ドイツはこれに対抗して~~連合国側の物資輸送を困難にするための無制限潜水艦作戦を開始した。

➲ 開戦時は中立
➲ ドイツの無制限潜水艦作戦がきっかけで参戦した

3 ドイツは，西部戦線ではマルヌの戦いでフランス軍の反撃を受け，東部戦線ではタンネンベルクの戦いでロシア軍を破ったが，いずれの戦線も膠着して，戦争は長期化し交戦国の国民の生活を巻き込む総力戦となった。

➲ 戦車や毒ガス，潜水艦や飛行機が使用されるようになり，戦争の形態が変化していった

4 ロシアは，国内の政情不安により，ブレスト＝リトフスク条約を結びドイツと講和したが，ドイツとの~~講和後~~に二月革命（三月革命）と十月革命（十一月革命）が起こり，ツァーリズムが打倒されソヴィエト政権が樹立された。

講和前

5 第一次世界大戦の終了後，パリ講和会議において，アメリカ大統領ウィルソンの提唱によって，国際平和を維持するために国際連盟の設立が決定され，~~アメリカは設立当初から加盟したが~~，ソヴィエト政権は除外された。

アメリカは国際連盟には加盟していない

難易度 ★★　重要度 ★★★

1 バルカン同盟は，オーストリアと敵対する側であるセルビアなどのパン＝スラヴ主義の同盟である。1912 年，[Ⓐ　　　　　] の最中に，ロシアの後援によってバルカン同盟が結ばれ，トルコ（オスマン帝国）に宣戦布告して第 1 次バルカン戦争が始まった。

2 事実関係が逆転している。ドイツの無制限潜水艦作戦宣言によってアメリカが参戦したのは大戦勃発から 3 年後の 1917 年である。戦争中，アメリカ大統領のウィルソンは [Ⓑ　　　　　] を発表し，第一次世界大戦の講和原則とした。

3 正しい。西部戦線はマルヌの戦いで連合国軍に反撃され膠着（こうちゃく）状態になったが，東部戦線では [Ⓒ　　　　　] 将軍がタンネンベルクの戦いでロシア軍に大勝した。

4 事実関係が逆転している。ロシア革命が起こった後にドイツと単独講和をしたのである。条約内容はソヴィエトに不利であったために，ソヴィエト側の交渉代表である [Ⓓ　　　　　] は反対したが，レーニンがそれを抑えて条約を締結させた。

5 アメリカは国際連盟に加盟してないので誤りである。パリ講和会議はアメリカのウィルソン大統領，イギリスのロイド＝ジョージ首相，フランスの [Ⓔ　　　　　] 首相が主導した。

Point

- □ 第一次世界大戦では，物量戦を支えるために，参戦国は国力を戦争に向ける総力戦体制をとった。
- □ 第一次世界大戦勃発後，日本は日英同盟を理由に参戦し，中国内のドイツの租借地膠州湾（青島）やドイツ領の南洋諸島を占領した。
- □ ブレスト＝リトフスク条約は，ソヴィエトがウクライナ，ポーランド，フィンランド，バルト地域などにわたる広大な領土を割譲し，賠償金の支払いをするという過酷な内容であった。しかし，ソヴィエトは国内の革命継続を優先させるために，その条件を受け入れざるをえなかった。

Ⓐ：イタリア＝トルコ戦争（伊土戦争），Ⓑ：十四カ条，Ⓒ：ヒンデンブルク，Ⓓ：トロツキー，
Ⓔ：クレマンソー

世界史085

第一次世界大戦後のアジア

第一次世界大戦と第二次世界大戦の戦間期に関する記述として最も妥当なものはどれか。

平成25年度
国家総合職

1 第一次世界大戦で敗戦国となったオスマン帝国では，大戦後に~~オスマン帝国初の憲法を公布して立憲君主制への移行を図ったが~~，若手将校を中心とした青年トルコ革命が起こり，カリフ制が廃止されてトルコ共和国が成立した。初代大統領となったムスタファ＝ケマルはイスラム教を国家の統一理念として，その下での民主主義国家建設を目指した。

➲オスマン帝国で憲法が制定されたのは1876年のいわゆるミドハト憲法で，アジア初の憲法とされる

➲青年トルコ革命は，停止されていたミドハト憲法を復活させようと1908年に起きた革命

2 第一次世界大戦中にインドに自治権を約束していたイギリスは，大戦後に~~ローラット法~~を制定して各州での議会設置を認めるなどの限定的な自治を認めた。国民会議派の指導者ガンディーは，完全独立を決議してデモ行進などを行い，官憲の抑圧に対しては塩をまくなどの「塩の行進」と呼ばれる非暴力不服従の抵抗運動を展開した。

1935年の新インド統治法

➲完全独立（プールナ＝スワラージ）を1929年のラホール大会で決議したのはネルーら国民会議派の急進派

3 イギリスの保護国であったエジプトでは第一次世界大戦の終結を機にワフド党の革命が起こり，王政が廃止されてエジプト共和国が成立した。パレスティナでは~~ユダヤ人とアラブ人の交渉結果をまとめた~~バルフォア宣言に基づいて，ユダヤ人の入植が始まったが，それぞれの支配範囲が不明確であったために後のパレスティナ問題の要因となった。

➲1918年に結成されたエジプトの民族主義政党で，22年に独立を達成し，52年まで主導権を掌握した

イギリスがユダヤ系金融資本を取り付けるため，パレスティナにおけるユダヤ人国家の建設を約束した

4 ~~イギリス~~の植民地であったインドネシアでは，~~スハルト~~がインドネシア国民党を組織して独立運動の中心的役割を果たした。~~インドネシアは第二次世界大戦前に独立を宣言してイギリスもこれを認めたため~~，第二次世界大戦前に独立を維持あるいは達成した国は東南アジアでは~~インドネシアとタイの二か国~~となった。

➲1623年のアンボイナ事件以降はオランダの植民地

スカルノ

➲インドネシア国民党は，弾圧を受けて1931年に解散させられた。オランダは独立を認めていない

➲東南アジアにおいて列強の植民地にならなかったのはタイのみ。他の国々は第二次世界大戦後に独立した

5 袁世凱の死後，中国では，列強と結び付いた軍閥が割拠する状況となったが，孫文は国民党に共産党員が個人の資格で入党できるようにし，「連ソ・容共・扶助工農」を掲げ，反帝国主義・軍閥打倒を目指して党勢を拡大した。孫文の死後，国民党は広州で国民政府を建て，蒋介石の率いる国民政府軍（国民革命軍）が中国統一を目指して北伐を開始した。

➲①ソ連との連携，②共産党員の受入れ，③労働者や農民の援助を意味するスローガン

➲中国国民党が1926年から各地の軍閥を打倒し中国を統一するために行った戦い

難易度 ★★ 重要度 ★★

1 1920年の［Ⓐ　　　　　］で小国に転落したオスマン帝国では，ムスタファ＝ケマルが初代大統領となってイスラム教と政治を分離させる政策を採り，西洋化・近代化を推進した。

2 イギリスは第一次世界大戦後のインドに自治を約束したが，1919年のローラット法では英総督に不法な逮捕や投獄が認められた。これに対しガンディーは“非暴力・不服従”運動を起こした。「塩の行進」とは，イギリスによる塩の専売化を非難する意味で展開した製塩運動である。なお，インドの完全独立の方針を決議したのは［Ⓑ　　　　　］である。

3 第一次世界大戦後のエジプトではワフド党による独立運動が高まりエジプト王国が誕生した。その後，イギリスはアラブ人に対しては［Ⓒ　　　　　］を結び，ユダヤ人にはバルフォア宣言を約束するという二重外交を採り，パレスティナ問題を複雑化させた。

4 第一次世界大戦後のインドネシアでは，1927年に［Ⓓ　　　　　］の指導でインドネシア国民党が結成されオランダからの独立運動を展開した。その後1945年8月にオランダからの独立を宣言し，その後オランダとの4年間の独立戦争を戦い抜き1949年に完全に独立した。なお，スハルトは1968年に就任した第2代大統領。

5 正しい。袁世凱の死後，孫文らの中国国民党は1919年に中国国民党を結成した。一方1921年には［Ⓔ　　　　　］らが中心となって中国共産党が組織され，孫文の働きで第一次国共合作が行われた。その際のスローガンが“連ソ・容共・扶助工農”である。

Point

- □ オスマン帝国は19世紀から弱体化し始め，タンジマート（恩恵改革）が行われミドハト憲法も制定されたが，大きな反発もあって近代化は進展しなかった。
- □ インドではヒンドゥー教徒とイスラム教徒が激しく対立しており，イギリスはその対立を利用して巧みにインドを支配した。
- □ エジプトはイギリスの保護国から脱却しようとしたが，スエズ運河の利権は押さえられたままで，完全な独立は第二次世界大戦後になる。

Ⓐ：セーブル条約，Ⓑ：ネルー，Ⓒ：フセイン＝マクマホン協定，Ⓓ：スカルノ，Ⓔ：陳独秀

世界史086

ヘレニズム文化

ヘレニズム文化に関する次の記述のうち，妥当なものはどれか。

平成７年度
地方上級

1 ~~この文化~~は，ティグリス，ユーフラテス両河流域のメソポタミアにおいて生まれた文化であり，バビロニア王国において全盛期を迎え，ハンムラビ法典はこの時代に制定された。
メソポタミア文化

2 ~~この文化~~は，ポリス市民の自治と独立の精神から生まれた文化であり，ペリクレス時代のアテネにおいて全盛期を迎え，イスラーム文化にも大きな影響を与えた。
ギリシア文化

3 この文化は，アレクサンドロス大王の遠征でギリシアから北インドに至る大帝国が建設されたことにより生まれた文化であり，遠く中国や日本にも影響を与えた。
➲「ミロのヴィーナス」や「サモトラケのニケ」などの彫刻が製作された

4 ~~この文化~~は，ローマ帝国において最も平和で繁栄した五賢帝の時代に生まれた文化であり，ギリシア文化の影響の下に，コロッセウムやパンテオンなどの優れた建造物を残した。
ローマ文化
➲ネルヴァ，トラヤヌス，ハドリアヌス，アントニヌス＝ピウス，マルクス＝アウレリウス＝アントニヌスの５人

5 ~~この文化~~は，カニシカ王が中央アジアからガンジス川中流域までの地域を支配したことにより生まれた文化であり，仏像に代表されるガンダーラ美術が中国および日本にも影響を与えた。
ガンダーラ文化

難易度★　重要度★

1 メソポタミア文化は，前 3000 年頃に［Ⓐ　　　　　］が都市文明を築くことで生まれた。都市国家では，神官や王を中心に都市の神を祭る神権政治がなされた。その後バビロニアが優勢になった。

2 ギリシア文化は，独立的な都市国家ポリスの下で生み出された文化である。アテネとスパルタの間の［Ⓑ　　　　　］などの後，ポリスの没落とともに衰退してった。

3 正しい。アレクサンドロス大王の遠征の結果，ギリシアとオリエントの両文化の融合によって生まれたヘレニズム文化は，世界市民主義の思想に基づき，禁欲を説く［Ⓒ　　　　　］や，精神的快楽を求めるエピクロス派などが生まれた。

4「征服されたギリシア人は猛きローマを征服した」（ホラティウス）ともいわれる。ローマ文化はギリシア文化のように独創的な文化は生めなかったが，土木・建築技術などの実用的文化に優れていた。コロッセウム，パンテオン，［Ⓓ　　　　　］などは有名である。

5 西北インドでは，1 世紀頃にクシャーナ朝が成立した。そのガンダーラ地方に，ヘレニズム文化の影響を受けた仏教文化が起こり，ギリシア的仏教文化が栄えた。これをガンダーラ文化といい，大乗仏教とともに［Ⓔ　　　　　］を通って中央アジアから日本にまで伝わった。

Point

- ☐ 前 18 世紀，バビロン第 1 王朝（古バビロニア王国）のハンムラビ王が，バビロニアの復讐法の原則に立つハンムラビ法典を制定した。
- ☐ 後世の西洋近代文明の模範となったギリシア文化は，「人間的で明るく，合理性」が特徴である。
- ☐ ギリシア文化が東方に普及し，オリエントの文化と融合してヘレニズム文化が生まれた。
- ☐ 実用面に優れたローマ文化は，ローマ法などの法，暦，建造物など。
- ☐ ガンダーラ文化は仏教文化。中国や朝鮮・日本にも影響を及ぼした。

Ⓐ：シュメール人，Ⓑ：ペロポネソス戦争，Ⓒ：ストア派，Ⓓ：アッピア街道，Ⓔ：シルクロード

東西交流の歴史

東西交流の歴史に関するA～Dの記述のうち，妥当なもののみを挙げているのはどれか。

平成20年度
国税専門官

A 中国の後漢の時代には，西域支配に当たった班超が西域の50余国を服属させて，シルクロードの大部分を制し，~~西~~から~~東~~へ絹工芸品，~~東~~から~~西~~へ貴金属などが運ばれた。また，この時代には~~紙幣の使用も始まる~~など貨幣経済が進み，~~ムスリム商人との海上貿易も繁栄した。~~

東　西　西　東
➲ 紙幣の発行は宋代とされる
➲ これは唐代になってからである

B 中国の南北朝時代には，中国の江南地方で開発が進み，産業も発達して人口が増加した。文化的にも~~書~~に陶淵明，~~詩~~に王羲之，絵画に顧愷之らが優れた作品を生み出し，六朝文化と呼ばれた。また，西域から~~仏教が伝えられ~~庶民の間に広まり，儒教に代わって信仰されるようになった。

詩　書
➲ 仏教が伝わったのは1世紀頃である

C 中国の元の時代には，ヨーロッパ諸国との東西交流が盛んになり，ヴェネツィア出身の商人マルコ＝ポーロやモロッコの旅行家イブン＝バットゥータなどが中国に入ってその見聞を記録し西方に伝えた。また，カトリック布教のため，モンテ＝コルヴィノがローマ教皇によって派遣された。

➲『世界の記述（東方見聞録）』を著す

D 中国の明の時代には，永楽帝が都を北京に移し，外に向かって勢力を広げた。なかでも鄭和の率いた大艦隊による7回にも及ぶ南海遠征は，東南アジアからアラビア半島やアフリカ東海岸にまで達し，この結果，多くの国々が中国に朝貢するようになった。

➲ 朝貢貿易が行われた

1……A，B
2……A，D
3……B，C
4……B，D
5……C，D

難易度 ★　重要度 ★★

A「紙幣の発行はまだまだではないか？」という素直な疑問から考える。後漢を復興した［Ⓐ　　　　］は，都を洛陽(らくよう)に移し西域経営に力を入れた。西域都護の班超(はんちょう)は，カスピ海以東の 50 余国を服属させ，東西の交渉が盛んになった。

B 中国の南北朝時代（5～6 世紀），皇帝の権力が弱かった江南では優雅な貴族文化が発達した。これを［Ⓑ　　　　］という。詩の陶潜(とうせん)（陶淵明(とうえんめい)），絵画の顧愷之(こがいし)，楷書・行書・草書の漢字三体を完成させた書の王羲之(おうぎし)などが名高く，学問では［Ⓒ　　　　］が発展し，魏・晋時代の「竹林の七賢人」らの言行に見られるような清談(せいだん)が流行した。

C 正しい。モンゴル帝国が成立したことにより，東西文化の交流が盛んになったため，ローマ教皇の使節としてモンテ＝コルヴィノが，フランス王の使節として［Ⓓ　　　　］が，それぞれ中国に派遣された。また，商人のマルコ＝ポーロや旅行家のイブン＝バットゥータなども中国に来て，その見聞をそれぞれ『世界の記述（東方見聞録）』，『三大陸周遊記』に著し，東洋の様子をヨーロッパに伝えた。

D 正しい。明の永楽帝は，朱子学に関する学説を集大成して，『四書大全』『五経大全』『性理大全』を編集させ，儒教の注釈書とした。また，古今の文献を分類・編集して，［Ⓔ　　　　］を作らせた。このような国家的文化事業の推進により，民間の刊行も盛んに行われた。

よって，**C・D** が正しいので，**5** が正答となる。

Point

- □ 後漢の時代には，大秦王安敦（ローマ皇帝マルクス＝アウレリウス＝アントニヌス）の使者が，海路でやってきた。
- □ 六朝文化は六朝（呉・東晋・宋・斉・梁・陳）時代に，江南で発達した貴族文化である。
- □ 元の時代には色目人といわれる中央アジアや西アジア出身者が政治・経済で活躍した。
- □ 明の永楽帝の命じた鄭和の南海遠征などにより明の朝貢貿易は活発になった。

Ⓐ：光武帝，Ⓑ：六朝文化，Ⓒ：老荘思想，Ⓓ：ルブルック，Ⓔ：『永楽大典』

世界史088

歴史的建造物と遺跡

世界各地の歴史的建造物又は遺跡に関する記述として最も妥当なのはどれか。

平成24年度 国家一般職

A マチュピチュ遺跡

B スレイマン1世モスク

C タージ・マハル

D 聖ワシリィ大聖堂

E ヴェルサイユ宮殿

1 Aは，14世紀に~~メキシコ高原~~（アンデス高原）を支配したインカ帝国時代に築かれたものである。インカ帝国では太陽が崇拝され，太陽を祀るピラミッドが建造された。また，独自の絵文字が用いられ，高度な石造建築の技術をもっていたが，~~15~~（16）世紀にスペイン人の~~コルテス~~（ピサロ）によって滅ぼされた。

2 Bを建造したスレイマン1世は，オスマン帝国最盛期のスルタンで，南イラク，北アフリカ支配を広げ，ヨーロッパ方面ではハンガリーの征服後，ウィーンを包囲してヨーロッパ諸国に脅威を与えた。さらにプレヴェザの海戦でスペインなどを破り，地中海の制海権を手中にした。

1538年。この後チュニジアなどを征服

3 ~~Cを建造した~~ムガル帝国の皇帝アクバルは，ヒンドゥー教とイスラーム教の融和を図り，~~イスラーム教徒~~（ヒンドゥー教徒）に課された人頭税（ジズヤ）を廃止する策をとったが，両者の対立は収まらず，18世紀にはプラッシーの戦いに至った。この戦いで国力を失ったムガル帝国は，~~18世紀中ごろに~~（19世紀のインド大反乱が鎮圧されたのち）イギリスの植民地となった。

➲シャー＝ジャハーンがCを建造

➲イギリスがインド進出を本格化させるきっかけとなった戦い

4 Dは，ロシアが~~18世紀半ばのクリミア戦争~~（16世紀にカザン＝ハンとの戦い）に勝利したことを記念し，雷帝と呼ばれた~~エカチェリーナ2世~~（イヴァン4世）によって~~サンクトペテルブルク~~（モスクワ）に建造された。~~エカチェリーナ2世~~（イヴァン4世）は貴族をおさえて専制政治の基礎を固めるとともに農奴制を強化し，シベリアを領土に組み込み，~~清朝とネルチンスク条約を結んだ~~。

➲条約を結んだのはピョートル1世で1689年

5 Eは，~~アンリ4世~~（ルイ14世）によって建造された。~~アンリ4世~~（ルイ14世）は，宰相にマザランを登用して大貴族やユグノーと呼ばれる旧教徒の勢力をおさえ，三部会を停止するとともに，徹底した重商主義政策をとって国庫の充実を図った。~~ユグノーの抵抗は，後のルイ14世がナントの勅令を発してユグノーに信仰の自由を認めるまで続いた~~。

ユグノーは信仰の自由を

難易度★ 重要度★★

1 マチュピチュは，インカ帝国の遺跡であり，標高 2400 m以上の険しい山の尾根上にある。インカ帝国は 15 世紀初頭にアンデス高原に成立し，首都は［Ⓐ　　　　］にあった。

2 正しい。オスマン帝国は 13 世紀末におこり，スレイマン 1 世は第 10 代君主にあたる。スレイマン 1 世モスクはオスマン帝国の旧都であった［Ⓑ　　　　］につくられた。

3 16 世紀に成立したムガル帝国は，第３代のアクバルのときに大帝国に発展した。タージ＝マハルは，第５代のシャー＝ジャハーンが亡き妃を偲んで建てたもので，インド＝［Ⓒ　　　　］建築の代表である。1757 年にプラッシーの戦いでイギリスの東インド会社の［Ⓓ　　　　］がフランスとベンガル太守の連合軍を破るとイギリスの勢力が強まり 19 世紀半ばにはインド全土がイギリスの支配権に入った。

4 聖ワシリィ大聖堂は，16 世紀に［Ⓔ　　　　］４世（雷帝）が，カザン＝ハンを捕虜とし勝利したことを記念して建立したもので，モスクワの赤の広場に面している。エカチェリーナ２世は 18 世紀後半の女帝で，クリミア半島やバルカン半島に進出した。

5 ヴェルサイユ宮殿を建てたルイ 14 世は，初めは宰相マザランを採用して中央集権化をめざし，マザランの死後は親政を開始するとともに，［Ⓕ　　　　］を登用した。

Point

- □ メキシコ高原では，10 世紀にアステカ族がアステカ帝国を成立させた。現在のメキシコシティに首都テノチティトランをつくり，メキシコ湾岸から太平洋岸にかけて支配した。
- □ ロシアでは 16 世紀にイヴァン４世（雷帝）がシベリアを領土に組み込み，17 世紀後半にピョートル１世（大帝）がシベリア経営を進めて 1689 年に清とネルチンスク条約を結んだ。
- □ アンリ４世はブルボン朝を開いた。彼はカルバンの教えを指示するユグノーの指導者で，のちにカトリックに改宗し，ナントの勅令を出して個人の信仰の自由を認めた。

Ⓐ：クスコ，Ⓑ：イスタンブール，Ⓒ：イスラーム，Ⓓ：クライブ，Ⓔ：イヴァン，Ⓕ：コルベール

第1次産業革命と第2次産業革命

第1次産業革命及び第2次産業革命に関する記述として，妥当なのはどれか。

平成29年度
地方上級

1 第1次産業革命とは，~~17~~ 18 世紀の~~スペイン~~ イギリスで始まった蒸気機関等の発明による生産力の革新に伴う社会の根本的な変化のことをいい，第1次産業革命により~~18~~ 18〜19 世紀の同国の経済は大きく成長し，同国は「~~太陽の沈まぬ国~~ 世界の工場」と呼ばれた。

➲ 木綿工業における機械の発明と結びついて綿工業を発達させ，交通革命をもたらした

2 第1次産業革命の時期の主な技術革新として，~~スティーヴンソン~~ アークライトが特許を取得した水力紡績機，~~アークライト~~ スティーヴンソンが実用化した蒸気機関車，~~エディソンによる蓄音機の発明~~などがある。

➲19〜20 世紀のアメリカの発明家。電気・電力部門で第2次産業革命に貢献

3 第1次産業革命は生産力の革新によって始まったが，鉄道の建設は~~本格化するには至らず，第2次産業革命が始まるまで，陸上の輸送量と移動時間には，ほとんど変化がなかった~~ も本格化し大量の原料・製品の短時間での輸送が可能となった。

4 19 世紀後半から始まった第2次産業革命では，鉄鋼，化学工業などの重工業部門が発展し，石油や電気がエネルギー源の主流になった。

➲ ドイツやアメリカを中心に始まった

➲ 発電機の発明以降，工業・交通・通信などで電力が動力源に

5 ~~第2次産業革命~~の進展につれて，都市化が進むとともに，~~労働者階層に代わって新資本家層と呼ばれるホワイトカラーが形成され~~ 手工業者が没落して土地を失った農民とともに賃金労働者となり，大衆社会が生まれた。

➲ 都市化と大衆社会化は第1次産業革命期からみられた

難易度 ★★ 重要度 ★★

1 イギリスで最初に産業革命が始まった背景として，奴隷貿易の利益と［Ⓐ　　　］経営による資本蓄積，第２次囲い込みなどによる農業革命で生まれた豊富な労働力，広大な市場（海外植民地と国内市場），原料供給地，２度の市民革命を経た市民社会の成長，などの条件が他国より整っていたことが挙げられる。

2 イギリスにおける［Ⓑ　　　］工業での発明はジョン＝ケイの飛び杼(ひ)に始まり，ハーグリーヴズのジェニー紡績機，アークライトの水力紡績機，クロンプトンのミュール紡績機，カートライトの力織機と続いた。動力革命はニューコメンが発明した蒸気機関をワットが改良して実現し，紡績機，交通機関などの動力となって生産力が増大した。

3 蒸気機関を利用してフルトンが蒸気船を，スティーヴンソンが［Ⓒ　　　］を実用化し，交通革命が実現した。本格的な鉄道も開通し，交通・運輸の面での革新が進んだ。

4 正しい。1870年代の欧米先進国で始まった［Ⓓ　　　］や電力を新動力源とする重化学工業を中心とした産業技術の革新を，第２次産業革命という。

5 産業革命により手工業や家内工業はすたれ，機械制工場が生産の主体となった。産業資本家と呼ばれる機械制工場の経営者は，没落した手工業者や土地を失った農民からなる［Ⓔ　　　］を雇って大量生産を行い，利潤を確保した。［Ⓔ　　　］は劣悪な労働条件で働き，やがて労働運動が発生するようになった。

Point

- ☐ 産業革命はまずイギリスで18世紀から始まり，イギリスは工業・貿易を発展させて「世界の工場」と呼ばれるようになった。
- ☐ イギリスの産業革命は，綿工業での発明が蒸気機関による動力革命に波及し，それが交通革命にも及ぶという形で展開した。
- ☐ 第２次産業革命は，石油・電力を新動力源とする重化学工業中心の産業技術革新で，1870年代のドイツやアメリカを中心に始まった。
- ☐ 産業革命は資本主義を確立させ，産業資本家が社会の支配階級に台頭し，労働者階級は困窮して労働・社会問題が発生した。

Ⓐ：植民地，Ⓑ：綿，Ⓒ：蒸気機関車，Ⓓ：石油，Ⓔ：賃金労働者

ビザンツ帝国

次の文は，ビザンツ帝国に関する記述であるが，文中の空所Ａ～Ｃに該当する語又は語句の組合せとして，妥当なのはどれか。

平成30年度
地方上級

ローマ帝国の東西分裂後，西ローマ帝国は［Ａ］の混乱の中で滅亡したが，東ヨーロッパでは，ビザンツ帝国がギリシア正教とギリシア古典文化を融合した独自の文化的世界をつくり，商業と貨幣経済は繁栄を続けた。ビザンツ帝国の首都［Ｂ］は，アジアとヨーロッパを結ぶ貿易都市として栄え，ユスティニアヌス帝の時代には，一時的に地中海のほぼ全域にローマ帝国を復活させた。

➡395（ローマ帝国の東西分裂）　➡476（滅亡し）
➡＝東ローマ帝国（ビザンツ帝国）　➡ビザンツ皇帝と結びついたイスタンブール教会を中心に発展したキリスト教会（ギリシア正教）
➡現在のイスタンブール（首都［Ｂ］）
➡ビザンツ帝国最盛期の皇帝（在位527～565）（ユスティニアヌス帝）

しかし，7世紀以降，ビザンツ帝国の領土は東西ヨーロッパの諸勢力やイスラーム諸王朝に奪われ縮小し，1453年に［Ｃ］により滅ぼされた。

➡第4回十字軍の首都占領やセルジューク＝トルコの侵入など（東西ヨーロッパの諸勢力やイスラーム諸王朝に奪われ縮小し）
➡トルコ系の人々が建国したイスラーム帝国（1299～1922）（［Ｃ］）

	A	B	C
1	十字軍の遠征	アレクサンドリア	オスマン帝国
2	十字軍の遠征	コンスタンティノープル	ササン朝ペルシア
3	ゲルマン人の大移動	アレクサンドリア	ササン朝ペルシア
4	ゲルマン人の大移動	コンスタンティノープル	オスマン帝国
5	ゲルマン人の大移動	アンティオキア	ササン朝ペルシア

難易度★★　重要度★

1 4世紀後半から6世紀後半にかけて，ゲルマン諸民族がローマ帝国領内へ移住し，各地に部族国家を樹立した。その混乱の中で，西ローマ帝国はゲルマン人傭兵隊長［Ⓐ　　　］によって滅ぼされた。

2 大移動の影響をあまり受けなかった東ローマ（ビザンツ）帝国は，古代ローマ帝国の唯一の後継者として存続した。ユスティニアヌス帝は6世紀の半ば，ローマ帝国の復活を目指して各地に遠征軍を送り，一時的に地中海世界を再統一した。国内的には，皇帝権・官僚権を強化し，それまでのローマ法を『［Ⓑ　　　］』に集大成させた。

3 7世紀以降，領土はバルカン半島と小アジアに縮小されたが，帝国のギリシア化が進み，独自のビザンツ世界が形成された。軍管区制という軍事行政制度により中央集権と軍備強化が図られ，首都の［Ⓒ　　　］は政治・経済の中心，東西文化の十字路として栄えた。

4 ビザンツ帝国では，コンスタンティノープルの［Ⓓ　　　］聖堂等にみられるモザイク壁画を特色とするビザンツ様式の教会建築が発達し，ギリシア古典がさかんに研究された。ビザンツ文化はギリシア古典文化を西欧に伝え，イタリア＝ルネサンスの開花を促した。

5 11世紀にセルジューク＝トルコが侵入し，13世紀の［Ⓔ　　　］による首都占領以降は衰退が進んで，1453年にオスマン帝国に滅ぼされた。

Point

- □ ローマ帝国は4世紀末，西ローマ帝国と東ローマ（ビザンツ）帝国に分裂し，西ローマ帝国はゲルマン人大移動の混乱の中で滅亡した。しかし，東ローマ（ビザンツ）帝国は大移動の影響をあまり受けず，ギリシア正教の影響を強く受けた独自のヨーロッパ世界を形成した。
- □ 6世紀半ばにユスティニアヌス帝が地中海世界を再統一し，一時的にローマ帝国を復活させた。7世紀以降領土が縮小してからも，首都コンスタンティノープルは世界商業の中心として繁栄した。
- □ ビザンツ文化は，ギリシア文化とギリシア正教を基礎に東西文化を融合して形成され，ギリシア古典文化を西欧に伝えて，イタリア＝ルネサンスに影響を与えた。
- □ 十字軍の首都占領以降衰退し，15世紀にオスマン帝国に滅ぼされた。

Ⓐ：オドアケル，Ⓑ：ローマ法大全，Ⓒ：コンスタンティノープル，Ⓓ：ハギア＝ソフィア，Ⓔ：（第4回）十字軍

中世ヨーロッパの文化

中世ヨーロッパの文化に関する記述として最も妥当なのはどれか。

令和3年度 国家専門職

1 ビザンツ帝国では，ユスティニアヌス帝が，古代ローマ以来の法をまとめた
➡ 東ローマ帝国の通称。4～15世紀　➡ 在位527～565年
~~『四書大全』~~の編纂や，~~ヴェルサイユ宮殿~~の建設に尽力した。~~ヴェルサイユ宮~~
➡ ローマ法大全　➡ ハギア＝ソフィア聖堂　➡ ハギア＝ソフィア聖堂
~~殿~~のように，ドーム（円屋根）とモザイク壁画を特色とするこの時代の建築様式は，ビザンツ様式と呼ばれる。

2 キリスト教の信仰や教理を探求する学問である神学は，12世紀ルネサンスで復興したアリストテレス哲学と統合することでスコラ学に発展した。『神学大
➡ 経験主義的な哲学
全』を著したトマス＝アクィナスは，信仰と理性の調和を図り，スコラ学を
➡1225頃～74年
大成した。
➡ 中世ヨーロッパにおける古代文化復興運動

3 都市の発展を背景に，学問を教授する教育機関として，ボローニャ大学，パリ大学，~~ハーバード大学~~などがつくられた。これらの大学は，~~国家主導の下で制~~
➡ アメリカ合衆国の大学　教会付属の学校を基礎に教授や
~~度化~~されたものであり，研究や教育の中心は~~実証的な歴史学や物理学~~であった。
学生の自治的な組合として形成　神学・法学・医学・哲学など

4 西ヨーロッパの建築では尖（せん）頭アーチと鮮やかなステンドグラスを特徴とするゴ
➡12世紀後半以降
シック様式が生み出されたが，~~その後~~，厚い石壁に小さな窓を持つ重厚なロマ
それ以前は　➡11～12世紀
ネスク様式が~~現れた~~。~~前者~~を代表するものとしてピサ大聖堂，~~後者~~を代表する
➡ 発達していた　ロマネスク様式　ゴシック様式
ものとしてシャルトル大聖堂がある。

5 文学では，フランスの『~~ドン＝キホーテ~~』やドイツの『ニーベルンゲンの歌』
ローランの歌
など，騎士の武勲をテーマとした騎士道文学が，~~公用語であるギリシア語~~で表
口語（俗語）
現された。また，南フランスでは，~~ホメロス~~に代表される吟遊詩人たちが，宮
➡ 古代ギリシャの詩人である
廷を巡り歩いて恋愛叙情詩をうたった。

難易度 ★★　重要度 ★

1 『ローマ法大全』は法学者トリボニアヌスに編纂させたもので，近代の法律に大きな影響を残した。[Ⓐ　　　　] はコンスタンティノープルに現存する建物で，ビザンツ様式の傑作とされる。

2 ルネサンス（14～16世紀）は中世の神中心の文化から人間中心の文化への転換だが，中世ヨーロッパにも12世紀ルネサンスといわれる古代文化復興運動がみられ，[Ⓑ　　　　] は信仰の超越性にアリストテレス哲学の理性を調和させ，スコラ哲学を大成した。

3 中世の大学は教会や修道院の付属学校に起源をもち，教皇や皇帝の特許によって教授や学生がギルド的な組合を作って形成された。一般教養を学ぶ人文学部や神学・法学・医学の専門学部があった。[Ⓒ　　　　] は現存する最古の大学で，ローマ法研究で有名。

4 まず11～12世紀に,「ローマ風」を意味するロマネスク様式が広がった。「ピサの斜塔」で有名なピサ大聖堂がその代表例である。その後,12世紀後半からゴシック様式が広まった。2019年に火災に遭った[Ⓓ　　　　] やシャルトル大聖堂などが代表例である。

5 スペインのセルバンテスの主著『ドン・キホーテ』はルネサンス期の作品。時代錯誤の騎士を主人公とする風刺に富んだ滑稽物語で，近代小説の一つの先駆となった。中世の [Ⓔ　　　　] は騎士の活躍を理想化した口語文学で，『アーサー王物語』も有名。

Point

- □ 西ローマ帝国滅亡後もビザンツ（東ローマ）帝国は繁栄を続け，『ローマ法大全』が編纂され，ビザンツ様式の教会建築が発達した。
- □ トマス＝アクィナスが中世の哲学・神学であるスコラ哲学を大成し，教会付属の学校からボローニャ，パリなどの大学が発達した。
- □ 建築はキリスト教の教会建築が中心で，中世初期にはビザンツ様式，次いでロマネスク様式，その後ゴシック様式が広まった。文学では，口語（俗語）による騎士道物語が発達した。

Ⓐ：ハギア＝ソフィア聖堂，Ⓑ：トマス＝アクィナス，Ⓒ：ボローニャ大学，Ⓓ：ノートルダム大聖堂，Ⓔ：騎士道物語

世界史092

15～18世紀のヨーロッパ

ヨーロッパ各国における15世紀～18世紀の情勢に関する記述として最も妥当なのはどれか。

平成24年度
国家専門職

1 英国では，~~チャールズ２世~~が，~~トーリー党のクロムウェルを首相に登用し~~，審
ジェームズ２世　王政復古を受けて即位し
査法や人身保護法を制定して絶対王政の復活を図ったが，~~「代表なくして課税な~~
➲公職を国教徒に限定した　カトリックのジェームズ２世
~~し」を主張するウィッグ党のウォルポールがピューリタン革命~~を起こして，権
が即位すると，プロテスタント勢力が名誉革命を起こした
利の章典を発布した結果，立憲君主制が確立した。

2 フランスでは，~~ルイ14世~~が，内乱（宗教戦争）を終結させるため，~~「王は君臨~~
アンリ４世　ユグノーなどの
~~すれども統治せず」とする~~ナントの勅令を発布し，三部会による共和政を導入
1685年
した。また，~~コルベールを宰相に登用し，農業を国の基本とする重農主義政策~~
オランダとイギリスの貿易独占に対抗して
~~をとって~~，東インド会社を~~廃止~~した。
創設

3 プロイセンでは，フリードリヒ２世が，宗教寛容令を出し，重商主義政策によって産業を育成したほか，ヴォルテールらの啓蒙思想家を宮廷に招き，「君主は
➲『哲学書簡』の著者
国家第一の下僕」と称した。また，オーストリア継承戦争，七年戦争を戦い抜き，
➲1740～48年　➲1756～63年
プロイセンはヨーロッパの強国となった。

4 ロシアでは，モスクワ大公国のピョートル１世が，~~農奴解放令を発して~~国力を
➲アレクサンドル２世が行った
高めると，~~ポーランド分割に参加して~~領地を拡大した。~~さらにオスマン帝国を~~
~~滅ぼすなど~~，その版図を一気に広げ，~~「太陽の沈まぬ国」と呼ばれる~~ロシア帝国
➲スペインについての説明
を成立させ，自らをツァーリと称した。

5 オランダでは，オラニエ公ウィレムの指揮の下，~~レパントの海戦~~で~~スペインの~~
➲オスマン帝国が敗れた海戦　➲イギリス
~~無敵艦隊を破り~~，その講和会議で独立を要求したが，列強諸国が「会議は踊るされど進まず」と評されるほどに強硬に反対したため，ウェストファリア条約
➲1648年。三十年戦争が終結した
で独立が認められたのは~~南部10州~~だけにとどまった。
ホランド州など北部７州

解説

難易度★ 重要度★★

1 チャールズ2世は，ピューリタン革命を起こしたクロムウェルの没後に即位した。この頃，王権と国教会を擁護する［Ⓐ　　　　］党と，議会の権利に重きを置く［Ⓑ　　　　］党が生まれた。チャールズ2世の没後，名誉革命が起こり，権利章典が出された。

2 フランスは，［Ⓒ　　　　］朝を開いたアンリ4世のとき，個人の信仰の自由を認めたナントの勅令が出されて内乱が収まった。後にルイ14世のとき，最高司法機関であった三部会が開かれなくなって絶対王政となり，財務長官のコルベールのもとで重商主義政策が行われた。

3 正しい。オーストリア継承戦争は，オーストリアで［Ⓓ　　　　］がハプスブルグ家を相続することに反対するフランスとプロイセンが起こした。七年戦争は，鉱工業地帯のシュレジエンの奪還をめざしたオーストリアが，フランスと同盟してプロイセンに対して起こした。

4 モスクワ大公国は，15世紀後半にイヴァン3世のときにモンゴル人の［Ⓔ　　　　］から独立した。イヴァン3世はツァーリとなり，ビザンツ皇帝の後継者を自任した。

5 オランダは，スペイン領であったネーデルランドのうち，カトリックの強制などに反発した北部7州が［Ⓕ　　　　］同盟を結び，イギリスの援助を受けて戦い続け，1581年に独立した。カトリック勢力の強い南部10州も最初は反抗に加わっていたが脱落し，後にベルギーとなった。

Point

- ☐ イギリスでは，1721年に最初の首相となったウォルポールのもとで内閣が議会に対して責任をもつ責任内閣制が成立し，「王は君臨すれども統治せず」の伝統が生まれた。
- ☐ ヴォルテールは『哲学書簡』を表し，市民革命を経験したイギリスの文物を紹介し，啓蒙思想を広める役割を果たした。
- ☐ ウェストファリア条約は，ドイツのカトリック勢力とプロテスタント勢力の争いに端を発した三十年戦争の講和条約で1648年に結ばれた。これによりオランダやスイスの独立が承認され，ヨーロッパにおける主権国家体制が成立した。

Ⓐ：トーリー，Ⓑ：ウィッグ，Ⓒ：ブルボン，Ⓓ：マリア＝テレジア，Ⓔ：キプチャク＝ハン国，Ⓕ：ユトレヒト

封建国家崩壊から中央集権国家成立

西ヨーロッパにおける封建制崩壊から中央集権国家成立にかけての時期に関する次の記述のうち，妥当なものはどれか。

平成6年度 国家Ⅱ種

1 商工業の発達に伴い，都市の商人は領主の支配する地域ごとに国内の各所に存在した通行税等を経済活動上の障害と考え，王権による広範な政治的統合を望むようになり，他方，国王は財源としての都市の富に注目するようになった。

➡イギリス，フランスでは中央集権化が進んだ

2 貨幣経済が農村社会に浸透し，イギリスやフランスでは三圃制度等の導入により農業生産が飛躍的に上昇するにつれて，領主層による直営地経営の強化が図られ，農民の負担する地代の形態は物納制から賦役へ転化することとなった。

領主層は直営地を分割して農民に貸し

金納制

3 ローマ教皇は，十字軍遠征の失敗によりその権威が一時的に衰微したこともあったが，その後は教皇庁内部から宗教改革を推進するとともに政教分離の原則によって政治権力からの介入を受けることなく宗教界に君臨し，隆盛を極めるようになった。

失墜した

宗教改革で打撃を受け，イエズス会などの活動により勢力回復が図られたが，かつての隆盛を取り戻すことはできなかった

4 黒死病の流行は農民人口の激減による農業労働力の希少価値を高め，一時的に農民の地位を向上させたため，農民一揆が各地に頻発することとなったが，諸侯・騎士階級による鎮圧によってかえって農奴支配の強化をもたらすこととなった。

農民は身分上の自由を獲得していった

5 ドイツでは中世ヨーロッパ最大の綿織物工業地帯の支配権をめぐってイギリスとの長年にわたる戦争とその後の内乱によって諸侯や騎士の多くは没落したが，商工業の奨励などによって王権は強化され，いち早く絶対王政の基礎が築かれた。

新教徒がカトリック信仰の強制に反対して始まった三十年戦争

国土荒廃と人口の減少などにより長期間にわたり停滞した

難易度 ★★★ 重要度 ★★

1 正しい。商工業が発達すると，都市の民衆にとって諸侯の分割統治が交易の拡大を阻む存在となり，民衆は国内統一と［Ⓐ　　　　］をめざす国王の立場を支持し，財力で国王を援助するようになった。

2 荘園制度の崩壊と貨幣経済の広がりは，関連づけて理解すること。三圃(さんぽ)制度などの普及で農業生産が高まり，都市や商業が発達することで，荘園制度は崩れていった。また，［Ⓑ　　　　］の広がりにより，領主は賦役(ふえき)をやめ，地代を物納や貨幣で取るようになった。

3 教皇の権威失墜の原因を分類して理解すること。十字軍遠征の失敗により，ローマ教皇の権威は揺らぎ始め，その後の教会の世俗化・腐敗堕落や［Ⓒ　　　　］により，教皇の権威は失われていった。

4 西ヨーロッパでは，14 世紀中頃に黒死病が流行し，農村の人口は激減した。領主は農業労働力の確保のため，農民の待遇を改善し，その結果，農民の生活はよくなり，地代を貨幣で納める［Ⓓ　　　　］（ヨーマン）を生む。領主からの抑圧の動きに対し，農民は，しばしば農民反乱を起こした。

5 ドイツでは，新教徒が皇帝の旧教主義政策に反発して反乱を起こし，［Ⓔ　　　　］が始まった。その結果，長年の戦乱により多くの都市が没落し，農村や商工業も打撃を受け，人口も大いに減少したため，ドイツの近代化は著しく遅れることになった。

Point

- ☐ 商工業の発達で，民衆は国王を支持するようになった。
- ☐ 三圃制農法は，農地を春耕地，秋耕地，休耕地に分け地力を保つ農法である。農法の進歩，農村への貨幣経済の浸透もあり，荘園制度は崩れていった。
- ☐ 教皇の権威失墜は，十字軍の失敗と教会の腐敗と宗教改革の影響。
- ☐ 黒死病はペストのことと考えられている。農村人口の減少により，荘園領主は農民の待遇の改善を行った。
- ☐ 三十年戦争によってドイツは疲弊し，近代化が遅れる原因になった。

Ⓐ：中央集権，Ⓑ：貨幣経済，Ⓒ：宗教改革，Ⓓ：独立自営農民，Ⓔ：三十年戦争

キリスト教史

キリスト教をめぐる歴史に関する記述として，最も妥当なのはどれか。

平成19年度
国税専門官

1 キリスト教は，ローマ帝政時代の初め頃，パレスチナ地方に生まれたイエスの教えに始まった。キリスト教は帝国各地に広まり，国教として認められたが，教会で教義をめぐって対立が起こったことから，コンスタンティヌス帝は~~クレルモン~~公会議を開き，~~アリウス派~~を正統とした。
ニケーア　アタナシウス派

2 末期のローマ帝国では，ローマ教会とコンスタンティノープル教会が有力となっていた。しかし，~~カール大帝~~が聖像禁止令を発したことを契機として両教会
レオン3世
は対立し，ローマ教皇を首長とするローマ＝カトリック教会と，ビザンツ皇帝に支配される~~ロシア~~正教会とに二分された。
ギリシア

3 13世紀の初めに絶頂を極めていた教皇権は，十字軍の失敗や封建制度の動揺を背景に教皇のバビロン捕囚や教会大分裂などが起こり，衰退を見せ始めた。このような中で教会の世俗化や腐敗が進み，教会改革を主張したフスが異端として処刑されたことから，フス派が反乱を起こした。
➡ 1419年から36年にかけて，フス戦争が起きた

4 ルネサンスの人文主義が高まる中，教皇~~グレゴリウス7世~~が大聖堂の建築費を
レオ10世
得るために免罪符を販売させると，~~カルヴァン~~がこれを批判した。~~カルヴァン~~
ルター　ルター
の主張は教皇に反感を抱く層に支持され，教皇権から独立したいくつかの教派を生み出した。これらは一般に新教と呼ばれる。

5 15世紀半ば頃になると旧教と新教の対立が深まり，しばしば宗教戦争が引き起こされた。旧教国~~イギリス~~では新旧両教派の対立に貴族の権力争いが絡み，
フランス
ユグノー戦争が起こった。一方，~~新教~~勢力は~~ローマ~~にイエズス会を結成し，ア
旧教　パリ
メリカ大陸やアジアで積極的な布教活動を行った。

難易度 ★★　重要度 ★★★

1 325年にコンスタンティヌス帝は，ニケーア公会議を開き，アリウス派を異端としアタナシウス派の主張を正統とした。この主張は，[Ⓐ　　　　] として確立した。392年，[Ⓑ　　　　] はキリスト教をローマ帝国の国教とした。1095年のクレルモン公会議では十字軍が提唱された。

2 726年，ビザンツ皇帝レオン3世が聖像禁止令を出した。聖像の使用を容認するローマ教会はビザンツ皇帝からの独立を図る。教皇レオ3世がフランク王国のカール大帝に [Ⓒ　　　　] の称号を与えた結果，キリスト教はローマ＝カトリック教会とギリシア正教会とに分裂した。ロシア正教会はギリシア正教会の一派で，10世紀末にロシアの国教になった。

3 正しい。十字軍の失敗や諸侯の衰退により，教皇権は弱まり，王権が強大になっていった。フスは [Ⓓ　　　　] で異端と宣告され，火刑に処せられた。

4 教皇レオ10世はサン＝ピエトロ大聖堂の建設資金を得るため，教会のために善行を積めば罪が許されるという教えを利用してドイツで免罪符を売り出した。これに対し，ルターは魂の救済は福音の信仰のみによるとする [Ⓔ　　　　] から免罪符を厳しく批判した。

5 宗教改革により旧教（カトリック）内部から [Ⓕ　　　　] という勢力回復運動が行われた。イエズス会は新教に対抗して布教活動をした。

Point

- □ キリスト教はコンスタンティヌス帝によって公認され，テオドシウス帝がローマ帝国の国教とした。
- □ 8世紀に，キリスト教世界はローマ＝カトリック教会とギリシア正教会とに二分された。
- □ 封建制度の崩壊に伴い，ローマ教皇の権威は失墜していった。
- □ 教皇レオ10世は教会の資金を得るため，免罪符を発行した。マルティン＝ルターは免罪符を批判し，宗教改革の発端となった。

Ⓐ：三位一体説，Ⓑ：テオドシウス帝，Ⓒ：ローマ皇帝，Ⓓ：コンスタンツ公会議，Ⓔ：福音信仰，Ⓕ：対抗宗教改革（反宗教改革）

十字軍

十字軍に関する記述として，妥当なのはどれか。

平成27年度 地方上級

1 教皇インノケンティウス3世は，1095年にクレルモン公会議をひらいてイェルサレムの奪回を目的とする十字軍の派遣を提唱した。
➡ ウルバヌス2世

2 第1回十字軍は，1099年に聖地奪回の目的を果たしてイェルサレム王国を建てたが，12世紀末にイェルサレムはアイユーブ朝のサラディンに奪回された。
➡ トルコ系王朝のアイユーブ朝を樹立

3 教皇ウルバヌス2世が提唱した第4回十字軍は，ヴェネツィア商人の要望によりイェルサレムには向かわず，1204年にコンスタンティノープルを占領してラテン帝国を建てた。
➡ インノケンティウス3世
➡ ビザンツ帝国（東ローマ帝国）の首都。旧名ビザンティウム，現イスタンブル

4 神聖ローマ帝国フリードリヒ2世は，第5回十字軍で，外交によるイェルサレムの回復に失敗したが，フランス王ルイ9世が主導した第6回，第7回十字軍はイェルサレムの奪回に成功した。
➡ 12世紀プロイセンのフレードニヒ2世は別人
➡ 1228～29年
➡ 外交交渉により一時的にイェルサレムを奪回した
➡ エジプト・チュニスを攻めたが失敗した

5 1291年に十字軍最後の拠点アッコンが陥落し，十字軍遠征が失敗のうちに幕を閉じたことによって，国王の権威は低下し，没落した諸侯や騎士の領地を没収した教皇の権力が伸長した。
➡ 教皇
➡ 国王

難易度 ★★　重要度 ★

1 ローマ教皇ウルバヌス2世は，セルジューク＝トルコに攻撃された［Ⓐ　　　　　］から救援を求められクレルモン公会議を召集し，そこで聖地奪回のための十字軍遠征が決定された。インノケンティウス3世は，その約百年後の13世紀初期の教皇。第4回十字軍を派遣し失敗した。しかし，彼のときに教皇権は絶頂に達し，ジョン王を破門して臣従させた。

2 イェルサレム奪回に成功したのは［Ⓑ　　　　　］の2回のみ。第1回十字軍（1096～99）はフランス諸侯軍が中心で，セルジューク＝トルコ軍を破りイェルサレム王国などのキリスト教国を建設した。このような情勢に対し熱心なスンニ派信徒であるアイユーブ朝のサラディンが猛烈な反撃を加え1187年イェルサレムを占領した。

3 ウルバヌス2世が［Ⓒ　　　　　］で十字軍派遣を提唱した翌年，第1回十字軍（1096～99）が派遣された。第4回からは世俗的な動機が強まり，第4回十字軍（1202～04）派遣はインノケンティウス3世の提唱で行われたが，ヴェネツィア商人にあやつられてコンスタンティノープルを占領しラテン帝国を建設した。

4 神聖ローマ帝国のフリードニヒ2世はエジプトとの外交交渉によりイェルサレムを回復したが，1244年に再びイスラム教徒に占領され，以降イェルサレムはその支配下に置かれた。第6回・第7回は，フランス王ルイ9世が［Ⓓ　　　　　］貿易の支配権を握ろうとしたが失敗に終わった。

5 ［Ⓔ　　　　　］の失敗は西欧社会に大きな影響を与えた。教皇権，諸侯・騎士の没落，王権の伸長，都市・商業の繁栄などは中世解体期の始まりであった。

Point

- ☐ セルジューク=トルコに攻撃されたビザンツ帝国がローマ教皇に救援を要請し，それを受けた教皇ウルバヌス２世がクレルモン公会議で聖地奪回の軍を起こすことを提唱して十字軍が派遣されることとなった。
- ☐ 十字軍は11世紀末から13世紀後半までの約200年間に７回行われた。イェルサレム奪回は第１回・第５回のみで第４回からは世俗的な動機が強まった。
- ☐ 十字軍の影響は，教皇権の衰退，諸侯・騎士の没落と王権の伸長，都市・商業の繁栄，東方文化の刺激などで中世崩壊の契機となり，またヨーロッパ人の最初の対外進出という意味では大航海時代につながることとなった。

Ⓐ：ビザンツ帝国（東ローマ帝国），Ⓑ：第１回と第５回，Ⓒ：クレルモン公会議，Ⓓ：地中海，Ⓔ：十字軍

キリスト教史

ヨーロッパのキリスト教の歴史に関する記述として，最も妥当なのはどれか。

平成16年度
国家Ⅰ種

1 4世紀前半にローマ皇帝コンスタンティヌスの出したミラノ勅令によってキリスト教は~~ローマ帝国の国教になった~~（公認された）。ローマ帝国東西分裂後（前），~~ローマ教会とコンスタンティノープル教会とで教義の対立が起きたが~~，ニケーア公会議によって，三位一体説を説く~~ローマ教会~~（アタナシウス派）が正統とされた。

➲ これは8世紀のこと

2 8世紀半ばにフランク王国のカロリング朝を創始したピピンは，聖像崇拝禁止令を出した~~ローマ教皇~~（ビザンツ皇帝）と対立し，~~教皇領を没収する~~（教皇領を寄進する）などした。その子カール大帝は~~皇帝が教会の首長を務めるという皇帝教皇主義を唱えたが~~，大帝の死後フランク王国は分裂し実現されなかった。

➲ 皇帝教皇主義を唱えていない

3 11世紀後半にはローマ教皇の提唱で聖地奪回のための十字軍遠征が行われた。一方で，~~ローマ教会内では有力な聖職者間で~~（ローマ教皇と神聖ローマ皇帝との間で）聖職者の叙任権をめぐる闘争が起こり，~~ローマ教皇が神聖ローマ帝国皇帝に仲裁を依頼する~~（神聖ローマ皇帝がローマ教皇に謝罪する）という，後に「カノッサの屈辱」と呼ばれる事件が起きた。

4 14世紀初めにはローマ教皇がフランス国王によって一時監禁されたアナーニ事件，さらには教皇庁が南フランスのアヴィニョンに移された「教皇のバビロン捕囚」と呼ばれる事件が起き，その後，ローマとアヴィニョンの両方に教皇が立つという教会大分裂が起きた。

➲ コンスタンツ公会議で再統一されるまで続いた

5 16世紀半ば，贖宥状販売を許可した教皇庁を批判した~~マルティン＝ルターの下に組織された~~イエズス会は，~~宗教改革~~（対抗宗教改革）の担い手となるが，教皇庁と~~対立したため~~，ヨーロッパ各地で~~迫害された~~。そのため，イエズス会はラテンアメリカやアジア各地域に進出し，各地で布教活動に努めた。

➲ イエズス会は教皇が認可した組織である
➲ 対立していない
➲ 迫害されていない

難易度 ★★★ 重要度 ★★

1 キリスト教をローマ帝国の国教としたのはテオドシウス帝である。初めゲルマン人の間に広まったキリスト教は，ニケーア公会議で異端とされたアリウス派である場合が多かったが，フランク国王は一貫して正統派の［Ⓐ　　　　］を信仰した。これにより，フランクはローマ＝カトリック教会の支持を受けることができた。

2 皇帝教皇主義は［Ⓑ　　　　］の政治理念である。ビザンツ皇帝が聖像禁止令を出したことに反発したローマ＝カトリック教会は，イスラーム教徒を撃退したカール＝マルテルの子ピピン3世がフランク王位に就くことを認めた。ピピン3世は，イタリアのランゴバルド王国から土地を奪い，教皇に献じて，両者の結合を強めた。

3 ローマ＝カトリック教会は世俗的な勢力も持つようになり，教皇［Ⓒ　　　　］は聖職任命権を教皇の手に納めようとした。そのため神聖ローマ皇帝との間に叙任権闘争を招き，教皇は皇帝ハインリヒ4世を破門し，皇帝はイタリアのカノッサで教皇に謝罪した。

4 正しい。［Ⓓ　　　　］は，コンスタンツ公会議によってローマの教皇が正統と認められるまで続いた。これにより教皇と教会の権威失墜は決定的となり，その後の宗教改革へとつながる結果となった。

5 旧教側の改革ではイエズス会の設立がある。［Ⓔ　　　　］が中心となって結成し，新教徒に対抗した。ヨーロッパ，アメリカ，アジアなどで布教活動を展開し，旧教の復興と民衆の教化に努めた。

Point

- □ キリスト教は，ニケーア公会議でアタナシウス派が正統とされた。
- □ ローマ＝カトリック教会のレオ3世は，ビザンツ帝国（東ローマ帝国）に対抗し，フランク王国のカール大帝にローマ皇帝の冠を授与，西ローマ帝国の復活を宣言した。
- □ 教皇が皇帝ハインリヒ4世を破門したため，皇帝はカノッサで教皇に謝罪したのがカノッサ事件（カノッサの屈辱）である。
- □ ローマ教皇が70年にわたって南フランスのアヴィニョンでフランスの監視下に置かれたのが「教皇のバビロン捕囚」である。

Ⓐ：アタナシウス派，Ⓑ：ビザンツ帝国，Ⓒ：グレゴリウス7世，Ⓓ：教会大分裂（シスマ），
Ⓔ：イグナティウス＝ロヨラ

公会議（宗教会議）

次は公会議(宗教会議)に関する記述であるが，A～Dに当てはまる地名の組合せとして妥当なものはどれか。

平成7年度
国税専門官

・4世紀にコンスタンティヌス帝の主催によって開かれた[A]（ニケーア）の公会議においてアタナシウス派が正統と認められ，アリウス派は異端とされた。
➡ 三位一体説を唱える

・11世紀末に教皇ウルバヌス2世は[B]（クレルモン）の公会議を開いて聖地イェルサレム奪還をめざす十字軍の遠征を提唱した。

・15世紀初頭に教会分裂の解決などを目的として開催された[C]（コンスタンツ）の公会議の結果，ボヘミアの宗教改革者フスは異端とされ処刑された。
➡ カトリック教会の改革を主張した

・宗教改革の動きが進む中，カトリックは16世紀半ばに[D]（トリエント）の公会議を開いて教皇を最高の権威としプロテスタントに対抗する教義を確認した。

	A	B	C	D
1	……ニケーア	クレルモン	コンスタンツ	トリエント
2	……ニケーア	トリエント	ウォルムス	ヴァティカン
3	……ラテラノ	ウォルムス	コンスタンツ	ヴァティカン
4	……ラテラノ	トリエント	ウォルムス	クレルモン
5	……ニケーア	クレルモン	ラテラノ	トリエント

難易度 ★★★　重要度 ★★★

A アタナシウス派を正統としたニケーアの公会議は，4 世紀のコンスタンティヌス帝の主催した宗教会議。5 世紀には［Ⓐ　　　　］でネストリウス派が異端とされた。ネストリウス派は，その後中国に伝わり，景教と呼ばれた。

B ［Ⓑ　　　　］は初期にはキリスト教徒の宗教的情熱によってなされたが，一方では世俗的動機も大きかった。東西両教会を統一し，ビザンツ皇帝を支配下に置きたい教皇ウルバヌス 2 世が，十字軍遠征のために開いた会議がクレルモン公会議である。

C 宗教改革に先立つ先駆的な運動があった。イギリスの［Ⓒ　　　　］は，聖書を信仰の唯一の拠りどころとする聖書主義を唱えた。その影響を受けたボヘミアのフスは徹底した聖書主義を唱えたため，コンスタンツ公会議で異端と宣告され火刑に処せられた。これに対し，ボヘミアのチェコ人が反乱を起こした（フス戦争）。

D 宗教改革の進展に伴ってカトリック教会は地盤の多くを失ったため勢力の回復を図ろうとする対抗宗教改革（反宗教改革）と呼ばれる運動が広がった。新旧両教会の融和のためという名目で開いたトリエント公会議もその一つ。皇帝［Ⓓ　　　　］が教皇と図って召集したが，プロテスタント側は出席せず，プロテスタントを否定し取締りを強化することを決定するなど，一方的なものになった。

よって，**1** が正答となる。

Point

- □ コンスタンティヌス帝はニケーア公会議で，「三位一体説」のアタナシウス派を正統と認め，アリウス派を異端として退けた。
- □ 教皇ウルバヌス２世のときのクレルモン公会議で，聖地回復をめざす十字軍の遠征が決定された。
- □ 教会の腐敗を非難したウィクリフを信奉したフスは，コンスタンツ公会議で異端とされ，処刑された。
- □ トリエント公会議では，異端に対する取締りを強化するなど，カトリック教会側がプロテスタントに対抗する方針が立てられた。

Ⓐ：エフェソス公会議，Ⓑ：十字軍，Ⓒ：ウィクリフ，Ⓓ：カール５世

朝鮮半島史

朝鮮半島の歴史に関する記述として最も妥当なのはどれか。

平成23年度 国家Ⅰ種

1 紀元前1世紀頃，中国東北地方におこった~~高句麗が半島北部に勢力を広げ，漢の楽浪郡と対立するようになった~~。高句麗は漢に朝貢せず，その後も対立を続けたため，半島北部の支配は高句麗が4世紀初めに楽浪郡を滅ぼすまで安定しなかった。一方，半島南部では，~~3~~ 4 世紀頃に~~馬韓・弁韓・辰韓の三つの部族が連合して任那（加羅）が成立し，半島南部全域を支配した~~。

➲ 紀元後のできごと
➲ 後漢や魏に朝貢している
西側に百済，東側に新羅，南側に加羅の三国が成立した

2 7世紀頃，唐と結んで半島の南東部での勢力を拡大した新羅は，半島北部に君臨した高句麗と半島南西部に割拠した百済を滅ぼし，さらに唐の影響力をも排除して，半島に統一国家を打ち立てた。その後，新羅は唐との関係を修復して冊封関係を結び，律令や郡県制を取り入れて中央集権的な国家体制を整備し，仏教を保護して各地に仏教寺院を建立した。

➲663年，日本が百済の遺民に援軍を送った戦いが白村江の戦いである

3 10世紀初め，新羅が豪族たちの抗争や農民反乱によって衰えると，農民出身の~~朱元璋~~が高麗を建国し，その後全国を統一した。高麗は，~~郡県制や科挙を廃止~~して，~~中国北部を支配していた契丹（遼）~~の支配方式にならい，~~猛安・謀克制という兵農が一致体制~~を組織して軍事力の強化に努めた。

王建
➲ 科挙を利用して官僚制を整備
唐や宋
➲ 金の軍事・行政制度で，猛安・謀克を戸数の単位とする制度である

4 14世紀末，高麗の武官であった李成桂（太祖）が高麗を滅ぼして朝鮮（李氏朝鮮）を建国した。太祖は，~~明と対立関係にあったことから，独自の法典や官僚機構を整備し，朱子学を弾圧した。また，明の影響を排除するため~~，漢字に代わって朝鮮語を表記する独自の民族文字（訓民正音）を作らせ，正式な文字として公文書にも採用した。

➲1392年
➲ 明と冊封関係にあったため，明との関係についての内容がまったく異なる
➲ ハングル

5 19世紀半ば，鎖国政策をとる朝鮮では大院君が摂政となり，~~開国を主張したが~~，華夷思想に基づく中央集権体制の立て直しをめざす国王高宗の王妃閔妃と対立した。~~政変により閔妃が殺害されると，朝鮮への進出を目指す日本は，その混乱に乗じて江華島近海に軍艦を派遣して江華島事件を起こし~~，事件後結ばれた日朝修好条規により，朝鮮は開国した。

強硬な鎖国攘夷策を進めた
➲ 順序が反対　閔妃の殺害は1895年，江華島事件は1875年の出来事である
➲ 朝鮮に不利な不平等条約であった

難易度★★ 重要度★

1 高句麗は紀元前1世紀頃に中国東北地方南部に起こった。半島北部を支配し，楽浪郡を4世紀初めに滅ぼした。このことは［Ⓐ　　　　　］の滅亡の主要因にもなった。

2 正しい。［Ⓑ　　　　　］は唐と結び勢力を拡大して7世紀後半には高句麗・百済を滅ぼし，半島の大部分を統一して10世紀後半に［Ⓒ　　　　　］に滅ぼされるまで続いた。唐の仏教文化を吸収し，政治的には唐の律令制にならいつつも，社会制度の基盤は骨品制という氏族的な身分制度であった。

3 高麗は10世紀初めに朝鮮半島を統一し，唐や宋の制度を取り入れて中央集権化に努め11世紀には内政も安定し最盛期を迎える。官僚の採用は［Ⓓ　　　　　］制により行われた。13世紀にモンゴルの侵入を受け，服属。14世紀中頃に［Ⓔ　　　　　］によって滅ぼされる。

4 李氏朝鮮は明と冊封関係を結んでいたため，基本的な政治体制，官僚機構などは明にならうものが多い。また，高麗では国教としていた仏教を排し，［Ⓕ　　　　　］を官学とした。

5 朝鮮では，開国を迫る欧米諸国に対し，高宗の摂政である大院君はかたくなに攘夷に努めた。それに対し日本は，1875年に［Ⓖ　　　　　］を起こし，朝鮮側に不利（領事裁判権など）な不平等条約である日朝修好条規を結び，釜山など三港を開港させた。

Point

- □ 朝鮮半島を統一した王朝は新羅→高麗→李氏朝鮮であり，1897～1910年（韓国併合）までは，李氏朝鮮の国号は大韓帝国とされた。
- □ 19世紀後半の朝鮮では，日本に友好的な金玉均らと清に友好的な閔氏が対立し，この対立が日清戦争へとつながっていった。

Ⓐ：隋，Ⓑ：新羅，Ⓒ：高麗，Ⓓ：両班，Ⓔ：李成桂，Ⓕ：朱子学，Ⓖ：江華島事件

朝鮮半島史

朝鮮半島の歴史に関する記述として，妥当なものはどれか。

平成13年度
国税専門官

1 高麗は，豊臣秀吉が派遣した日本軍を撃退したものの，国土が荒廃し，王朝の権威は失墜した。海戦で日本水軍に大きな打撃を与えた李成桂は，この混乱に乗じて軍事的実権を握り，高麗王朝を滅ぼし，朝鮮（李朝）を建国した。

➲ 朝鮮（李朝）の時代である
倭寇

2 朝鮮（李朝）は，善隣友好政策を国策とし，清朝や江戸幕府統治下の日本に通信使を派遣したほか，重商政策をとり，清や日本が鎖国政策をとる中，スペイン，イギリス，フランスと貿易を行い，東アジア地域の貿易の利益をほぼ独占した。

➲17 世紀以降は鎖国政策をとり，1876 年の日朝修好条規で開国した

3 江華島事件を契機とした日本との不平等条約の締結後，大院君を中心に，日本の例にならった洋務運動が展開された。大院君に登用された金玉均は，近代化に取り組み，日本との不平等条約の撤廃をめざした外交を展開した。

➲ 洋務運動は太平天国の乱の後の中国で展開された
➲ 急進改革派の金玉均は日本に接近したが，甲申政変で破れ，日本に亡命した

4 日清戦争での清の敗北の結果，清の宗主権から離れ，戦勝国の日本に併合された朝鮮では，ハーグ密使事件，廃立された国王を中心に起こした五・四運動など民族自決に基づく民衆による独立運動が頻発した。

日露戦争の
➲ 併合前の 1907 年のこと
三・一独立運動

5 1950 年に始まった朝鮮戦争には，アメリカ合衆国の統率の下に組織された国連軍が大韓民国側に，中国義勇軍が朝鮮民主主義人民共和国（北朝鮮）側に立って参加した。休戦後，大韓民国と朝鮮民主主義人民共和国は新たに設けられた軍事境界線に対峙することとなった。

➲ 北緯 38 度線を境界とする

解説

×月○日

難易度 ★★　重要度 ★★

1 時代の違いが明らかである。豊臣秀吉の朝鮮出兵は高麗ではなく，朝鮮（李朝）の時代である。倭寇の討伐で活躍した李成桂は，唐に対して親善外交政策を示し，[Ⓐ　　　　　] で田制を改革し，朝鮮（李朝）を建国した。

2 朝鮮（李朝）は 17 世紀以降から 19 世紀後半の日朝修好条規まで鎖国が国是である。15 世紀の初め，太宗の命で鋳字所が作られ，世界で最初に [Ⓑ　　　　　] が実用化されて，『高麗史』などの印刷物が出版された。

3 洋務運動は清末期の中国で起こったもの。日朝修好条規締結後の朝鮮では，清朝に依存しようとする [Ⓒ　　　　　] と，改革的で親日の独立党が対立し，壬午軍乱や甲申政変などの内乱が起こった。

4 日清戦争で清の影響力が排除された朝鮮では親露政権が成立し，国号を [Ⓓ　　　　　] と改めたが，日露戦争に勝利した日本に次第に保護国化された。韓国皇帝がハーグの万国平和会議に密使を送るなどしてこれに抗議したが，韓国は 1910 年に日本に併合された。五・四運動は中国で起こった排日運動である。

5 正しい。1950 年 6 月 25 日に勃発した朝鮮戦争は，緒戦は北朝鮮軍が優勢で，ソウルを占領。マッカーサー元帥のアメリカ軍が韓国軍を支援した。1953 年，[Ⓔ　　　　　] で停戦協定が結ばれ，北緯 38 度線を挟む停戦ラインで南北が分断された。

Point

- □ 朝鮮の鎖国を主張した攘夷派が大院君。対する改革派の中で，清との関係を重視したのが閔氏の勢力であり，日本に依存しようとしたのが金玉均らの急進派である。
- □ 第一次世界大戦後に高まった民族自決の国際世論を背景に，朝鮮全土で起こった日本からの独立を求める大衆運動を三・一独立運動という。
- □ 1943 年のカイロ会談で朝鮮の独立は認められていたが，1948 年に李承晩が大統領になって成立したのが大韓民国。金日成が首相になって成立したのが朝鮮民主主義人民共和国。

Ⓐ：科田法，Ⓑ：銅活字，Ⓒ：事大党，Ⓓ：大韓帝国（韓国），Ⓔ：板門店

朝鮮半島史

朝鮮半島の歴史に関する次の記述のうち，妥当なものはどれか。

平成10年度 国家Ⅱ種

1 新羅は，~~日本~~（唐）の協力を得て白村江の戦いで~~高句麗を滅ぼした~~（日本軍を破った）後，~~唐から半島の支配をゆだねられた~~（唐の勢力を駆逐した）朝鮮半島最初の統一王朝である。~~この新羅も発祥は高句麗の王族が南下したもので~~（➲ 高句麗はツングース系で新羅は韓族），支配階級の奉ずる~~仏教は民衆には流布しなかった~~（仏教文化が栄えた）。

2 朝鮮民族による~~最初の統一王朝である~~（➲ 最初の統一王朝ではない）朝鮮（李朝）は，日本の豊臣秀吉の侵入を明の援軍を得て~~李成桂~~（李舜臣）により撃退した。また，満州にヌルハチの後金が興ると~~直ちにこれに服属し~~（➲ 服属したのは清と国号を改めたホンタイジの時代），~~後金の渤海征服に手を貸して~~（➲ 渤海はすでに10世紀に滅びている），満州との国境沿いの領土保全に成功した。

3 朝鮮（李朝）は，清に朝貢し，日本に通信使を送って友誼を結ぶ以外は鎖国を国是とし，欧米諸国の開国要求を拒んでいたが，江華島事件をきっかけに開国を迫る日本との間で日朝修好条規を結んで開国した。（➲ 釜山を含む3港の開港や領事裁判権を認めさせるなどの不平等条約であった）その結果，押し寄せた日本商人による米などの買占めが行われ，民衆の間に反日の気運が高まった。

4 日露戦争の戦勝国となった日本は，~~列強の反対を無視して~~（列強の承認を得て）軍隊を進駐させ，武力を背景に日韓併合条約を締結した。これに対して，独立を叫ぶ民衆が蜂起し，軍隊も加わった~~義和団事件~~（三・一独立運動）が全国に広まったが，日本の統治政策の緩和により沈静化した。

5 第二次世界大戦後，北部はソ連軍，南部はアメリカ軍が占領し，それぞれの政権が樹立され，朝鮮民主主義人民共和国と大韓民国が成立した。その後，~~アメリカ軍の協力を得た朴正煕軍事政権の北進により~~（北朝鮮の侵攻により）朝鮮戦争が始まり，~~中国人民解放軍~~（➲ 中国は人民義勇軍を派遣した）が北朝鮮側に立って参戦した。

難易度 ★★★ 重要度 ★

1 白村江(はくそんこう)の戦いは，新羅・唐の連合軍と日本軍の戦いである。新羅は三韓のうちの辰韓(しんかん)を統一して建国された。都は［Ⓐ　　　　］で，唐の制度を取り入れ，仏教が奨励された。

2 朝鮮の最初の統一王朝は新羅であり，豊臣秀吉の侵入を撃退したのは李舜臣(りしゅんしん)である。渤海(ぼっかい)は698年に，ツングース系の靺鞨族(まつかつぞく)と高句麗の遺民の大祚栄(だいそえい)が建国したが，926年，契丹(きったん)の［Ⓑ　　　　］に滅ぼされた。

3 正しい。朝鮮（李朝）の朝鮮通信使は江戸時代に［Ⓒ　　　　］の代替わりごとに派遣された慶賀使節である。江華島事件以前の朝鮮（李朝）は，フランスやアメリカの開国要求を退けている。

4 義和団事件は中国。朝鮮の史実と中国の史実はよく取り混ぜて出題されるので要注意である。1897年，朝鮮は自主独立国家であることを示すために，国号を朝鮮から大韓帝国（韓国）に改称した。日本は韓国に対して3回の［Ⓓ　　　　］によって，統監府の設置や保護国化を進めた。日本は列強の承認を得る形で，1910年に韓国を併合した。

5 朝鮮戦争は北朝鮮の韓国侵攻から始まっている。また，朴正熙(パクチョンヒ)の軍事クーデタは1961年，朝鮮戦争後で時代が違う。1963年に大統領に就任した朴正熙は，1965年に［Ⓔ　　　　］を結び，日本に対する賠償請求権を放棄した。

Point

- □ 新羅は唐と連合することによって，百済，高句麗を滅ぼし，その後，676年に唐を朝鮮半島から駆逐して，統一を達成した。
- □ 朝鮮（李朝）は明の滅亡以前に，清の侵略によって清の太宗（ホンタイジ）の時代に服属した。
- □ 初代韓国統監の伊藤博文は，韓国併合の前年の1909年，ハルビンで安重根に暗殺された。
- □ 大韓民国の初代大統領の李承晩は1960年の四月革命で退陣し，張勉内閣ができたが，朴正熙らの軍事クーデタで1961年に倒された。

Ⓐ：慶州，Ⓑ：耶律阿保機，Ⓒ：将軍，Ⓓ：日韓協約，Ⓔ：日韓基本条約

思想，文学・芸術

101 → 115

社会契約論（ルソー）

思想家の J. J. ルソーに関する記述として，妥当なものはどれか。

平成13年度
国家Ⅱ種

ベンサム
1 人間は快楽と苦痛に支配されるが，快楽＝幸福を最大にすることが善であるから，最大の幸福を得る人の数を最大にするために社会契約がなされるとした。功利の原理に基づき，快楽をもたらす行為を奨励し，苦痛をもたらす行為を禁止する権力として国家が成立すると説いた。

ホッブズ
2 人間は自己保存の欲望を満たそうとする利己的存在であり，自然のままでは戦争状態になるとし，平和と安全を維持するために社会契約がなされるとした。自然権を放棄し，これを全面的に代表者に委ね，服従することで，主権を持ち絶対権力を有する国家が成立すると説いた。

ロック
3 自然状態においては自然法により平和は比較的維持されるが，生命・自由・財産を維持する権利をより確実に保障するために社会契約がなされるとした。相互に契約を結んで公共の権力機構を設立し，これに自然権を一時的に信託することで自然法を実現する国家が成立すると説いた。

ルソー
4 人間に素朴な自己愛と同情心のみが存在していた状態が破壊されて不平等は生じたとし，自由と平等を保障するために社会契約がなされるとした。自己のすべてを共同体に譲渡してその一般意志に従うことにより，主権を持ち一般意志が法として実現される国家が成立すると説いた。

マルクス
5 人間は機械と分業による工業化の進展により共同体的性格を喪失し孤立化したが，本来的な人間関係を回復するために社会契約がなされるとした。労働力と生産手段の私的な所有が放棄され，すべての財が社会に共有されることで階級対立のない平等な国家が成立すると説いた。

難易度 ★　重要度 ★★★

1 ベンサムの思想に関する記述。「最大多数の最大幸福」を主張し，ベンサムは快楽や幸福をもたらすものを善，苦痛や不幸をもたらすものを悪とする［Ⓐ　　　　］の原理を道徳の基準とした。

2 自然状態を戦争状態としていることから，ホッブズの思想に関する記述であるとわかる。この状態をホッブズは「［Ⓑ　　　　］」と説き，利己的な存在である人間は自然権を全面的に権力に譲渡すべきだと主張した。

3 自然法の下には平和な状態が保たれていると説いたロックは，自然権を保障するという契約の下に政府に［Ⓒ　　　　］した権力は，政府が濫用(らんよう)するようなことがあった場合には人民の手に取り戻すよう，政府に対して抵抗権を持つとした。

4 正しい。ルソーは自己とその権利を［Ⓓ　　　　］の下に委ねる社会契約を結び，共同体の力で個人の権利を保障すべきだと説いた。

5 共産主義（科学的社会主義）の創始者であるマルクスの思想に関する記述。マルクスは労働の喜びが資本主義社会では失われて苦役となっている状況を，労働の［Ⓔ　　　　］と呼んだ。また，労働力と生産手段が共有されることで階級も搾取もない理想的な社会の実現をめざした。

Point

- □ ベンサムは功利主義の確立者。「最大多数の最大幸福」を説いた。
- □ ホッブズは自然状態を「万人の万人に対する戦い」とした。
- □ ロックは自然権の保障を目的に，人民は権力を国家に信託すると説いた。また，権力の濫用があった場合には抵抗権を持つとした。
- □ ルソーは社会契約論の基本原理として一般意志を説いた。
- □ マルクスは科学的社会主義の確立者で，資本主義社会を超えた共産主義社会の実現をめざした。

Ⓐ：功利，Ⓑ：万人の万人に対する戦い，Ⓒ：信託，Ⓓ：一般意志，Ⓔ：疎外

近現代の欧米の思想家

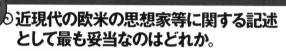

近現代の欧米の思想家等に関する記述として最も妥当なのはどれか。

平成29年度
国家一般職

1 プラグマティズムを発展させたジェームズは，真理の基準は実生活に役立つという性質を持っているとする，真理の有用性という独自の理論を打ち立てた。さらにジェームズは，この実用主義の立場から宗教の価値を論じ，科学的な思考と宗教とを調和させようとした。

➡1842～1910。主著は『心理学原理』『プラグマティズム』

2 M. ヴェーバーは，近代社会においては，官僚制の原理に基づき，反理性的なものを日常生活から排除し，巧妙に管理する仕組みにより，人間を社会に順応させるための見えない権力が働いていることを明らかにした。また，合理化が進むことで~~そこから解放され，無気力化が抑制される~~とした。

➡1864～1920。ドイツの社会学者・哲学者
➡巨大組織などにみられる組織の活動を能率的合理的に管理運営する制度・機構
➡労働が機械化・分業化され，人間が無気力化する

3 ハイデッガーは，~~フランクフルト学派~~の代表的な哲学者であり，人間は，誰もが日常生活の中で~~個性的で独自な~~在り方をしているとした。そして，~~世の中で出会う様々な他者に関わる~~ことで，人間が死への存在であるために生じる不安が解消され，環境によりよく適応することができるとした。

➡1889～1976
実存主義
➡没個性的で平均化・画一化された
➡自己の有限性をあらかじめ覚悟する
➡「いつか必ず死ぬ存在」であるということ。ハイデッガーの思想のキーワード

4 ~~フロム~~は，~~ヒューマニズム~~に基づく社会変化の観察から，伝統指向型，内部指向型，他人指向型の三類型を立てた。現代では~~内部~~指向型が支配的であり，マスメディアで喧伝されるものにより人々が不安や孤独に駆られ，身近な仲間も否定するようになると指摘した。

リースマン
社会学
他人
他人指向型：他者からの情報に基づいて自分の行動を方向づける性格

5 ロールズは，~~社会全体の効用の最大化を目指す功利主義を主張した~~。自己の能力や立場などを知ることができない無知のベールがかけられた原初状態においては，~~より質の高い精神的快楽，すなわち献身の行為を追求すべきだという正義の原理を説いた~~。

➡1921～2002
➡ベンサムの主張
➡自身の能力や立場について全く知らずにいる状態
➡J.S. ミルの主張

難易度★★ 重要度★★

1 正しい。19世紀後半～20世紀のアメリカで，実用主義と訳されるプラグマティズム哲学が開花した。従来の形而上学的哲学に対し，思想と日常生活を関連させるプラグマティズムは，パースが創始し，ジェームズが発展させ，道具主義の［Ⓐ　　　］が大成した。

2 M. ヴェーバーは，合理的な近代化のプロセスは，経済活動を資本主義化させて組織を官僚制化していくが，官僚制は「個人が精確な部品として働く有機的な機械組織」であるため，個人の自由意思は抑圧されやすくなると説いた。主著に『［Ⓑ　　　］』がある。

3 実存主義は近代合理主義思想に対する反動としておこった哲学で，キルケゴールやニーチェ，ハイデッガー，ヤスパース，「実存は本質に先立つ」の言葉で有名な［Ⓒ　　　］らが代表者である。フランクフルト学派は1930年代以降のフランクフルト大学社会研究所を拠点とするホルクハイマー，フロムらの思想グループである。

4 20世紀のアメリカの社会学者［Ⓓ　　　］は，主著『孤独な群衆』の中で，伝統社会・工業化社会・脱工業化社会に対応する性格類型として，伝統志向型・内部指向型・他人指向型を挙げた。

5 20世紀のアメリカの哲学者ロールズは，ベンサムの量的功利主義や［Ⓔ　　　］の質的功利主義に代わる理論として正義を中心に据えた理論を展開し，人々が自分と他者の能力や立場に関する知識を全く持っていない「無知のベール」がかけられた「原初状態」に置かれる際に，自由や機会均等などの正義の原理が導き出されるとした。

Point

- □ アメリカで生まれた実用主義の哲学，プラグマティズムは，パース，ジェームズ，デューイと受け継がれた。
- □ 実存主義はキルケゴール，ニーチェを先駆者として，ヤスパース，ハイデッガー，サルトルらが代表的。フランクフルト学派の代表者はホルクハイマー，フロム，アドルノ，マルクーゼ，ハーバマスら。
- □ M. ヴェーバーは資本主義や官僚制の中の人間の状況を考察した。
- □ 20世紀のアメリカでは，リースマンが現代人の性格構造を他人指向型とし，ロールズが功利主義に代わる正義論を説いて反響を呼んだ。

Ⓐ：デューイ，Ⓑ：プロテスタンティズムの倫理と資本主義の精神，Ⓒ：サルトル，Ⓓ：リースマン，Ⓔ：J.S. ミル

思想103 ドイツ観念論（カント／ヘーゲル）

カントまたはヘーゲルに関する記述として，妥当なものはどれか。

平成20年度
地方上級

1 カントは，~~フランス~~ドイツの哲学者であり，経験論と合理論とを~~総合~~批判して，批判哲学を確立した。

2 カントは，理性によって自律的に生きる人間を人格と呼び，すべての人間は人格として等しく尊厳を持つとした。

3 ~~カント~~ヘーゲルは，歴史は絶対精神が自由を実現していく過程であると考え，世界史は自由の意識の進歩であると述べた。

4 ヘーゲルは，人倫には国家，市民社会，家族の３つの段階があり，最高の共同体は~~家族~~国家であるとした。

5 ~~ヘーゲル~~カントは，認識が対象に従うのではなく，対象が認識に従うという考え方を示し，この認識の転換をコペルニクス的転回と呼んだ。

難易度 ★★ 重要度 ★★★

1 カントはドイツの哲学者である。カントは[Ⓐ　　　　　　]哲学(主義)の立場に立ち，経験論は懐疑論に陥るとして批判し，合理論は独断論になるおそれがあるとして批判した。

2 正しい。カントにおいては人格とは理性の命じる[Ⓑ　　　　　　]に従って，自律的に行為する自由な主体である。また，カントは人格に絶対的な価値と，人間の尊厳の根拠を見いだした。

3 絶対精神を説いたのはヘーゲル。「世界史は自由の意識の進歩である」はヘーゲルの著書『歴史哲学講義』の中の言葉。ヘーゲルは世界を精神が[Ⓒ　　　　　　]を実現していく過程であると説いた。

4 ヘーゲルが人倫の最高段階としたのは家族ではなく国家である。ヘーゲルは社会生活の基盤となるような共同体や秩序のことを人倫と呼び，[Ⓓ　　　　　　]を人倫の出発点とし，市民社会，国家を経て人倫は完成されると説いた。

5 コペルニクス的転回を説いたのはカント。「認識が対象に従うのではなく，対象が認識に従うこと」をコペルニクス的転回と呼んだ。主著は，認識論について述べた『[Ⓔ　　　　　　]』や，『実践理性批判』『判断力批判』など。

Point

- ☐ カントはドイツの哲学者で，批判哲学の立場に立ち，人格主義を説いた。
- ☐ カントは人格とは自由な道徳的主体であるとした。
- ☐ 弁証法の論理に沿って展開するヘーゲルの哲学によれば，歴史とは精神が自由を実現する過程であり，人類の自由の意識の進歩である。
- ☐ ヘーゲルは人倫は家族，市民社会，国家の３段階を経て発展するとした。

Ⓐ：批判，Ⓑ：道徳法則，Ⓒ：自由，Ⓓ：家族，Ⓔ：純粋理性批判

西洋近現代の思想家

近現代の思想家に関する記述として最も妥当なのはどれか。

令和２年
国家一般職

1 ~~実存主義の代表的な思想家であるロールズ~~は，『監獄の誕生』などを著した。彼
フランスの哲学者・思想家であるフーコー
は，近代の監獄パノプティコンは，囚人に看守の視線を内面化させ，支配に服従する従順な主体を形成するとし，権力が身体を統制するそのような仕組みは学校や工場においてもみられるとした。

2 功利主義の代表的な思想家であるJ.S. ミルは，『功利主義』などを著した。彼は，
➲イギリスの哲学者・経済学者　彼女
快楽には質と量があり，量が同一でも質に差があれば，高級な快楽の方が優れているとし，また，精神的快楽は肉体的快楽よりも質的に優れているとする質的功利主義を主張した。
➲行為の善悪の基準を，その行為が幸福や快楽をもたらすか否かに求める倫理観

3 ~~プラグマティズムの代表的な思想家であるベンサム~~は，『人間の条件』などを著
ドイツ出身の哲学者・思想家であるハンナ＝アーレント（1906～75）
した。彼は，人間の活動の形態を「労働」，「仕事」，「活動」に区分し，言葉を
彼女
媒介にした相互的な意思疎通により公共的な場をつくり出す「活動」を重視した。
➲社会や政治のあり方について自由に議論できる公共的空間

4 ~~批判的合理主義の代表的な思想家であるハンナ＝アーレント~~は，『存在と無』な
フランスの実存主義の哲学者・作家であるサルトル（1905～80）
どを著した。彼女は，人間を規定する一般的な本質というものはなく，人間は
彼
自己の主体的な選択と決断によって生きると考え，「実存は本質に先立つ」と表現した。

5 構造主義の代表的な思想家であるフッサールは，『あれかこれか』などを著した。
➲レヴィ＝ストロース等　➲現象学を唱えた　➲キルケゴールの著書
彼は，知性や観念は，人間が生活において実践的な問題を解決するための道具
➲デューイの思想である
であると考え，問題解決のために知性を働かせることや自由な討論を行うことを重視した。

難易度★★ 重要度★★

1『監獄の誕生』はフランスの哲学者［Ⓐ　　］の著作である。彼は最初構造主義の旗手といわれたが，構造主義と関わりながらも独自の思想を展開した。監獄は規範構造を意味し，それから自我を解放して真の自己を回復しようとした。ロールズは『正義論』の著者。

2 功利主義の確立者ベンサムは，快楽や幸福を増大させるものを善，苦痛や不幸を増大させるものを悪とする功利の原理を道徳的判断の基準とし，快楽を数量的に計算する快楽計算を提案し，個人の幸福の総和である「最大多数の最大幸福」を拡大することが社会の指導理念になるという［Ⓑ　　］を説いた。J.S. ミルは，量的な快楽計算を批判し，質の高い幸福を追求する質的功利主義を説いた。

3『人間の条件』は［Ⓒ　　］の著作である。彼女はドイツのユダヤ人家庭に生まれ，反ナチスの運動に協力し，1941 年アメリカに亡命した。『全体主義の起源』では，全体主義が生まれる過程を考察した。

4『存在と無』は無神論的［Ⓓ　　］を代表するサルトルの著作である。彼は，人間は，ペーパーナイフのように切るためのものという本質が予め与えられているものではなく，先にまず実存し，本質は神から定められているのではなく，自ら創造していくものとした。

5『あれかこれか』は実存主義の先駆者キルケゴールの著作である。知性や概念は人間が問題解決をするための道具であるとする道具主義は，［Ⓔ　　］を大成したデューイの根本思想である。

Point

- □ 功利主義は 19 世紀のイギリス資本主義の確立期を代表する倫理観で，ベンサムが量的功利主義を，ミルが質的功利主義を唱えた。
- □ 実存主義は，19 世紀の合理主義や実証主義に対する反動として起こった，各人の主体性を探求する思想的立場である。キルケゴール，ニーチェを先駆者として，ハイデッガー，サルトルらがその代表。
- □ プラグマティズムは道具主義のデューイによって大成された。
- □ 20 世紀後半には，構造主義の創始者レヴィ＝ストロース，『監獄の誕生』のフーコー，『人間の条件』のハンナ＝アーレント，『正義論』のロールズ等々の哲学者が現れた。

Ⓐ：フーコー，Ⓑ：量的功利主義，Ⓒ：ハンナ＝アーレント，Ⓓ：実存主義，Ⓔ：プラグマティズム

思想105

実存主義と構造主義

実存主義と構造主義の違いに関する次の文中の空欄ア～エに当てはまる語句の組合せとして，妥当なものは次のうちどれか。

平成14年度
地方上級

アルチュセールらは人間的主体を世界の中心とみる（　ア　）形而上学的 思考の前提を問題にし，「構造」の概念で文化と社会の理解を大きく変化させた。（　イ　）レヴィ＝ストロース は『野生の思考』によって実存主義と対決し，（　ウ　）フーコー は知と権力との関係を集中的に分析した。彼らの研究により20世紀の「科学革命」となった構造主義ではあるが，そこで放置された哲学的含蓄の反省を自らの課題として，（　エ　）デリダ はエクリチュールの思考を実践した。

	ア	イ	ウ	エ
1……	形而上学的	レヴィ＝ストロース	フーコー	デリダ
2……	現象学的	デリダ	サルトル	フーコー
3……	形而上学的	デリダ	フーコー	サルトル
4……	現象学的	レヴィ＝ストロース	サルトル	デリダ
5……	形而上学的	デリダ	フーコー	レヴィ＝ストロース

解説

×月○日

難易度★★★ 重要度★★

ア 「形而上学的(けいじじょうがくてき)」が入る。形而上学は，しばしば哲学と同義で用いられる。人間的主体を世界の中心と見るのは実存主義を含む近代思想の考えである。構造主義は，実存主義と対立して1960年代のフランスで広まった考えで，個々の人間の行為を体系つまり［Ⓐ　　　　　］から解明しようとした。

イ 『野生の思考』の著者はレヴィ＝ストロースである。レヴィ＝ストロースはこの著作の中で，科学文明を絶対視する現代人のあり方を激しく批判した。［Ⓑ　　　　　］の立場に立つ思想家である。

ウ 知識と権力の構造を問題にしたのはフーコーである。フーコーは，権力が知識に結びついて人間の思考を無意識に支配する知の構造を指摘した。著書には，1961年刊行の『［Ⓒ　　　　　］』のほか，『言葉と物』『性の歴史』などがある。

エ エクリチュールに着目したのはフランスの哲学者であるデリダである。エクリチュールとは「書かれたもの，書く行為」を意味する。デリダはポスト構造主義の代表的な哲学者として知られ，［Ⓓ　　　　　］の立場に立ち，西欧哲学の基礎を崩すことで新しい哲学を模索しようとした。

Point

- □ 実存主義の立場に立つ代表的な思想家は，サルトルのほかにハイデッガー，ヤスパースなど。
- □ レヴィ＝ストロースは構造主義の思想家で，デリダはポスト構造主義の立場に立つ。
- □ フーコーは構造主義の立場をとりながらも独自の思想を展開し，ポスト構造主義的な側面も持つ。

Ⓐ：構造，Ⓑ：構造主義，Ⓒ：狂気の歴史，Ⓓ：脱構築

古代ギリシアの思想家

古代ギリシアの思想家に関する記述として最も妥当なのはどれか。

平成30年度 国家一般職

1 ピタゴラスを創始者とするストア派の人々は，自然全体は欲望の支配する世界
➲ゼノン（前 335 ～前 263）　➲ヘレニズム時代の哲学の一派　理性（ロゴス）
であり，人間はその一部として自然によって欲望の情念（パトス）が与えられ
理性
ていると考えた。その上で，欲望の情念を克服し，理性を獲得する禁欲主義を
説き，自然から隠れて生きることを主張した。
と一致して

2 ソクラテスは，肉体や財産，地位などは自分の付属物にすぎず，真の自分は魂
➲前 469 頃～前 399
（プシュケー）であると主張した。また，人間が善や正を知れば，それを知る
魂そのものがよくなって魂の優れた在り方である徳（アレテー）が実現し，よ
➲ソクラテスは「徳は知である」
い行いや正しい行いを実行すると考えた。
と説いた

3 プラトンは，物事全般について本質を問題にし，具体的な個々の事物に内在し，
➲前 429 頃～前 347
それらの本質となる普遍的なものを知ることこそが，徳であると考えた。その
➲「徳は知である」と説いたのはソクラテス。その弟子のプラト
ような普遍的なものをイデアと呼び，惑わされやすい理性ではなく，感覚によ
ンも四元徳の中の理性の徳として知恵を挙げている　感覚　理性
ってイデアは捉えられるとした。

4 アリストテレスは，プラトンの思想を批判し，優れた理性で捉えられる具体的
➲前384～前322　個々の事物の本質的特徴（形相）は
な個々の事物こそが実在であり，本質は個々の事物から独立して存在すると主
現実から独立して存在するのではなく，現実の個々の事物に内在する
張した。そのような本質を認識し，魂の本来の在り方を現実化できる哲学者に
➲プラトンの主張
よる哲人政治を理想とした。

5 エピクロスは，人間は本来快楽を追求する存在であり，肉体的快楽を追求する
➲前342頃～前271頃　精神
ことによって精神的不安や苦痛が取り除かれ，真の快楽がもたらされると考え
➲エピクロス派が理想とする「アタラ
た。このような思想は功利主義と呼ばれ，エピクロスは，自然に従って生きる
クシア」の境地　快楽　政治や公共生活から隠れて
ことを説いた。

難易度★★ 重要度★★

1 ヘレニズム時代にゼノンが創始したストア派は，自然は本来理性が支配する世界であるとし，情念（パトス）を抑えて自然のまま理性に従って生きよという［Ⓐ　　］主義を説き，アパテイア（情念のない状態）の境地を理想とした。

2 正しい。ソクラテスは自らの無知を自覚する「［Ⓑ　　］」を思想の出発点とし，問答（対話）法で真の知（客観的真理）を得ようと努めた。そして，真の知があれば必ず「徳」すなわち「善く生きる」ことができるとして，「徳は知である（知徳合一・知行合一）」と説いた。

3 ソクラテスの弟子プラトンは，事物の本質は理性によって認識されるイデア（観念）であるとするイデア論を説き，善のイデアを認識した哲学者が政治を行う［Ⓒ　　］によって理想国家が実現すると説いた。アテネ郊外に学園アカデメイアを設立した。

4 プラトンの弟子アリストテレスは，イデアを認めつつも，事物の実体は本質的特徴である［Ⓓ　　］と素材である質料（ヒュレー）から成り，プラトンの言うイデアにあたる［Ⓓ　　］は，現実を超越するものではなく現実の事物に内在するものとして，感覚や経験による現実世界の探究をめざし，万学の祖といわれた。

5 ヘレニズム時代にエピクロスが創始したエピクロス派は，人生の目的は精神的快楽であるとする［Ⓔ　　］主義を説き，アタラクシア（心の平静な状態）を生活の理想とし，それを乱す原因となる政治や公共生活から「隠れて生きよ」と勧めた。

Point

- □ 古代ギリシアにおいて，客観的真理を追究する人々が現れ，本格的な哲学が樹立された。
- □ ソクラテスは「無知の知」を出発点とし，真の知を得れば善く生きられるとして知徳合一を唱え，プラトンは事物の本質はイデア（観念）であるとし，アリストテレスは事物の本質は現実を離れて存在しないとして現実世界を探究し，諸学の基礎を築いた。
- □ ヘレニズム時代には，個人の生活等を探求する実践哲学が発展し，ストア派は禁欲主義を，エピクロス派は快楽主義を主張した。

Ⓐ：禁欲，Ⓑ：無知の知，Ⓒ：哲人政治，Ⓓ：形相（エイドス），Ⓔ：快楽

諸子百家

中国の思想家に関する記述として最も妥当なのはどれか。

平成27年度
国家一般職

1 孟子は，人間は生まれつき我欲を満たそうとする自己中心的な悪い性質をもっているが，それを矯正することによって四つの善い心の表れである四徳が実現され，誰でも道徳的な善い人格を完成させることができると説いた。

➲ 戦国時代の儒学者で性善説を唱えた。善い性質をもっており，それを養い育てること
➲ 儒教思想における仁・義・礼・智

2 荘子は，天地万物に内在する宇宙の原理（理）と万物の元素である運動物質（気）によって世界の構造をとらえた。そして，理と一体化した理想の人格者のことを君子と呼び，君子が彼の理想の生き方であった。

朱子　➲ 理気二元論という
聖人と呼んだ。

3 荀子は，人間は生まれながらにして善い性質をもっているが，人間の性質を更に善いものへと変えていくためには，教育・礼儀・習慣などの人為的な努力が必要であるとした。そして，このような人為的な努力を大丈夫と呼んだ。

➲ 戦国時代末期の儒学者で性悪説を唱えた。　欲望に従って行動する利己的な性格をもつので，
大丈夫とは孟子の説いた理想の人間像であるから誤り

4 朱子は，法律や刑罰によって民衆を治める法治主義の方が，仁と礼を備えた理想的な人間である真人が為政者となって道徳により民衆を治める徳治主義よりも優れたものと考え，政治の理想とした。

韓非子
➲ 法家の政治論
君子
➲ 儒家の政治論

5 王陽明は，人間の心がそのまま理であるとし，その心の奥底に生まれながらに備わる良知のままに生きることを目指した。また，「知は行のはじめであり，行は知の完成である」と主張し，知と実践の一致を説く考えである，知行合一の立場をとった。

➲ 陽明学の創始者
➲ 王陽明は朱子学を批判し，知行合一という実践的な考えを主張した

難易度 ★　重要度 ★★★

1 孟子は戦国時代の儒学者で，孔子の思想を継承発展させ「孔孟」と並び称された。思想の特徴は［Ⓐ　　　　］説で，人間は生まれつき仁・義・礼・智の四徳の萌芽が備わっているので，それを養い育てることによって四徳を完成させることができると説いた。

2 朱子は宋代の儒学者で朱子学の大成者。理気二元論にもとづいて世界の構造をとらえ，窮理（一物一物の理を窮めていくこと），居敬（つつしみによって人欲を捨てること）の道を説いた。古代儒家思想は朱子学によって体系的な哲学として完成され，その後の中国思想に大きな影響を与え，日本でも江戸時代以降の武士の精神形成・民衆の教化に大きな役割を果たした。［Ⓑ　　　　］は戦国時代の思想家で，道家の大成者。

3 荀子は戦国時代末期の儒学者で，孟子の性善説に対して［Ⓒ　　　　］説を唱えた。戦国時代後半のうち続く戦争に終止符を打つには内面的な徳知主義では不可能と考え，社会行動の客観的規範である礼で人間の欲望を規制することによってのみ，秩序の維持が可能であると主張した。

4 韓非子は戦国時代の［Ⓓ　　　　］思想の大成者。荀子に学んだが，乱世では仁・義・礼・智などの徳では社会を治められず，法律や刑罰によって規制しなければ世の中は治まらないと主張した。真人は荘子の説く人間の理想像。

5 王陽明は中国明代の儒者・政治家で［Ⓔ　　　　］の創始者。心即理・知行合一などの説を形成し，当時官学となり王朝権力と結んでいた朱子学を批判し，知（認識）と行（実践）とは本来一つのもので，真の知は必ず実践を伴うという，きわめて実践的な道徳を主張した。

Point

- □ 春秋・戦国時代に輩出された多くの学者・学派のことを諸子百家という。
- □ 儒家…儀礼をおさめて社会の道徳的・政治的教化に当たり「仁」を実現しようとする。徳知主義。孔子は儒家の祖で，仁の道・君子の道を説き儒教倫理の基礎を確立。孟子は性善説を唱え，荀子は性悪説を唱えた。儒家思想は，宋代の朱子が大成した朱子学により体系だった理論をもつ哲学となった。また，明代には王陽明がより実践的な陽明学を樹立した。
- □ 道家…老子を祖とし，荘子らによって発展した学派。無為自然を説く。
- □ 法家…商鞅・韓非らが形成。徳知主義ではなく法治主義での国家統治を説く。

Ⓐ：性善，Ⓑ：荘子，Ⓒ：性悪，Ⓓ：法家，Ⓔ：陽明学

中国の思想家

中国の思想家に関する記述として最も妥当なのはどれか。

令和元年度
国家一般職

1 孔子は，儒教の開祖であり，人を愛する心である仁の徳が，態度や行動となって表れたものを礼と呼び，礼によって社会の秩序を維持する礼治主義を理想とした。そして，現世で仁の徳を積み，礼をよく実践することで，死後の世界で君子になることができると説いた。

➲ 前551～前479
為政者が自らの道徳的権威によって民を統治する徳治主義
礼を身につけ，徳を持った理想的人格者が君子である

2 墨子は，道徳によって民衆を治めることを理想とする儒教を批判し，法律や刑罰によって民衆を厳しく取り締まる法治主義を主張した。また，統治者は無欲で感情に左右されずに統治を行うべきであると説き，そのような理想的な統治の在り方を無為自然と呼んだ。

➲ 前480頃～前390頃 ➲ 法治主義は商鞅・韓非（韓非子）らによって形成された法家の思想
➲ 自然の道に従って生きること。老子が理想とする人間の生き方

3 孟子は，性善説の立場で儒教を受け継ぎ，生まれつき人に備わっている四つの善い心の芽生えを育てることによって，仁・義・礼・智の四徳を実現できると説いた。また，力によって民衆を支配する覇道を否定し，仁義の徳によって民衆の幸福を図る王道政治を主張した。

➲ 前372頃～前289頃 ➲ 人間の本性は善であるとする説 ➲ 惻隠の心・羞悪の心・辞譲の心・是非の心の４つで四端という ➲ 仁は同情心，義は正義感，礼は社会的節度，智は道徳的分別
➲ 孔子の徳治主義に通じるもの

4 荘子は，儒教が重んじる家族に対する親愛の情を身内だけに偏った別愛であると批判し，全ての人が分け隔てなく愛し合う兼愛を説いた。さらに，水のようにどんな状況にも柔軟に対応し，常に控えめで人と争わない柔弱謙下の態度を持つことが，社会の平和につながると主張した。

➲道家の大成者（前４世紀頃） ➲ 墨子についての記述
➲ 老子の理想とする生き方

5 朱子は，人が本来持っている善悪を判断する能力である良知を働かせれば，誰でも善い生き方ができるとして，支配階層の学問であった儒学を一般庶民にまで普及させた。また，道徳を学ぶことは，それを日々の生活で実践することと一体となっているという知行合一を主張した。

王陽明（1472～1529）
➲知（認識）と行（実践）は本来一つのものであるという王陽明の中心思想

難易度 ★★ 重要度 ★★★

1 春秋末期の思想家で儒家の祖である孔子は，為政者が自らの道徳的権威によって民を統治すべきという［Ⓐ　　　］を説いた。礼治主義は戦国時代の儒者で性悪説に立つ荀子が主張したものである。

2 商鞅・韓非らによって形成された［Ⓑ　　　］は，儒家の説く道徳では世の中は治まらないとして，法や術（君主の術策）によって国を統治しようとする法治主義を説いた。道家の祖とされる老子は，無為自然（何事にも作為を労せず自然の道に従って生きること）を思想の中心として唱え,「君主は無為の治を理想とすべし」と説いた。

3 孔子の思想を継承発展させ，孔孟と並び称される戦国時代の思想家である孟子は，［Ⓒ　　　］説を唱え，王道政治の実現を説いた。

4 墨家の祖である墨子は，儒家の説く仁を別愛（差別的な愛）として非難し, 兼愛（無差別で平等な愛）を唱え, また［Ⓓ　　　］（非戦論）を説いた。柔弱謙下は，無為自然から導き出した老子の理想の生き方である。荘子は老子の思想を継承発展させた道家の大成者である。

5 本肢は王陽明についての記述である。宋代の儒者である朱子は，人間修養の在り方として格物致知（道理をきわめて自分の知識を完成させる）を強調し，理気二元論や性即理などを説き，朱子学を大成させた。明代の儒者である［Ⓔ　　　］は官学とされた朱子学の知識重視，形式化を批判し，実践を重視して知行合一，心即理，致良知などを説き，陽明学を創始した。

Point

- □ 徳治主義の孔子を祖とする儒家の思想は，性善説に立って王道政治を説いた孟子，性悪説に立って礼治主義を説いた荀子らによって継承され，漢代には官学となって中国文化の中枢に位置した。
- □ 老子を祖とし，荘子らにより継承されて発展した道家は，儒家の説を人為的なものとして否定し，無為自然を説いた。
- □ 墨子を祖とする墨家は，儒家の仁を別愛と否定し，兼愛，非攻を説いた。韓非らの法家は，儒家の徳治主義を否定し，法治主義を説いた。
- □ 宋の朱子は，朱子学を大成させ，儒教を哲学として完成させた。明の儒者である王陽明は，知識重視の朱子学を批判し，実践重視の陽明学を樹立した。

Ⓐ：徳治主義，Ⓑ：法家，Ⓒ：性善，Ⓓ：非攻説，Ⓔ：王陽明

思想 109

世界の宗教

宗教に関する記述として最も妥当なのはどれか。

令和3年度
国家一般職

1 バラモン教は，主に~~イラン~~において信仰された宗教であり，人々を四つの身分
インド
に分類し，~~上位の王侯・戦士階級と，それを支える同列の三つの身分~~から成る
最高位のバラモン（僧），次の地位のクシャトリヤ（貴族），その下のヴァイシャ（平
カースト制度が特徴である。ここから生まれた~~スコラ哲学では，宇宙の規範原~~
民），最下層のシュードラ（隷属民）　ヒンドゥー教は特定の教義等を持た
~~理である理と，その物質的要素である気がもともと一つであることを自覚する~~
ず，インド人独特の生活様式，社会慣習の総合であり，カースト制度と一体となってインド社会
~~ことで，解脱ができると説いている~~。
に根付いた

2 仏教は，ガウタマ＝シッダールタ（ブッダ）が開いた悟りを元に生まれた宗
➲ 前5世紀頃～　前563頃～前483年頃
教であり，~~人間の本性は善であるとする性善説や，仁義に基づいて民衆の幸福~~
平等思想，合理性，命あるものへの慈悲を説く平和で寛容な精神など
~~を図る王道政治を説いていること~~が特徴である。ブッダの入滅後，仏教は分裂
し，あらゆるものがブッダとなる可能性を有すると説く~~上座部~~仏教が日本にま
➲「一切衆生悉有仏性（いっさいしゅじょうしつうぶっしょう）」は大乗仏教における思想の一つ　大乗
で広まった。

3 ユダヤ教は，神ヤハウェが定めた「十戒」などの律法（トーラー）を守ること
➲ 前6世紀頃～
で，~~国家や民族にかかわらず神からの祝福を得ることができる~~とする宗教であ
ユダヤ人（イスラエル人）が苦難から救われる
り，『旧約聖書』~~と『新約聖書』の二つの聖典をもつ~~。律法には，~~定期的な神~~
のみを聖典とし『新約聖書』は聖典とは認められていない　偶像崇拝の禁止
~~像の作成~~や安息日，~~特定の月（ラマダーン）における断食~~などがあり，これら
➲ イスラーム教徒の宗教的義務の一つ
を守ることが神との契約とされる。

4 キリスト教は，ユダヤ教を前身とし，イエスをキリスト（救世主）と信じる宗
➲ 前7年頃／前4年頃～後30年頃
教であり，『新約聖書』~~のみ~~を聖典とする。イエスは神を愛の神と捉え，律法
と『旧約聖書』
の根本精神を神への愛と隣人愛とし，これらをまとめて~~元型~~と呼んだ。イエス
➲ ユングが心理学で用いた用語
の死後，彼の弟子である~~ヨハネ~~は，これらを発展させた~~知恵，勇気，愛，正~~
パウロ　信仰・希望・愛のキリスト教の三元徳
~~義の四元徳~~を説いた。

5 イスラームは，唯一神であるアッラーを信仰する一神教であり，ムハンマドが
➲7世紀～　➲570頃～632年
受けた啓示を記録した『クルアーン（コーラン）』を最も重要な聖典とする。
特徴として，信仰告白やメッカへの礼拝などの戒律が生活のあらゆる場面で信
➲ イスラーム教の聖地
者の行動を律しており，豚肉食の禁止など，その範囲は食生活にも及ぶ。

難易度 ★★　重要度 ★★★

1 バラモン教におけるカーストには，バラモン（僧）を最高位としてクシャトリヤ（貴族），ヴァイシャ（平民），シュードラ（隷属民）の4つの基本身分があったが，バラモン教から発展した［Ⓐ　　　］とも深く結びついてさらに細分化され，インド社会に定着した。

2 性善説を唱え，仁義の徳に基づいて人民の幸福を図る王道を政治の理想としたのは，儒家の孟子である。生きるものすべての救済を重視する［Ⓑ　　　］は中国・朝鮮・日本に伝わり，自らの解脱を目指し修行することを重視する上座部仏教はスリランカや東南アジア諸国に伝わった。

3 ユダヤ教は，ユダヤ人が神に課せられた律法を守れば神はユダヤ人を苦難から救うという契約に基づき，自らを神に選ばれて救済を約束された民であると信じる［Ⓒ　　　］思想を特徴とする。

4 四元徳は古代ギリシアで重んじられた知恵・勇気・節制・正義の4つの徳である。キリスト教で重んじられる［Ⓓ　　　］は信仰・希望・愛の3つの徳である。

5 イスラーム教徒が行うべき宗教的義務の五行とは，信仰告白，日に5回の礼拝，［Ⓔ　　　］の月の断食，喜捨，巡礼を指す。

Point

- □ 前5世紀頃，ブッダは古代インド社会で生まれたカースト制度やバラモンの権威を否定し，仏教を創始した。しかし9世紀になると，バラモン教から発展したヒンドゥー教がカースト制度と一体化してインド社会に根をおろし，仏教は他のアジア地域に広まった。
- □ ユダヤ教は神に授けられた律法を守ればユダヤ人は救済されるとする民族宗教で選民思想を特徴とする。キリスト教はその選民思想を克服し，神の絶対愛や隣人愛を説いて世界宗教となった。
- □ イスラーム教は7世紀にムハンマドが創始した一神教。イスラーム社会では五行が重視され，生活と宗教が一体となっている。

Ⓐ：ヒンドゥー教，Ⓑ：大乗仏教，Ⓒ：選民，Ⓓ：三元徳，Ⓔ：ラマダーン

近現代のアメリカ文学

近現代のアメリカ文学に関する記述として，最も妥当なものはどれか。

平成20年度
国税専門官

1 ジョン＝スタインベックは，生まれ育ったアメリカ西部の自然や人間を素材に，人間の生命本能に対する愛情とそれを抑圧するものへの怒りを基調とした『怒りの葡萄』を著した。ほかの作品に『エデンの東』などがある。

2 マーク＝トウェインは，村の一少年の目をとおして一人称で書かれた『トム＝ソーヤーの冒険』で一躍有名作家の仲間入りをした。後期には，~~『十五少年漂流記』~~ など思春期の少年の抱える孤独や葛藤を描く作品を発表した。
➲ ジュール＝ヴェルヌの作品

3 エドガー＝アラン＝ポーは，~~音楽的効果に優れた詩作品である『草の葉』~~ で注目され，詩人としての地位を確立した。その後も『黄金虫』や『黒猫』など，~~言葉の響きを重視した多くの優れた詩作品~~ を残した。
➲ ホイットマンの作品
怪奇的推理小説

4 J. D. サリンジャーは，~~『ライ麦畑でつかまえて』~~ において，自らの生まれ育った ~~アメリカ南部の田園地帯~~ を背景に，7人兄弟から見た大人のずるさや偽善を描き出して人気を得た。ほかの作品に ~~『あしながおじさん』~~ などがある。
『フラニーとゾーイ』
ニューヨーク
➲ ウェブスターの作品

5 アーネスト＝ヘミングウェイは，初期の作品である ~~『老人と海』~~ で，ハードボイルドといわれる文体を確立した。~~『戦争と平和』~~ で作家としての地位を築いた後，晩年の ~~『武器よさらば』~~ でノーベル文学賞を受賞した。
『武器よさらば』
➲ トルストイの作品
『老人と海』

難易度 ★ 重要度 ★★

1 正しい。スタインベックはアメリカ西部出身の作家で，『怒りの葡萄(ぶどう)』『エデンの東』のほか，農場を舞台に2人の出稼ぎ労働者の悲劇を描いた『[Ⓐ　　　　　]』などの作品がある。

2『十五少年漂流記』の作者はジュール＝ヴェルヌ。マーク＝トウェインの作品として有名なのは『トム＝ソーヤーの冒険』『ハックルベリー＝フィンの冒険』『王子と乞食』など。ちなみに『トム＝ソーヤーの冒険』と題名のよく似た『アンクル＝トムの小屋』は［Ⓑ　　　　　］の作品である。

3 エドガー＝アラン＝ポーが世間の注目を集めた詩は『大鴉(おおがらす)』である。『草の葉』は［Ⓒ　　　　　］の詩集。エドガー＝アラン＝ポーは作家としても活躍し，探偵オーギュスト＝デュパンの登場する『モルグ街の殺人』などの怪奇的推理小説を発表した。

4『あしながおじさん』はサリンジャーの作品ではない。『あしながおじさん』は［Ⓓ　　　　　］の児童文学作品である。グラース家の7人兄弟を主人公とした作品は『フラニーとゾーイ』である。サリンジャーの作品はほかに『ナイン・ストーリーズ』など。『ライ麦畑でつかまえて』は高校を退学になった主人公ホールデン＝コールフィールドの物語である。

5 初期の作品が『武器よさらば』で，晩年の作品が『老人と海』である。また，『戦争と平和』は［Ⓔ　　　　　］の作品である。

Point

- ☐ スタインベックの作品は『怒りの葡萄』『エデンの東』，サリンジャーの作品は『ライ麦畑でつかまえて』『フラニーとゾーイ』である。
- ☐ マーク＝トウェインは『トム＝ソーヤーの冒険』の作者である。
- ☐ エドガー＝アラン＝ポーは詩人，怪奇的推理小説作家として活躍した。
- ☐『武器よさらば』はヘミングウェイ，『戦争と平和』はトルストイの作品である。

Ⓐ：二十日鼠と人間，Ⓑ：ストウ夫人，Ⓒ：ホイットマン，Ⓓ：ウェブスター，Ⓔ：トルストイ

文学111

18～19 世紀の欧米文学

18～19 世紀における欧米の文学に関する記述として最も適切なものは，次のうちどれか。

平成７年度
国家Ⅰ種

1 トルストイの『戦争と平和』は，ナポレオン戦争時代のロシア~~農奴~~（貴族）の悲惨な生活をとおして，ロシア社会の巨大な矛盾を鋭くついた作品である。登場人物は~~ごく少数であるが~~（多数（500 人以上）であるため），それぞれの関係が入り組んでおり，心理描写も非常に複雑である。

2 スタンダールの『赤と黒』は，ナポレオン時代の軍人の栄光（赤）をあきらめ，出世のために聖職者（黒）の道を選ぶ主人公の姿をとおして，王政復古下のフランスの政治社会情勢を描写したものである。

3 ゲーテの~~『若きヴェルテルの悩み』~~（『ファウスト』）は悪魔と魂を賭けた契約をして，人生を体験し尽くそうとする主人公が，危険な人生の中でたゆまぬ努力，勤労への意志によって最後は救われるといった作品である。

4 ユゴーの『レ・ミゼラブル』は，~~かつては善良で信心深かった主人公が貧困や家族の死など世の中の辛酸をなめ尽くすうちにニヒリズムに陥り，ついには神さえも呪っていく~~（一片のパンを盗んで投獄された主人公が、次第に人間愛に目覚めていく）という作品で，当時の~~世紀末的な~~世相を反映したものである。

➡ 舞台となったのは 19 世紀前半

5 メルヴィルの『白鯨』は，主人公と鯨との~~心温まる交流を美しい自然描写を交えながら~~（戦いを）描いた作品で，産業革命が進み自然環境を破壊しつつあった当時の社会に対して反省を求める主人公の生き方が印象的である。

難易度 ★　重要度 ★★

1 作品に対する説明が間違っている。『戦争と平和』はナポレオン戦争時代を舞台にロシアの貴族の興亡を描いた作品で，登場人物は500人以上とされる。トルストイの作品では，主人公アンナの愛に生きる姿を描いた『[Ⓐ　　　　　]』も有名である。

2 正しい。愛と運命に翻弄されるイタリア人貴族の青年を主人公にした『[Ⓑ　　　　　]』は,『赤と黒』に並ぶスタンダールの代表作である。

3 悪魔と魂を賭けた契約をする男を主人公とする作品は『ファウスト』である。ゲーテにはこのほか，弁護士の男が婚約者のいる女性との恋に破れた結果ピストル自殺する『[Ⓒ　　　　　]』などの作品もある。

4 ユゴーの『レ・ミゼラブル』は一片のパンを盗んで投獄された主人公が次第に人間愛に目覚めていく話である。ニヒリズムを描いた作品としては［Ⓓ　　　　　］の『父と子』などが有名。

5 『白鯨（はくげい）』は主人公と鯨（くじら）との戦いを，メルヴィルが経験をもとに描いた作品。メルヴィルは［Ⓔ　　　　　］出身の作家で,『ピエール』『ビリー＝バッド』などの作品がある。

Point

- ☐ トルストイは『戦争と平和』『アンナ＝カレーニナ』などを発表した。
- ☐ スタンダールの代表作は『赤と黒』と『パルムの僧院』である。
- ☐ ゲーテの代表作は『ファウスト』『若きウェルテルの悩み』などである。
- ☐ ユゴーはロマン派の作家で,『レ・ミゼラブル』などの人道主義的な作品を発表した。
- ☐ メルヴィルの代表作は『白鯨』『ピエール』『ビリー＝バッド』などである。

Ⓐ：アンナ＝カレーニナ，Ⓑ：パルムの僧院，Ⓒ：若きウェルテルの悩み，Ⓓ：ツルゲーネフ，Ⓔ：アメリカ

芸術112

西洋の画家

西洋の画家とその代表作に関する記述として最も妥当なものはどれか。

平成21年度
国税専門官

1 イタリアのルネサンス最盛期の画家ミケランジェロは，人物表現の自然さと画
ラファエロ
面構成の形式美をともに追求し，かつ，無理を感じさせない，調和的な作品を描いたことで知られている。図Aは，彼の作品「小椅子の聖母」である。

2 オランダのバロック期の画家フェルメールは，大まかな筆触により視覚的印象
スペイン　ベラスケス
を的確にとらえる革新的描法により，宮廷の人々の肖像画や現実的装いの神話画を描いたことで知られている。図Bは，彼の作品「ラス・メニーナス（宮廷の女官たち）」である。

3 スペインのバロック期の画家ベラスケスは，光の反射を効果的に表すために白
オランダ　フェルメール　➲「光の画家」と称される
い点を並べてハイライトとする独自の技法を工夫したことで知られている。図Cは，彼の作品「牛乳を注ぐ女」である。

4 フランスの写実主義の画家ミレーは，労働する農民の堂々とした姿を，聖書や
➲バルビゾン村に定住して農民の姿などを描いた
古代文学に語られる人間の労働の根源的な意味と重ね合わせながら作品を描いたことで知られている。図Dは，彼の作品「落ち穂拾い」である。
晩鐘

5 フランスの印象派の画家ルノワールは，風景画と並んで，家族や仲間の画家，子供や女性などを題材とした，親しみやすく温かみがある人物画を多く描いたことで知られている。図Eは，彼の作品「ピアノに寄る少女たち」である。

図A

ラファエロ
「小椅子の聖母」

図B

ベラスケス
「ラス・メニーナス」

図C

フェルメール
「牛乳を注ぐ女」

図D

ミレー
「晩鐘」

図E

ルノワール
「ピアノに寄る少女たち」

難易度 ★ 重要度 ★★

1 図Aの「小椅子の聖母」は［Ⓐ　　　　　］の作品である。このほか，「大公の聖母」「キリストの変容」などの作品を描いた。ミケランジェロは，ルネサンス期の画家，彫刻家で，「ピエタ」「ダビデ像」などの彫刻作品が有名である。

2 図Bの「ラス・メニーナス（宮廷の女官たち）」を描いたのは，スペインのバロック期の画家ベラスケスである。カトリック教国であったスペインでは，裸婦像は弾圧の対象であり，ベラスケスの描いた裸婦像の中で現存しているのは「［Ⓑ　　　　　］」である。

3 図Cの「牛乳を注ぐ女」は［Ⓒ　　　　　］出身の画家フェルメールの代表作である。フェルメールはこのほか,「真珠の耳飾りの少女」「レースを編む女」などの作品を描いた。

4「落ち穂拾い」はフランスの画家ミレーの作品だが，図Dは「落ち穂拾い」ではなく「晩鐘」である。ミレーは，フォーンテヌブローの森の村に住んでその風景や農民の姿を描き，ルソーやコローらとともに［Ⓓ　　　　　］派と呼ばれた。

5 正しい。図Eの「ピアノに寄る少女たち」はフランスの画家ルノワールの作品である。モネやセザンヌらとともに［Ⓔ　　　　　］派の一人として数えられるが，印象派の技法に疑問を抱き始めた晩年は，作風に変化が見られる。

Point

- □ ミケランジェロ，ラファエロ，ダ＝ヴィンチは，ルネサンス期の三大巨匠と呼ばれた。
- □ ベラスケスの代表作は「ラス・メニーナス（宮廷の女官たち)」，フェルメールの代表作は「牛乳を注ぐ女」である。
- □ バルビゾン派の画家には，ミレー，テオドール＝ルソー，コローなどがいる。
- □ 印象派の画家には，モネ，ドガ，ルノワールなどがいる。

Ⓐ：ラファエロ，Ⓑ：鏡のヴィーナス，Ⓒ：オランダ，Ⓓ：バルビゾン，Ⓔ：印象

20世紀の美術運動

次は20世紀の美術運動に関する記述であるが，A～Dに当てはまる語句の組合せとして，正しいものはどれか。

平成15年度 国家Ⅱ種

ア：20世紀初頭のパリで生まれた A キュビスム は，ピカソやブラックらによって創設されており，特に初期においてはセザンヌの影響が認められる。一つの対象を固定した一視点からのみとらえるのではなく，複数の視点で見る対象の外観や面を同時に重ねて描く「面の折りたたみ」と呼ばれる方法などによって，基本的な立方体に分解した対象を再構成して表現しようとした。

イ：A キュビスム とほぼ同時期にローマで起こった B 未来主義 では，ボッチョーニらが，ダイナミックな光景をそのまま画面に持ち込むために「力線」と呼ぶくまどりを多用しながら残映像をいくつも描くなど，「諸平面の相互浸透」と呼ばれる方法で動的な現象を表現した。

ウ：ゴーギャンやゴッホの影響を受けた画家たちから C フォービスム と表現主義が生まれた。いずれも色と形を誇張して原始的な生命感と激しい感情を表現したが，なかでもマチスに代表される C フォービスム は，多彩な原色と形のわい曲とで明るい世界を描き，主としてフランスで展開された。

エ：第一次世界大戦後にダダイスムの運動を批判的に継承した D シュールレアリスム では，エルンストやダリらが，オートマティスム（自動記述法），フロッタージュ（こすり絵），デカルコマニー（重ね絵）などの方法で，現実的な意識を超えた非合理的世界や夢の領域を探り，精神の自由を最大限に表現しようとした。

	A	B	C	D
1	……キュビスム	未来主義	フォービスム	シュールレアリスム
2	……キュビスム	印象主義	ロマン主義	シュールレアリスム
3	……キュビスム	未来主義	ロマン主義	マニエリスム
4	……シュールレアリスム	印象主義	フォービスム	マニエリスム
5	……シュールレアリスム	未来主義	ロマン主義	キュビスム

難易度 ★★☆ 重要度 ★★★

A ピカソやブラックによって創始された美術の運動の一派はキュビスムである。キュビスムは，後期印象派の画家［❹　　　］の「自然は球と円すいと円筒から成り立っている」という言葉に影響を受けているとされる。

B ボッチョーニらが推し進めた 20 世紀初頭の前衛芸術運動は未来主義である。印象主義は 19 世紀のフランスで起こった美術運動で，キュビスムや［❺　　　］（超現実主義）などのさまざまな美術運動が生まれる契機となった。

C マチスが主唱した運動はフォービスムで，野獣派とも呼ばれる。ゴーギャンやゴッホは後期印象派の画家とされる。表現主義の先駆者とされるのはノルウェー出身の画家［❻　　　］である。ロマン主義は主として 18 世紀から 19 世にかけて起こったもので，ゴヤやドラクロワなどがその代表的な作家である。

D エルンストやダリらが主唱したのはシュールレアリスムである。マニエリスムはルネサンス後期の美術運動で，代表的な作家は「最後の審判」の［❼　　　］や「受胎告知」のエル＝グレコなどである。

Point

- ☐ ピカソやブラックによって創始された美術の運動の一派はキュビスム（立体派）である。
- ☐ ボッチョーニらが中心となった 20 世紀初頭の前衛芸術運動は未来主義である。
- ☐ マチスが主唱した運動はフォービスム（野獣派）である。
- ☐ エルンストやダリらが主唱したのはシュールレアリスム（超現実主義）である。

❹：セザンヌ，❺：シュールレアリスム，❻：ムンク，❼：ミケランジェロ

西洋音楽

西洋音楽に関する記述として，妥当なものはどれか。

平成13年度
国家Ⅱ種

1 バロック時代には，和音的な伴奏を伴う単旋律のモノディが新たに考案され，また，劇音楽が確立された。バロック音楽を代表する作曲家としては，~~交響詩を創始して交響曲に新しい分野を開いたリスト~~が挙げられる。
多くのフーガを作曲して後に大きな影響を与えたバッハ

2 古典派音楽の時代には，ソナタ形式が生まれ，管弦楽編成が整えられ，ソナタ，室内楽曲，~~グレゴリオ聖歌~~などが完成した。古典派音楽を代表する音楽家として，
➡ 中世に完成
~~バッハ，ヘンデル~~が挙げられる。
ハイドン，モーツァルト，ベートーヴェン

3 前期ロマン派音楽の特徴は，~~啓蒙主義の影響を受け，理性を重んじ，均整感~~を
感情や感覚
主体としているところにある。この期の代表的音楽家である~~ワーグナー~~は，ピ
ショパン
アノ音楽に幻想や憂愁などの詩情を盛り込んだ楽曲を作った。

4 後期ロマン派は，各国の民族意識の高まりの影響を受け，ロシアでは~~ドボルザ~~
チャイコフスキー
~~ーク~~がロシア的な哀愁を込めた音楽を生み出し，チェコでは~~シベリウス~~が郷土
スメタナ
色と農民の生活感情を織り交ぜたボヘミア特有の音楽を作った。

5 19 世紀末以降の代表的音楽家として，フランスの印象派絵画や象徴派文学の影響を受けたドビュッシーが挙げられる。彼は，新しい和声法や音階を用いて，独特な雰囲気と響きを持つ印象主義の音楽を作り出した。

難易度 ★★　重要度 ★★★

1 管弦楽による交響詩を創始したリストは，ロマン派の音楽家である。バロック音楽を代表する作曲家は［Ⓐ　　　　］である。バッハは，複数あるいは１つの主題が模倣・反復されていく対位法的楽曲であるフーガの頂点を築き，「近代音楽の父」と称される。

2 古典派音楽を代表する音楽家は，モーツァルト，ハイドン，ベートーヴェンである。バッハ，ヘンデルは，［Ⓑ　　　　］音楽を代表する音楽家である。

3 ロマン派の音楽家は，古典派時代の啓蒙主義・古典主義の反動で，感覚や感情を重んじて感情表現を拡大しようとした。また，「ピアノの詩人」と呼ばれ，ピアノ音楽に詩情を盛り込んだ楽曲を作ったとされるのは［Ⓒ　　　　］である。ワーグナーは，劇と管弦楽を結びつけた楽劇を創始した。

4 ドボルザークはロシアではなくチェコの音楽家であり，ロシア的な哀愁を込めた音楽を生み出したのはチャイコフスキーである。シベリウスはフィンランドの音楽家である。ボヘミア特有の音楽を作り，チェコ国民楽派の祖とされるのは［Ⓓ　　　　］である。

5 正しい。フランスの［Ⓔ　　　　］の作曲家ドビュッシーには「海」「夜想曲」などの管弦楽曲,「ペレアスとメリザンド」などのオペラ,「子供の領分」などのピアノ曲の作品がある。

Point

- ☐ バロック派の音楽家には，バッハ，ヘンデルがいる。
- ☐ 古典派の音楽家には，モーツァルト，ハイドン，ベートーヴェンがいる。
- ☐ 前期ロマン派の音楽家には，ショパン，リスト，ワーグナーがいる。
- ☐ 後期ロマン派の音楽家には，チャイコフスキー（ロシア），ドボルザーク（チェコ），スメタナ（チェコ），シベリウス（フィンランド）がいる。

Ⓐ：バッハ，Ⓑ：バロック，Ⓒ：ショパン，Ⓓ：スメタナ，Ⓔ：印象主義

芸術115

クラシック音楽の楽器

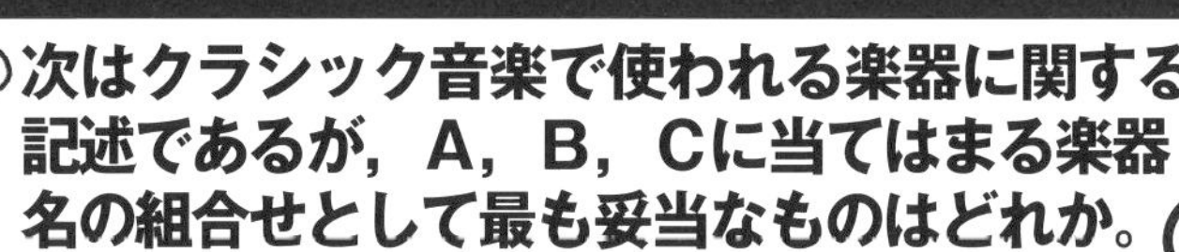

次はクラシック音楽で使われる楽器に関する記述であるが，A，B，Cに当てはまる楽器名の組合せとして最も妥当なものはどれか。

平成16年度
国税専門官

単数または複数の独奏楽器とオーケストラからなり，両者の対比と調和を構成の基本としつつ，独奏楽器の演奏部分は，演奏者が高度な音楽性と技巧を発揮するように作られた楽曲を一般に協奏曲という。（　A　）ピアノ と（　B　）バイオリン を独奏楽器とする協奏曲に比較的よく知られているものが多い。

（　A　）ピアノ 協奏曲としては，ベートーヴェンの第５番「皇帝」，グリーグやラフマニノフの曲などが著名であり，（　B　）バイオリン 協奏曲としてよく知られているのはメンデルスゾーン，ブラームスやシベリウスの曲などである。チャイコフスキーは，（　A　）ピアノ 協奏曲，（　B　）バイオリン 協奏曲の双方でよく知られている。

また，チャイコフスキーのバレエ組曲「白鳥の湖」の有名な白鳥の主題の演奏を受け持つ木管楽器は（　C　）オーボエ であるが，この楽器は，通常オーケストラ全体が演奏前に音合わせをする際に基準とする楽器でもある。

	A	B	C
1 ……	ピアノ	チェロ	オーボエ
2 ……	ピアノ	チェロ	フルート
3 ……	ピアノ	バイオリン	オーボエ
4 ……	バイオリン	ピアノ	フルート
5 ……	バイオリン	ピアノ	クラリネット

難易度★★　重要度★★★

A 「皇帝」はベートーヴェンのピアノ協奏曲第5番の別名である。グリーグはノルウェー出身の19世紀の国民楽派の音楽家で，ピアノのための楽曲を多く残したことから「北欧のショパン」と呼ばれた。ラフマニノフは［Ⓐ　　　　］出身の19世紀末から20世紀初頭にかけての作曲家で，優れたピアニストとしても知られていた。

B メンデルスゾーン，ブラームス，シベリウスは優れたバイオリン協奏曲を残した。メンデルスゾーンはドイツ出身の19世紀の［Ⓑ　　　　］の作曲家である。ブラームスもまたドイツ出身の19世紀の作曲家で，バッハ，ベートーヴェンとともにドイツ音楽における「三大B」と称された。シベリウスはフィンランド出身の19世紀末から20世紀半ばにかけての作曲家で，かつてはバイオリニストをめざしていた。

C 「白鳥の湖」の第2幕「情景」には，オーボエがソロ（独奏）で主旋律を吹くパートがある。オーボエは合奏では高音部を受け持つことが多い。木管楽器にはほかに，フルートやクラリネットなどがある。ちなみに，「白鳥の湖」「眠れる森の美女」「［Ⓒ　　　　］」は三大バレエと称される。

Point

- □ ピアノ協奏曲としては，ベートーヴェンのピアノ協奏曲第5番「皇帝」のほか，グリーグやラフマニノフ，チャイコフスキーの作品が有名である。
- □ バイオリン協奏曲としては，メンデルスゾーン，ブラームス，シベリウス，チャイコフスキーの作品が有名である。
- □ バレエ組曲「白鳥の湖」第2幕「情景」には，オーボエのソロ・パートがある。

Ⓐ：ロシア，Ⓑ：ロマン派，Ⓒ：くるみ割り人形

●本書の内容に関するお問合せについて

本書の内容に誤りと思われるところがありましたら，まずは小社ブックスサイト（jitsumu.hondana.jp）中の本書ページ内にある正誤表・訂正表をご確認ください。正誤表・訂正表がない場合や，正誤表・訂正表に該当箇所が掲載されていない場合は，書名，発行年月日，お客様のお名前・連絡先，該当箇所のページ番号と具体的な誤りの内容・理由等をご記入のうえ，郵便，FAX，メールにてお問合せください。

〒163-8671　東京都新宿区新宿 1-1-12　実務教育出版　第二編集部問合せ窓口
FAX：03-5369-2237　　E-mail：jitsumu_2hen@jitsumu.co.jp

【ご注意】

※電話でのお問合せは，一切受け付けておりません。

※内容の正誤以外のお問合せ（詳しい解説・受験指導のご要望等）には対応できません。

編集協力　群企画/エディポック
カバーデザイン　サイクルデザイン
本文デザイン　サイクルデザイン
イラスト　アキワシンヤ

上･中級公務員試験
過去問ダイレクトナビ 世界史

2021年12月10日　初版第1刷発行

編者●資格試験研究会
発行者●小山隆之
発行所●株式会社 実務教育出版
〒163-8671　東京都新宿区新宿1-1-12
TEL●03-3355-1812（編集）03-3355-1951（販売）
振替●00160-0-78270

組版●エディポック　印刷●文化カラー印刷　製本●ブックアート

ISBN 978-4-7889-4671-2 C0030 Printed in Japan

過去問演習を通して実戦力を養成

地方上級／国家総合職・一般職・専門職試験に対応した過去問演習書の決定版が、さらにパワーアップ！　最新の出題傾向に沿った問題を多数収録し、選択肢の一つひとつまで検証して正誤のポイントを解説。強化したい科目に合わせて徹底的に演習できる問題集シリーズです。

★公務員試験「新スーパー過去問ゼミ６」シリーズ

◎教養分野
資格試験研究会編●定価1980円

- 新スーパー過去問ゼミ6 **社会科学**［政治／経済／社会］
- 新スーパー過去問ゼミ6 **人文科学**［日本史／世界史／地理／思想／文学・芸術］
- 新スーパー過去問ゼミ6 **自然科学**［物理／化学／生物／地学／数学］
- 新スーパー過去問ゼミ6 **判断推理**
- 新スーパー過去問ゼミ6 **数的推理**
- 新スーパー過去問ゼミ6 **文章理解・資料解釈**

◎専門分野
資格試験研究会編●定価1980円

- 新スーパー過去問ゼミ6 **憲法**
- 新スーパー過去問ゼミ6 **行政法**
- 新スーパー過去問ゼミ6 **民法Ⅰ**［総則／物権／担保物権］
- 新スーパー過去問ゼミ6 **民法Ⅱ**［債権総論・各論／家族法］
- 新スーパー過去問ゼミ6 **刑法**
- 新スーパー過去問ゼミ6 **労働法**
- 新スーパー過去問ゼミ6 **政治学**
- 新スーパー過去問ゼミ6 **行政学**
- 新スーパー過去問ゼミ6 **社会学**
- 新スーパー過去問ゼミ6 **国際関係**
- 新スーパー過去問ゼミ6 **ミクロ経済学**
- 新スーパー過去問ゼミ6 **マクロ経済学**
- 新スーパー過去問ゼミ6 **財政学**［改訂版］
- 新スーパー過去問ゼミ6 **経営学**
- 新スーパー過去問ゼミ6 **会計学**［択一式／記述式］
- 新スーパー過去問ゼミ6 **教育学・心理学**

受験生の定番「新スーパー過去問ゼミ」シリーズの警察官・消防官（消防士）試験版です。大学卒業程度の警察官・消防官試験と問題のレベルが近い市役所（上級）・地方中級試験対策としても役に立ちます。

★大卒程度「警察官・消防官 新スーパー過去問ゼミ」シリーズ

資格試験研究会編●定価1430円

- 警察官・消防官 新スーパー過去問ゼミ **社会科学**［改訂第2版］［政治／経済／社会・時事］
- 警察官・消防官 新スーパー過去問ゼミ **人文科学**［改訂第2版］［日本史／世界史／地理／思想／文学・芸術／国語］
- 警察官・消防官 新スーパー過去問ゼミ **自然科学**［改訂第2版］［数学／物理／化学／生物／地学］
- 警察官・消防官 新スーパー過去問ゼミ **判断推理**［改訂第2版］
- 警察官・消防官 新スーパー過去問ゼミ **数的推理**［改訂第2版］
- 警察官・消防官 新スーパー過去問ゼミ **文章理解・資料解釈**［改訂第2版］

要点整理＋理解度チェック

一般知識分野の要点整理集のシリーズです。覚えるべき項目は、付録の「暗記用赤シート」で隠すことができるので、効率よく学習できます。「新スーパー過去問ゼミ」シリーズに準拠したテーマ構成になっているので、「スー過去」との相性もバッチリです。

★上・中級公務員試験「新・光速マスター」シリーズ

資格試験研究会編●定価1320円

- 新・光速マスター **社会科学**［改訂版］［政治／経済／社会］
- 新・光速マスター **人文科学**［改訂版］［日本史／世界史／地理／思想／文学・芸術］
- 新・光速マスター **自然科学**［改訂版］［物理／化学／生物／地学／数学］